섬진강과 서지리산

지역관광 활성화를 위한 제안

섬진강과 서지리산

— 지역관광 활성화를 위한 제안

초판 펴낸 날 2020년 1월 10일

지은이 | 김은미 · 정갑용
펴낸이 | 김삼수
펴낸곳 | 아모르문디
편 집 | 김소라   디자인 | 권대흥
등 록 | 제313-2005-00087호
주 소 | 서울시 마포구 성미산로13길 87 201호
전 화 | 0505-306-3336 팩 스 | 0505-303-3334
이메일 | amormundi1@daum.net

ISBN 978-89-92448-92-5 03910

이 도서의 국립중앙도서관 출판예정도서목록(CIP)은 서지정보유통지원시스템 홈페이지
(http://seoji.nl.go.kr)와 국가자료공동목록시스템(http://www.nl.go.kr/kolisnet)에
서 이용하실 수 있습니다.(CIP 제어번호: CIP2019051593)

섬진강과 서지리산

지역관광 활성화를 위한 제안

매화축제
Maehwa Festival

화엄사
Hwaeomsa

기차마을
Train Town

지리산
Jirisan

섬진강
Seomjingang

둘레길
Dulle-gil

김은미 · 정갑용 지음

아모르문디

프롤로그

　여행은 언제나 가슴 설레는 경험이다. 일상에서 벗어나 다다른 낯선 공간에서는 작은 것 하나도 새로운 자극으로 다가온다. 탈출이 좋았던 것인지, 자극이 좋았던 것인지 확실치 않으나 우리는 각자 여행을 하고 있었다. 그러다 스위스 제네바에 위치한 세계보건기구에서 국제보건을 공부한 김은미와 의학을 공부한 정갑용이 만났다. 하는 일은 달랐지만 주말이면 함께 산악열차를 타고 하이킹을 하며 스위스의 산과 호수, 그리고 아기자기한 현지인의 일상 공간으로 여행을 떠났다. 제네바 시절 이후에도 우리는 각자 여행에 몰두했다. 여행을 좋아한다는 공통점 외에 어느 순간 둘 다 해외로만 떠돈다는 것을 깨달았다. 외국의 유수한 여행지는 꿰고 있었지만 국내 여행지는 그만큼 알지 못했고 즐기지 못하고 있었다. 이런 반성 아닌 반성과 함께 자연스럽게 국내 관광으로 관심이 옮겨갔다.

　옛 전라선은 섬진강을 따라 놓여 있다. 강변을 따라 구불구불 달리는 기차는 섬진강과 지리산을 즐기는 훌륭한 방법 중 하나이다. 어린 시절, 서울을 오가며 바라봤던 강렬한 인상에 이끌려 첫 목적지를 섬진강 주변으로 정했다. 기찻길 외에 흔한 보와 강둑조차 없는 섬진강은 다행이도 개발에서 비켜나 자연 하천의 본디 모습을 간직한 채 골짜기를 제방 삼아 흐르고 있었다. 봄이면 물길 따라 벚꽃이 피고 가을이면 형형색색으로 단풍이 물들고, 노을

이 질 때면 강 상류로 겹겹이 둘러싸인 지리산 능선을 뒤로하고 금빛으로 반짝이는 곳. 지리산 깊은 골짜기에서 발원하여 남해까지 이어지는 섬진강 유역은 다채로운 지형의 영향으로 다양한 풍경과 이야기를 품고 있다. 구례 화엄사와 하동 쌍계사부터 박경리의 소설『토지』의 배경이 된 평사리까지 섬진강 줄기 곳곳에 자리한 문화유산들은 자연의 아름다움에 인문(人文)의 깊이를 더해준다.

외국의 유명 관광지를 전전하던 우리에게 섬진강은 새로운 발견이었다. 서지리산과 섬진강을 따라 수려한 자연과 아기자기한 마을을 탐험하는 것은 알프스의 비경을 감상하는 것과는 또 다른 차원의 감동을 주었다. 그러다 문득 의문이 들었다. 사람들은 왜 해외로만 떠나는 것일까. 아름다운 강산을 두고 왜 비싼 비용을 지불하며 먼 곳까지 여행하는 걸까. 왜 우리는 그동안 외국으로만 떠돌았을까.

해외여행객 수가 매년 기록을 경신한다는 소식은 더 이상 뉴스거리가 아니다. 단순히 휴가철 여행지 물가가 비싸서 해외로 떠나는 것인지, 높아진 눈높이를 국내 관광지가 따라가지 못하는 것인지? 역으로 외국 관광객이 서울 등 몇몇 대도시에만 편중되고 쇼핑이 주된 목적이 되는 것은 문제가 없는 것인지? 국내 관광객을 붙잡지 못하는 상황에서 해외 관광객이 쇼핑을 주목적으로 우리나라를 찾는다면 관광산업의 미래가 밝다고 할 수 있을까? 의문이 끊이지 않았다.

물론 이러한 문제의식은 여행에 꽤 익숙해지면서 생겨난 것이다. 처음에는 외국의 명소를 방문하여 사진 찍기에 여념이 없었지만 여행을 계속할수록 새로운 면이 보이기 시작했다. 표면적으로는 유구한 문화와 아름다운 자연을 가지고 있다는 공통점이 뚜렷했다. 하지만 인기 있는 관광지일수록 자신만의 경쟁력을 세련된 방식으로 드러내고 있었다. 런던은 영국의 역사를 민주주의의 탄생이라는 주제로, 워싱턴은 미국의 역사를 자유와 평등을 향한 투쟁이라는 주제로 재구성하였고, 파리는 서유럽의 음식과 미술, 건축의 중심지임을 자처하며 서양 문화의 본산임을 어필하고 있었다. 스위스는 험준한 알프스를 촘촘한 철도와 산길 곳곳에 설치된 상세한 안내 표지판으로 연결하였고, 일본의 작은 마을들은 특색 있는 지역 상품을 개발하여 사지 않고는 지나칠 수 없도록 포장하여 팔고 있었다. 이처럼 성공한 관광지의 매력과 마케팅 방법에 관심을 갖게 되면서 평소 즐겨 찾던 국내 여행지도 새로운 시각으로 바라보게 되었다.

이후로 섬진강과 지리산을 찾을 때면 내재된 아름다움과 열악한 관광 인프라가 함께 눈에 들어왔다. 알프스와 견주어도 손색없는 지리산의 웅장함과 그 산세를 감아 돌며 흐르는 섬진강, 깊은 산속에 숨어 있는 사찰, 그리고 강을 따라 펼쳐진 작은 마을들은 세계적인 관광지가 되기에 충분해 보였다. 그러나 서지리산과 섬진강 유역은 잠재력에 비해 많은 사람들이 찾지 않는 것 같았고, 실제로 국내 관광지 방문객 순위에서도 상위권은 아니었다. 현실을 직시하게 되자 섬진강과 지리산의 매력에 빠져들수록 역설적으로 안타까움도 커져갔다.

이런 복잡한 감정들이 우리로 하여금 이 책을 쓰게 만들었다. 우선, 이곳의 매력을 널리 알리고 싶었기에 우리가 답사한 섬진강과 서지리산 이야기를 먼저 하였다. 다만 여행하는 동안 마주쳤던 불편함과 아쉬웠던 점들에 집중하였다. 다음으로는 그간 경험했던 해외 관광지의 사례를 소개하고 그 경쟁력의 원천을 함께 살펴보았다. 마지막으로 사례를 바탕으로 섬진강과 서지리산 지역의 관광 인프라 개선안을 제안하였다. 대안을 제시하기 전에 사례를 먼저 공유하려는 까닭은 같은 사례에서 우리가 찾지 못한 또 다른 면이 분명 있을 거라 생각하기 때문이다. 이 책이 제시하는 사례를 보고 보다 나은 대안을 떠올렸다면 그것만으로도 우리의 목적을 어느 정도 달성했다고 생각한다.

궁극적인 바람은 섬진강과 서지리산 지역의 잠재력을 끌어내 해외로 향하는 관광객의 발걸음을 돌리고 서울 등 대도시에만 머무는 외국인 관광객이 이곳을 찾도록 하는 것이다. 즉, 섬진강과 서지리산이 유명한 해외 관광지나 서울과 견주어도 뒤처지지 않는 관광 경쟁력을 갖추어야 한다는 의미이다. 다시 말하면, 높아진 생활수준에 맞춰 향상된 국내 관광객의 취향을 충족시킬 수 있어야 하고, 해외 유수의 여행지에서 기대하는 정갈함과 정돈된 모습을 구석구석 갖춰야만 한다. 또한 외국 관광객이 서울을 벗어나 시간과 교통비를 써가면서 방문하고 싶어지도록 이곳만이 제공할 수 있는 한국적인 아름다움과 색깔을 강화해야 한다. 그간 우리가 경험한 해외여행의 사례가 도움이 될 수 있다고 생각하였기에, 고유의 아름다움을 잘 보존하면서도 경쟁력 있는 관광지로 재탄생할 수 있는 인프라 개선에 주안점을 두었다.

마지막으로 서구 선진국들을 여행하면서 우리가 공통적으로 확인한 것은 자발적인 시민의 참여였다. 문제를 확인하고 합리적인 의견을 모아 오랜 노력 끝에 변화를 이끌어내는 시민사회의 적극성과 자율성이 그들이 앞서나갈 수 있도록 만든 경쟁력이라고 생각했다. 이 작업도 이러한 연장선에서 이루어졌다. 단지 우리끼리 나누는 지나가는 대화로 끝나지 않고 함께 의견을 모으고 구체화시켜 다른 사람과 공유하여 실질적인 변화를 이끌어 내고 싶었다. 성공한 관광지의 예는 세계 각지뿐만 아니라 국내에도 많다. 그러므로 다양한 사례를 참고하여 시행착오를 줄이고 열심히 노력하면 성공할 수 있다고 믿는다. 섬진강과 지리산을 좋아하는 사람으로서 이 책이 우리와 비슷한 문제의식을 느끼거나 관련된 일에 종사하는 분들에게 작으나마 영감을 줄 수 있기를 희망한다.

저자를 대표하여

정갑용

차 례

1

섬진강과 서지리산 여행

1장 지리산의 보물, 곳곳에 깃든 사찰

여윳돈만 생기면 나는 어디론가 훌쩍 떠나곤 했다. 돌아가신 아버지의 방랑벽을 이어받은 것일까. 초등학교 교사로 재직하신 아버지는 방학만 되면, 아직 어린 꼬맹이인 나를 데리고 전국 방방곡곡을 다니셨다. 그러다 내가 서울로 진학하고 나중에는 더 멀리 유학까지 떠나고 나서는 아버지와 같이 여행할 기회가 거의 없었다. 빠듯한 살림살이에다 IMF 외환위기까지 터져 나의 학비를 감당하기 힘드셨던 시절, 부모님은 유홍준 교수의 『나의 문화유산답사기』한 권만 달랑 들고 전국 곳곳을 누비셨다고 한다. 세상만사 다 잊고 그냥 자연에 귀의하셨다며 그때가 어쩌면 가장 행복한 시절이었다고 회상하시곤 하셨다. 그럴싸한 호텔은 꿈도 못 꿀 형편이라, 인심 좋은 스님을 만나면 절에서 하룻밤 신세를 지고 날씨가 좋은 날은 주로 텐트에서 야영을 하셨다고 한다. 어쩌면 여행은 현실의 시름을 잊고 꿈을 꾸게 해주는 마법을 지녔는지도 모를 일이다.

어른이 되고 나서 아버지와 처음 함께한 여행은 약대 1학년 여름방학 때의 일이다. 고향 부산에 내려와 약용식물학 방학 과제로 약용식물을 채집하러 가야 한다고 말씀드렸더니, 본인 일인 양 기뻐하셨다. 아버지 고향인 산청을 통해 지리산에 가실 요량으로 나보다 더 열심히 계획을 세우셨다.

그해 여름 그렇게 나는 난생처음 지리산을 찾았다. 여름의 지리산은 비가 많이 와서 계곡마다 물이 넘쳤다. 빗물을 머금은 잎사귀들이 무성한 숲길을 걷다 보면, 땀인지 빗물인지 모를 물이 줄줄 흘렀다. 설상가상으로 비를 맞아 싱싱하게 이파리를 펼친 풀들은 죄다 책에서 보던 약용식물 같아 보였다. 식물 이름을 하나하나 가르쳐주시던 아버지의 말씀은 더 이상 귀에 들어오지 않았고, 땀범벅의 지리산 등반이 어서 끝나기만을 빌었다. 지리산 천왕봉에 올라 기진맥진한 나를 보시며 그렇게 호탕하게 웃으실 줄이야. 산 아래를 한번 보라며 가리키시는 손끝에는 비가 그친 직후의 엷은 운무가 그림처럼 피어나고 있었다. 그 이후로도 아버지는 자주 지리산을 찾으셨고, 정산에 오르는 다양한 루트와 소요된 시간, 등반 날짜를 꼼꼼히 기록하실 정도로 그렇게 지리산을 좋아하셨다.

1. 지리산 자락의 사찰들

섬진강을 끼고 여행하면서 지리산 자락 곳곳에 숨어 있는 사찰들을 둘러보는 재미가 쏠쏠하다. 구례군만 해도 천은사, 화엄사, 사성암, 연곡사, 연기암 등 유명한 고찰과 그에 딸린 작은 암자들이 즐비하다. 지리산은 그 이름부터 대지문수사리보살(大智文殊舍利菩薩)의 지(智)와 리(利)를 따서 불렀다고 할 만큼 불교의 영향이 큰 산이다. 주봉 또한 문수보살의 지혜를 뜻하는 반야봉이라 일컬을 만큼 지리산에는 역사에 이름을 남긴 고승들의 흔적을 찾아볼 수 있다.

유서 깊은 사찰을 둘러보는 일은 과거로의 여행을 떠나는 느낌을 준다. 오래된 석탑과 대웅전 서까래, 범종각의 빛바랜 목어 등을 찬찬히 둘러보다 보면 켜켜이 쌓인 세월을 흔적을 느낄 수 있다. 그래서인지 화려한 색으로 단청을 새로 칠한 건물보다 색이 나고 원래의 나무색이 드러난 건물들이 더욱 정겹고 아름답게 느껴진다. 구례 화엄사를 처음 찾았을 때도 그랬다. 나무 본연의 색을 간직한 빛바랜 각황전의 단청에 순식간에 매료되었다. 마치 오랜 수도를 마치고 지혜를 깨친 고승의 큰 말씀을 들을 수 있을 것만 같은 그런 느낌의 법당이었다.

지리산은 산세가 깊고 넓어 산자락 구비구비 좋은 터에는 어김없이 사찰이나 암자가 자리하고 있다. 특히, 서지리산과 섬진강 지역에는 천은사, 화계사, 연곡사, 쌍계사 등 오랜 역사를 자랑하는 고찰들이 자리 잡고 있어 무게를 더한다. 예를 들자면, 구례 화엄사를 지나 30분쯤 치유탐방로를 따라 걸으면, 섬진강이 구비구비 흐르는 모습을 내려다볼 수 있는 연기암을 만날 수 있다. 화엄사에서 연기암으로 이어지는 탐방로에는 큰 사찰인 화엄사에 걸맞게 구층암, 금정암, 내원암 등 여러 개의 암자들이 있어 왕복 5.9km의 길이지만 심심할 틈이 없다.

사성암에서 내려다보는 절경

구례 버스터미널에서 택시로 10여 분이면 도착하는 사성암은 해발 542미터의 오산(鰲山) 절벽에 아슬아슬하게 위치하고 있어 마치 선인이 살고 있을 법한 신비로움을 자아낸다. 오산은 비록 높은 산은 아니지만, 정상에 위치한 연기암에서 바라보는 전경은 섬진강과 지리산 봉우리를 한눈에 볼 수 있어서 감히 이 지역 최고의 절경이라고 할 만하다. 연기암 바로 앞까지 셔틀버스가 운행하고 있어 날씨가 좋은 날은 꼭 한 번 가볼 만하다.

사성암은 기암절벽에 아슬아슬하게 지어져 있어 무슨 중국 무협 영화에서나 나올 법한 전경이 보는 이들의 감탄을 절로 자아낸다. 길이가 서로 다른

나무 기둥을 받쳐서 절벽에 매달아 놓은 듯한 약사전은 법당 공간은 협소하지만 절벽 바위에 음각으로 새긴 마애불을 유리를 통해 볼 수 있게 만들어 놓았다. 유리 너머 아스라이 보이는 마애여래입상은 원효대사가 선정에 들어 손톱으로 그렸다는 전설이 전해지기도 하는데, 그래서인지 유리 너머의 마애불은 안 그래도 하늘에 매달린 공간을 더욱 현세와는 먼 천상의 공간으로 만들어 주는 것만 같다.

사성암이 자리한 오산의 오(鼇)는 거북이를 뜻하는데, 산의 모양이 거북이 등껍질처럼 생겨서 붙여진 이름이라고 한다. 거북을 닮아 나지막한 바위산인 오산 정상에서 내려다보는 섬진강의 풍경은 마치 한 폭의 동양화를 보는 듯 아름답다. 높은 빌딩 숲에 둘러싸여 사는 도시인들에게 강과 산, 그리고 들이 만들어내는 나지막한 선은 묘한 편안함을 선사한다.

구례 화엄사 만월당 전경

불교 건축의 진수, 화엄사

구례의 대표적인 사찰인 화엄사는 1,500여 년 전인 백제 성왕 때 인도에서 온 연기조사가 창건하였다고 전해진다. 이후 중축을 거듭하여 규모가 제법 커졌으나, 임진왜란 때 승병을 일으켰다가 대부분의 건물이 불타는 수난을 겪었다. 이후, 인조와 숙종 때 다시 지어졌는데 현존하는 국내 최대의 목조 건축물인 국보 제67호 각황전도 이때 건축되었다. 각황전 앞에는 국보 제35호 사사자삼층석탑과 보물 133호인 동서오층석탑이 지키고 있어 웅장함을 더해준다.

화엄사를 처음 찾던 날, 사천왕문을 지나 경내로 들어서는데 요란하게 꾸미지 않은 정갈한 정원의 만월당이 마음에 훅 들어왔다. 마치 조선시대의 문인화 속에 들어온 듯한 착각마저 들 만큼 아름다운 정경이었다. 차분한 분위기의 만월당에는 이보다 더 어울릴 수 없다 싶은 하얀 매화 한 그루가 분위기를 더하고 있었다.

경내를 지나 대웅전 계단을 오르던 나는 각황전의 웅장한 자태에 가슴이 뛰었다. 학창시절 교과서에서만 보았던 각황전을 직접 마주한 감동은 상상 이상이었다. '이렇게 뛰어난 건축물이 왜 숨겨져 있는 것일까?' '티브이의 각종 해외여행 프로그램에서는 왜 다른 나라의 건축물들은 침이 마르게 칭송하면서 우리나라의 아름다운 건축물을 소개하는 프로그램은 찾아보기 힘든 것일까?' 별의별 생각을 하면서 나의 무지를 세상 탓으로 돌렸다.

어머니와 함께 다시 화엄사를 찾았을 때는 단풍이 지고 난 늦가을이었다. 한 달간의 아프리카 출장을 마치고 돌아와 지쳐 있던 나에게 모처럼 찾아온 여행 기회였다. 서울 용산역에서 기차를 타고 두 시간 반이면 구례구역에 도착했다. 부산보다 훨씬 가깝다며 기뻐하시는 어머니를 보니 내가 기찻길을 놓은 것도 아닌데 괜히 마음이 뿌듯했다.

화엄사의 가을은 사람 내음이 물씬 묻어나는 풍경으로 변해 있었다. 만월당은 곶감을 만들기 위해 깎은 감들을 주렁주렁 매달아서 마치 건물의 일부

화엄사 만월당의 곶감

인양 붉게 빛나고 있었다. '화엄사에 이런 분위기도 날 수 있구나' 하는 마음으로 둘러보는 내내 그 사이의 변화가 반가웠다. 정말 인간미가 넘치지 않는가? 유럽 어느 유명 건축물에서 이런 풍경을 볼 수 있을까?

각황전은 스님의 말씀을 듣는 사람들로 북적거렸고, 경내는 한 무리의 관광객들이 사찰의 역사에 대해 설명하는 안내인의 말에 귀를 기울이고 있었다. 설명하시는 분의 확성기를 통해 얻어들었던 내용에 의하면 영조의 어머니인

화엄사 홍매화

숙빈최씨가 장희빈 등 궁궐의 암투 속에서 아들인 연잉군(영조)을 불심에 의지해 지키고자 화엄사 각황전을 짓게 되었다고 한다. 언제 목숨이 어찌될지 모르는 어린 아들을 지키고자 했던 어머니의 간절한 마음이 담긴 건축물이라고 하니 더욱 가슴에 와 닿았다. 이후 숙빈최씨는 부처님의 공적을 기리기 위해 각황전 옆에 홍매화를 심었고, 그 덕분인지 영조는 조선시대에 가장 장수한 왕으로 기록되었다 한다.

화엄사 뒷길로 이어지는 계단을 따라 오르면, 지척에서 구층암을 만날 수 있다. 늦가을 구층암으로 향하는 길은 단풍이 조금 남아 있어 허전한 마음을 달래 주었다. 도심의 단풍과는 사뭇 다른, 붉다 못해 검붉은 단풍잎을 보니 감탄이 절로 나왔다. 오래도록 기다려준 단풍나무가 고마웠다.

역사의 아픔이 서린 연곡사

다음날 구례와 화개 사이에 위치한 피아골 연곡사를 찾았다. 피아골의 단풍이 조금이라도 남아 있었으면 하는 마음과 연곡사 동승탑을 어머니께 보여 드리고 싶은 마음에 나도 모르게 발걸음이 바빠졌다. 연곡사는 화엄사와 마찬가지로 연기조사가 창건한 사찰로 알려져 있다. 화엄사처럼 임진왜란 때 승병을 일으킨 곳이자 국보인 동승탑과 복승탑, 그리고 소요대사탑을 볼 수 있는 곳이다. 몇 년 전 여름에 연곡사를 찾았을 때 굽이굽이 깊은 골짜기를 돌아들어가던 택시에서 멀미를 한 기억을 떠올리며 이번에는 피아골 초입에서 내려 걷기로 했다. 늦가을의 신선한 공기를 맡으며 천천히 단풍도 감상할 요량이었다. 피아골 골짜기마다 작은 마을이 자리하고 있어 이를 둘러보는 재미도 쏠쏠했다. 피아골은 유난히도 단풍나무가 많았다. 같은 단풍나무라지만 샛노란 색부터 검붉은 색까지 마치 팔레트에 두 가지 색의 물감을 조금씩 섞어 놓은 듯 다채로웠다. 자연이 만들어 내는 색 중 가장 화려하고 다채로운 색깔이 단풍이 아닐까 하는 생각이 들었다.

타오르는 듯한 붉은색에 감탄하다가 바스락거리는 바닥을 보면 수천수만 개의 나뭇잎 별들이 내려와 앉은 듯 아름다웠다. 맑은 공기 탓인지 색이 정말 고왔다. 단풍 구경을 하며 걷다 보니, 연곡사 가는 길이 멀게 느껴지지 않아 더없이 좋았다. 늦가을 단풍놀이라 인파도 없고 지나가는 차도 드물어 더욱 여유롭게 피아골을 즐길 수 있었다. 다만, 아쉬운 것은 인도가 따로 없다 보니 좁은 갓길을 몇 시간 동안 걷는 것이 불편했다. 피아골 입구에서 연곡사까지 가는 버스가 있었지만, 숙소인 쌍계사 근처에서 버스를 갈아타고 가는 길은 배차 간격이 길어 일정상 이용하기에 무리가 있었다.

피아골 연곡사 가는 길

피아골은 옛날에 피(기장)를 많이 재배했다고 하여 피밭골로 불리다가 피아골이 되었다고 한다. 가난하던 시절, 물을 대지 않아도 척박한 땅에서 잘 자라는 피를 심어서 연명했다고 하니 깊은 산속에서 힘겹게 살아간 조상들의 팍팍한 삶이 느껴졌다. 피아골은 소설 『태백산맥』의 배경 중 하나이기도 한데, 한국전쟁 당시 빨치산들의 본거지였기에 토벌작전으로 이 계곡이 피로 물들었다고 해서 붙여진 이름이라고도 한다. 그래서 그런지 붉은 단풍을 보고 있자니 같은 민족끼리 총부리를 겨누었던 우리 민족의 슬픈 역사가 생각나 짠한 마음이 들었다. 또한 피아골은 을사조약 이후 고광순이 연곡사를 근거지로 의병운동을 펼쳤던 역사가 깃든 곳이기도 하다. 일본군의 방화로 연곡사가 잿더미로 변하고 의병들은 피아골에서 전멸했다고 전하는데, 연곡사 뒤편에는 고광순을 기리는 순절비가 세워져 있다.

연곡사에는 통일신라시대 불교미술의 수준을 보여주는 동승탑이 있다. 그 완벽한 형태미와 섬세함을 보고 있노라면, 돌이 본래 단단한 물질이었다는 사실조차 잊게 된다. 평소 자주 찾는 국립중앙박물관 석조공원에 전시되어 있는 승탑들을 보면서, 본래 있던 절은 불타버리고 도심 한복판에 덩그러니 옮겨진 모습에 세월이 야속하다는 생각을 했는데, 다행히 연곡사는 그 터라도 이어지고 승탑도 제자리를 지키고 있어 아쉬움이 덜했다.

산책길이 아름다운 쌍계사

화개장터에서 쌍계사까지 8km 남짓 이어지는 벚꽃길은 가히 우리나라에서 가장 아름다운 트래킹 코스로 뽑힐 만큼 아름답다. 화개천을 따라 벚꽃나무가 만들어 놓은 아치 아래를 걷는 기분은 뭐라고 형용하기가 힘들 정도로 환상적이다. 둑을 따라 개나리와 매화꽃도 듬성듬성 피어 있어 겨우내 어떻게 참았나 싶을 정도의 봄꽃의 향연의 펼쳐진다.

사오십 분이면 족히 걸어 내려올 길을 사진을 찍고 감탄하느라 두어 시간

넘게 걸렸지만 조금도 지루한 줄을 몰랐다. 한 가지 아쉬운 점은 인도가 제대로 갖추어져 있지 않아 느긋하게 걸으며 즐기기에는 다소 위험해 보인다는 것이다. 화개천을 좀 정비하고 인도만 안전하게 닦으면 실제 우리나라에서 걷기에 가장 아름다운 길이 되리라 믿어 의심치 않는다.

봄에 쌍계사를 찾아가는 길이 벚꽃이 만발한 수채화 같다면, 가을에 쌍계사 가는 길은 단풍으로 붉게 어우러진 짙은 유화를 연상시킨다. 사실, 이 책을 쓰면서 쌍계사에 다섯 번 정도 방문했는데, 어느 계절이 가장 좋다고 말하기 어려울 만큼 자연이 만들어내는 독특한 아름다움과 분위기를 가지고 있었다. 쌍계사 양쪽 계곡에서 흘러내려오는 물소리와 그 위에 떨어진 노란 은행잎과 붉은 단풍잎이 만들어내는 풍경은 가히 자연이 만들어낸 작품이라고 할 만하다. 또한 쌍계사 앞 매표소를 지나 올라가는 길은 수령을 짐작할 수 없을 정도의 고목들이 쭉쭉 뻗어 있어 더욱 인상적이다. 경쾌하게 흐르는 계곡의 물소리와 낭랑한 새소리가 어우러져 산사를 찾아가는 묘미를 더해준다.

쌍계사는 신라 성덕왕 23년에 의상(義湘)의 제자인 삼법(三法)이 창건했다고 전한다. 입구부터 꽤 가파른 산의 지형에 어울리는 일주문에서 금강문, 사천왕문을 거쳐 해탈문인 팔영루로 이어지는 길은 마치 속세를 벗어나 높은 곳으로 향하는 듯한 경건함을 느끼게 한다. 팔영루를 지나면 대웅전이 보이고, 그 아래 뜰에는 고운 최치원 선생이 글을 썼다는 국보 47호 진감국사탑비가 있다.

쌍계사 인근에 며칠 머물다 보니, 아침의 쌍계사 풍경이 보고 싶어졌다. 계곡을 따라 바위 사이를 흐르는 물소리를 들으며 걷고 싶기도 했다. 그런데 전날 다녀왔고 오늘 재방문하는 상황이라도 다시 입장권을 끊어야 한다는 것이었다. 문화재를 보호하고 관리하는 데 쓰인다고는 하지만, 아쉬운 마음이 들었다. 사찰에 방문하지 않는 등산객에게까지 입장료를 징수하는 관행에 대한 문제를 지적한 뉴스도 떠올라 아쉬움이 더했다. 쌍계사는 구례 화엄사와 함께 우리나라 3대 사찰로 꼽힐 만큼 유명한 사찰인데다 국보나 보물 등 중요한 문화재도 많은 곳이다. 그럼에도 제대로 된 안내책자 하나 없이 방문객들에게 꼬박꼬박 입장료만 받는 것 같아 아쉬운 마음이 드는 것을 어쩔 수 없었다.

호숫가의 그림 같은 천은사

지리산 3대 사찰 중 하나인 천은사는 노고단을 거쳐 지리산을 오르는 이들은 거의 다 들르는 곳이다. 국립공원 입장료를 냈으니 천은사도 둘러보고 가는 것이다. 입구에는 산에서 흘러 내려오는 물이 모이는 천은제라는 저수지가 있다. 천은제로 흐르는 계곡 위에 다리를 놓고 그 위에 누각을 세운 수홍루는 또 다른 분위기를 자아낸다. 우리가 방문했을 때는 마침 여름 장마철이라 며칠간 내린 비에 물이 불어 누각 아래로 엄청난 양의 물이 세차게 흐르고 있었다. 마치 영화 속 다른 세상에 온 듯한 착각마저 들었다.

천은사 입구의 수홍루(출처: 구례군청 홈페이지)

천은사의 경우도 사찰에 대한 안내책자 같은 것을 찾아볼 수 없어 아쉬웠다. 수홍루는 어떤 역사를 가지고 있는지, 왜 다른 사찰과 다르게 누각을 세우게 되었는지 궁금함이 더해갔다. 안내판에는 사찰 안내 프로그램 같은 것을 운영한다고 되어 있었지만, 연락처나 웹사이트가 모두 오래되어 유효하지 않은 정보라 아쉬움이 컸다.

나중에 천은사 홈페이지를 찾아보니, 수홍루가 세워져 있는 다리는 피안교(彼岸橋)라 불리며 '피안이란 온갖 번뇌에 휩싸여 생사윤회하는 고해의 이쪽 언덕 건너편에 있는 저 언덕을 뜻한다'고 설명하고 있었다. 또한 '그곳은 아무런 고통과 근심이 없는 불·보살의 세계이며 피안교란 열반의 저 언덕에 도달하기 위해 건너는 다리를 뜻한다'고 되어 있었다. 그런 내용을 알고 그 다리를 건너서 천은사를 둘러보았다면 감동이 훨씬 더 컸을 것이라는 생각이 들었다.

2. 지리산 사찰기행을 위한 제안

1500년 전 인도에서 건너온 승려에 의해 창건되었다는 화엄사는 임진왜란 때 승병을 일으킨 곳으로 알려져 있다. 그런 연유로 임진왜란 때 화엄사의 대부분이 소실되었다고 한다. 이후, 1950년 한국전쟁 당시에도 지리산이 빨치산들의 본거지가 되면서 다시 한 번 전소될 위기에 처해졌다. 당시 제18전투경찰 대대장이었던 차일혁 총경(1920~1958)은 화엄사를 전소시키라는 유엔사령부의 명령에 따르는 것을 거부함으로써 화엄사를 지켜낸 것으로 알려져 있다. "절을 불태우는 데는 한나절이면 족하지만, 다시 짓는 데는 천년이 걸려도 부족하다"며 버틴 차일혁 총경의 공적을 기려, 화엄사 부도전 맞은편에 공적비가 세워졌고, 2008년 문화 보전에 기여한 공로를 인정하여 보관문화훈장을 추서하였다고 한다.

사찰에서 배우는 역사와 문화

아쉽게도 이러한 역사에 대한 자료는 쉽게 찾아볼 수가 없었다. 천년이 넘는 역사를 이어온 사찰을 둘러보며 살아 있는 역사를 배울 수 있도록 제대로 된 안내책자를 비치하거나, 설명을 들을 수 있는 오디오 투어 같은 설비가 갖춰져 있으면 그 감동이 배가되지 않을까 하는 생각이 든다.

화엄사 각황전에 감탄하여 이리저리 둘러보던 나의 눈에 들어온 아름다운 고목이 있었다. 붉은 꽃을 활짝 피우고 있는 매화나무를 둘러싸고 많은 사람들이 연신 사진을 찍어대고 있었다. 멀리서 홍매화를 보러 일부러 오셨다는 어느 보살님의 말씀을 듣고 검색을 해보니, 조선 숙종 때 각황전을 중건하고 이를 기념하기 위해 심었다는 유명한 매화나무였다. 아쉽게도 매화나무 근처 어디에도 그런 설명을 찾아볼 수가 없어서 나처럼 사전 지식이 없는 사람에게는 아쉬움이 컸다.

또 하나 아쉬웠던 것은 인근 사찰을 둘러보면서 자세한 안내서를 구할 수 없었다는 것이다. 구례 화엄사 각황전을 처음 마주했을 때 그 웅장함과 뛰어난 건축기술에 놀라 자세한 이야기가 궁금해졌다. 누가 어떤 사연으로 이렇게 건축을 하게 되었는지, 어느 나라의 어떤 건축기법의 영향을 받았는지 등등 많은 궁금함이 생겼다. 그러나 아쉽게도 사찰 내에 세워진 간

화엄사 4사자3층석탑(출처: 문화재청 누리집)

단한 표지판 외에는 안내 자료를 찾을 수 없었다. 각황전뿐만 아니라 앞뜰의 석등과 4사자 3층 석탑도 다른 사찰에서 보기 힘든 규모와 뛰어난 조형미가 인상적이었기에 그 사연이 더욱 궁금해졌다.

구례 화엄사 같이 여러 점의 국보와 보물을 가지고 있는 우리나라의 대표 사찰임에도 불구하고, 이에 대한 자세한 정보를 찾아보기 힘들어 아쉬움이 더했다. 사실, 국립중앙박물관에서나 만나볼 수 있을 법한 우리나라의 유명 문화재이자 미술품인데 제대로 배우고 감상할 수 있는 기회를 제공한다면 화엄사를 찾는 방문객들에게 더욱 좋은 추억이 되리라 생각한다.

방문객의 눈높이에 맞춘 문화재 소개

사찰을 방문하는 사람들에게 입장권을 판매할 때, 간략한 사찰의 역사와 배치도 등을 포함한 안내서를 배포함으로써 입장권 판매에 대한 저항감도 줄이고 방문객들의 만족도도 향상시킬 수 있을 것으로 생각한다. 안내서를 들

천은사 안내판. 건축물에 대한 자세한 설명이 없어 아쉬웠다. 건축물 배치도와 명칭, 간략한 역사와 얽힌 이야기를 소개하는 안내책자를 만드는 일이 그리 힘들 것 같지는 않다. 문화재를 잘 관리하는 것도 중요하지만, 관람객들에게 그 의미와 소중함을 제대로 알리는 일이 문화재 관리의 첫걸음이 되어야 하지 않을까.

고 일주문을 지나 현재의 위치를 파악하면서 사찰의 배치와 각각의 건물들의 의미와 양식 그리고 역사를 알아볼 수 있다면 훨씬 더 흥미롭고 교육적인 방문이 될 수 있을 것이다. 대부분의 사찰에는 석탑, 불화, 승탑, 사리함, 향로 등 다양한 문화재를 가지고 있는데, 이러한 오래된 문화재에 대한 설명이 더해진다면, 우리나라 불교미술을 이해하는 데도 도움이 되리라 생각한다.

또한 기존의 사찰 내 안내판이나 문화재에 대한 설명은 읽어도 무슨 말인지 이해하기 힘들 정도로 어렵게 쓰여 있다. 그러다 보니 불교문화나 역사에 대해 배우고 싶어도 일반인들에게는 힘든 일이다. 따라서 보다 쉽게 풀어서 쓴 안내판과 간단한 설명을 곁들인 안내서만으로도 관람객들의 만족도를 크게 향상시킬 수 있을 것으로 기대된다.

사실 관광 안내 팸플릿의 경우, 글씨가 작아서 어르신들이 보기 힘든 경우도 있고, 손에 팸플릿을 들고 다니면서 읽기에 불편한 경우도 있다. 이러한 불편을 덜기 위해 오디오 가이드를 도입한다면 사찰을 둘러보면서 쉽게 설명을 들을 수 있을 것이다. 요즈음은 오디오 가이드 기계를 빌리지 않더라도 스마트폰 앱을 실행하여 해당 설명을 선택하여 들을 수 있는 기술도 널리 사용되고 있다. 이러한 작은 노력만으로도 사찰을 방문하는 관광객들의 이해와 만족도를 높이는 데 큰 효과를 얻을 수 있을 것이다.

외국인 관광객을 위한 배려

요즘은 한국을 찾는 외국인이나 국내에 거주하는 외국인들이 전국 관광지를 찾는 모습을 어렵지 않게 볼 수 있다. 답사를 하면서 우리가 만난 외국인들은 주로 한국에서 일하러 온 젊은 분들이었는데, 자가용이 없다 보니 주로 대중교통을 이용하는 모습이 더욱 반가웠다. 어느 가을날 구례를 답사하던 중 만났던 외국인 커플은 북유럽에서 온 노부부였다. 자전거를 타고 우리나라를 종주 중이었는데, 섬진강을 따라 구례에 막 도착하는 모습이 인근 상점에서 단감을 사고 있던 나의 눈길을 끌었다. 내가 산 단감을 보시더니 몇 개 사겠다며 주인에게 가격을 물어보자 내가 방금 산 가격의 두 배가 넘게 부르는 게 아닌가. 외국인에게 바가지를 씌우는 모습을 눈앞에서 보니 절로 화가 났다. 차라리 모든 관광객에게 똑같이 비싸게 받았더라면 화가 덜 났을 것 같다. 결국 내가 끼어들어 단감 몇 개를 더 받은 노부부는 연신 고맙다는 인사를 하고 자전거를 타고 홀연히 떠났다. 우리나라 사람도 쉽지 않은 자전거 횡단을 떠난 그 노부부에게 제대로 된 영어 지도는 있는지 걱정이 되었다. 구글 지도가 잘 되어 있기를 바라는 수밖에.

요즈음은 영어 등 외국어로 된 안내판이나 팸플릿을 비교적 쉽게 찾아볼 수 있다. 하지만 아쉽게도 하동이나 구례를 여행하면서는 영어나 다른 외국어로 된 안내 팸플릿을 찾기 힘들었다. 그나마 하동군 내에 위치한 사찰의 경우, 최근 제작된 안내판에 깔끔하고 상세한 정보를 한국어, 영어, 중국어, 일

쌍계사 진감선사 탑비와 안내문

어 등 4개 국어로 제공하고 있어 인상적이었다. 다만, 아쉬운 점은 여전히 내용을 이해하기 어렵다는 것이다. 심지어 한국어가 영어보다 더 이해하기 어렵게 쓰여 있어 난감했다. 예를 들어, '선사의 속성은 최씨'라는 우리말 설명을 영어로는 'The Zen master's surname before entering the Buddhist priesthood was Choi'라고 적었는데 한국어보다 영어가 오히려 이해하기 쉽게 쓰여 있다. 영어의 경우도 'His secular surname before he became a Buddhist monk was 'Choi''라고 더 쉽게 풀어 쓸 수 있을 것이다.

쌍계사 진감선사 탑비는 국보 47호로 지정되어 있는 소중한 우리나라의 문화재임에도 불구하고, 위와 같은 간략한 진감선사에 대한 설명 외에는 통일신라시대 탑비 양식에 따른 용머리를 한 거북모양 받침돌이나 구슬을 앞에 두고 다투는 형상을 한 용의 모습을 표현한 머릿돌에 대한 설명은 어디에도 찾아볼 수 없다. 신라 말기 유명한 문인인 고운 최치원 선생이 쓴 비문과 글씨라고는 하나 이에 대한 설명이 부족하여 우리나라 불교사에서 차지하는 중요성을 이해하기에는 역부족이었다.

이러한 안내판이나 안내 책자를 일반인의 눈높이에 맞게 제작하여 알기 쉽게 풀어 쓰려는 노력이 필요한 대목이다. 의약품 설명서의 경우에도 예전의 어려운 전문용어를 버리고 최대한 이해하기 쉬운 용어로 풀어 쓰도록 정부에서 장려하고 있다. 예를 들어, '현훈(眩暈)'이라는 어려운 한자 표현 대신 '도는 듯하게 느끼는 어지럼증'이라고 풀어 쓰면 일반인도 쉽게 이해할 수 있을 것으로 기대하는 것이다. 이러한 노력이 문화재 안내판과 안내 책자에도 필요하지 않을까 생각된다. 특히 한국의 문화와 미술의 우수성에 대해 관심을 가지고 배워야 할 어린이나 학생들을 고려한 눈높이에 맞는 설명 자료가 더욱 아쉬운 부분이다.

도슨트 투어 활성화

서울이나 대도시의 주요 미술관이나 박물관에서는 정해진 시간에 전시된 작품을 설명해주는 전시 설명 안내인이 매우 활성화되어 있어 전시 내용이 다소 어려울 경우에도 관람객들이 쉽게 관람하고 이해도를 높일 수 있어 좋은 반응을 얻고 있다. 사찰의 경우에도 소규모 도슨트 투어를 도입하여 입구에서 사찰의 역사 등 전반적인 설명을 듣고 경내를 같이 둘러볼 수 있는 프로그램을 운영한다면 우리나라 불교 미술의 이해에도 도움이 되고 가족 단위로 찾는 관광객들에게도 많은 호응을 얻을 것으로 기대된다.

여러 사찰을 한꺼번에 둘러볼 수 있는 사찰투어 프로그램도 고려해볼 수 있는데, 인터넷으로 예약한 후에 전문 가이드와 함께 둘러볼 수 있으면 많은 도움이 될 것이다. 예를 들어, '쌍계사 → 화엄사 → 천은사 → 사성암' 코스로 하루 동안에 둘러볼 수 있게 하되 전용 차량을 운행하여 대중교통 이용할 때 오랫동안 기다려야 하는 불편을 줄임으로써 만족도를 극대화할 수 있을 것이다. 또한, 그룹으로 둘러보지 않더라도 개별 관광객을 위해 대중교통의 연계성을 향상시켜 여러 사찰을 함께 둘러볼 수 있도록 배차 시간을 조정하는 것도 좋은 방법일 수 있다.

사찰을 제대로 즐길 수 있게 하자

삼국시대까지 거슬러 올라가는 우리나라 불교미술의 문화재들은 많은 경우 화재나 절도의 위험이나 비바람과 같은 자연으로부터의 훼손을 막기 위해 박물관에 보관되어 있기도 하지만, 건축물과 석등 등의 문화재들은 여전히 사찰을 방문해야 볼 수 있다. 그런 의미에서 우리나라의 불교 사찰은 특정한 종교적 의식을 올리고 수도승들이 수양을 하는 공간 이상의 의미를 지닌다. 따라서 사찰의 주요 기능을 수행하는 데 피해를 주지 않는 선에서 관람객들이 우리나라 전통 불교문화를 이해하고 즐길 수 있는 다양한 편의시설을 제공한다면 한 층 더 소중한 체험의 장소가 될 수 있을 것이다.

예를 들면, 누구나 와서 차를 마실 수 있는 곳을 마련함으로써 방문객들은 좋은 차를 마시며 휴식을 하면서 산사의 분위기를 만끽할 수 있을 것이고, 사찰의 입장에서는 경제적인 수익도 얻을 수 있을 것이다. 템플스테이 같은 프로그램에 참여하지 않더라도 차도 한 잔 마실 수 있다면 머무는 시간이 훨씬 더 여유롭게 느껴질 수 있을 것으로 기대한다. 또한 큰스님의 설법을 들을 수 있는 시간을 미리 안내한다면 설법도 쉽게 들을 수 있을 것이다. 이런 방식으로 비단 불교를 믿는 종교인이 아니더라도 세속의 힘든 일을 잊고 마음의 위안을 찾을 수 있는 곳으로 인식을 바꿀 수 있지 않을까? 뿐만 아니라 불교 사찰을 찾는 이들에게 열린 공간으로 인식될 수 있을 것으로 기대된다.

화엄사 경내를 뒤로 돌아 대나무 숲길을 5분쯤 오르면, 다듬지 않은 모과나무로 기둥을 댄 독특한 모양의 구층암을 만날 수 있는데, 바로 앞 계곡 물소리가 청명하게 들리는 곳에 작은 오두막이 하나 서 있다. 아무나 와서 마시고 원하는 만큼 찻값을 놓고 가도록 되어 있는 그곳은 계곡 물소리를 들으며 근처에서 수확하여 발효시킨 죽로차를 편안하게 즐길 수 있는 소중한 공간이다.

화엄사 구층암의 모과나무 기둥

많은 사찰의 경우, 탑이나 불상 앞에 불전암을 비치하고 여기저기 등을 달거나 기와를 구입하도록 유도함으로써 불교를 종교로 믿지 않는 방문객들로 하여금 눈살을 찌푸리게 하기 일쑤이다. 그러한 활동은 특정 장소로 지정하고, 방문객이 사찰에 머무르는 동안 좋은 경험을 제공하는 프로그램을 개발하는 것이 장기적으로는 사찰의 발전과 관람객들의 만족도에 더 크게 기여할 것으로 생각된다.

우리나라 사찰의 경우, 태국이나 일본 등 다른 나라와 달리 산속에 위치한 경우가 많아서 산사라는 독특한 경험을 제공한다. 아름다운 산사에서 우연히 마주치는 저녁 예불 시간을 알리는 타종식의 경우 방문객들에게 특별한 경험을 제공한다. 경상남도 양산 통도사를 방문했다가 우연히 관람한 타종식은 한편의 뮤지컬 공연을 보는 듯했다. 여러 스님들이 번갈아 가며 법고와 목어, 범종을 울리는 모습은 많은 방문객들에게 특별한 감동을 주어 큰 박수소리가 터져 나왔다. 온 세상의 생물과 사물을 깨우는 소리라 그런지 크고, 낮고, 울림이 각기 다양한 북소리와 종소리는 듣는 이의 심금을 울리는 것 같았다. 산

산사에서 마시는 차 한 잔은 관람객에게 여유와 감동을 준다(출처: 한국관광공사)

사이기에 우렁찬 소리를 내는 그런 타종식이 가능하지 않을까 하는 생각이 들었다.

속세에서는 돈을 내고도 경험할 수 없는 특별한 타종식이 열리고 있다면, 방문객들이 시간을 맞춰 관람할 수 있도록 안내하면 좋을 텐데 하는 아쉬운 마음이 들었다. 내가 받은 감동을 나누고 싶은 것도 있지만, 우리나라 사찰의 독특한 전통과 아름다움을 알리는 데 큰 역할을 할 것으로도 기대되기 때문이다.

2장 지리산과 섬진강 하이킹

1. 걷기 여행의 즐거움

나는 걷기를 좋아한다. 힘들거나 답답할 때 걷기는 항상 친구가 되어 주었다. 수험생 시절 모의고사를 망칠 때면 항상 석촌호수를 찾았다. 석촌호수를 두 시간 동안 묵묵히 걷고 나면 다시 의욕이 생겼다. 그리고 나름의 해결책을 찾아서 돌아갈 수 있었다. 대학생 때는 한강을 좋아했다. 여름의 냄새가 무르익어가는 한강의 저녁은 언제나 상쾌했다. 고민이 있을 때면 강을 따라 혼자 걸으며 새로운 에너지를 얻었고, 그 길을 친구와 함께 걸으면 우정은 더욱 돈독해졌다.

걷기를 좋아하는 습관은 여행에도 그대로 투영되었다. 하루에 4만보가량 걸을 정도였으니 함께 따라나선 동생은 발바닥에서 뼛가루가 나올 것 같다며 귀여운 투정을 부리곤 했다. 문득문득 떠오르는 여행의 추억은 대부분 걸었던 순간들이다. 렌터카를 타고 맛집과 관광지를 두루 섭렵했던 제주도도 마

스위스는 하이킹 여행이 매우 발달해 있다.

찬가지다. 비 내리던 날 제주도 비자림을 걸으며 맡았던 흙냄새와 풀냄새, 세
찬 바람을 뚫고 올랐던 새별오름, 겨우내 키 높이만큼 쌓인 눈을 헤치고 올랐
던 한라산, 이른 아침 친구들과 걸었던 올레길. 두발로 걸었던 시간들은 여전
히 생생하다. 그러나 여행지에서 무의식적으로 걸었던 습관의 중요성을 깨달
은 것은 쌍계사에서의 일이다.

해외여행을 떠난 이유

쌍계사 이야기를 하기 전에 먼저 해외여행 경험에 대해 이야기하고 싶다.
이십대 시절 내내 나는 해외여행에 몰두했다. 갓 대학생이 된 나에게 다른 나
라의 문화는 새로운 자극이었다. 첫 해외 여행지였던 베이징에서 만리장성과
자금성을 보고 중국 역사에 흥미를 느꼈다. 그리고 한 달 간의 미국 배낭여행

을 다녀온 후로는 서양 문화에 본격적으로 관심을 가지기 시작했다. 무엇보다 서양이 동양을 압도하게 된 이유가 궁금했다. 역사책을 찾아 읽었고 유럽에 가봐야겠다는 목표가 생겼다. 마침내 직접 마주한 서양 문화는 매우 인상적이었다. 그들에게 건축은 예술이었고 그래서 건물 자체의 조형미가 강조되었다. 하늘을 찌를 듯한 첨탑과 섬세한 조각이 새겨진 기둥, 화려한 스테인드글라스는 단번에 나의 마음을 사로잡았다. 기하학적 무늬로 장식된 정원은 완벽한 대칭을 이루고 있었고, 그들이 구현하고자 했던 이성의 힘에 압도되었다. 중국 건축의 압도적 규모와 서양 건물의 강렬함에 마음이 사로잡힐수록 어릴 적 보았던 우리나라의 사찰과 건축에 대한 기억은 희미해져만 갔다.

웬만큼 유명한 나라는 다 가보고 나서 어느 순간 우리 문화, 구체적으로는 건축에 관심이 생겼다. 먼저 『나의 문화유산 답사기』에서 극찬한 영주 부석사의 무량수전을 찾아갔다. 그리고 경주 불국사와 석굴암을 다시 찾았다. 서울에서는 경복궁과 창덕궁, 덕수궁 등을 다시금 둘러보았다. 우리 건축의 아름다움을 느껴야만 한다는 의무감에 사로잡혔다. 단청과 처마의 곡선에 담긴 독창적인 아름다움을 발견하고서 이를 사진에 담는 취미가 생겼지만 갈증을 풀어내기에는 충분치 않았다. 아니, 서양 건축물의 강렬함에 빼앗긴 마음을 되돌리기에는 역부족이었다.

여름철 쌍계사를 다시 찾았다. 쌍계사로 들어가는 숲길은 비에 젖은 풀냄새로 가득했다. 불어난 계곡물을 건너 일주문을 지나고 두 개의 문을 더 지나서 대웅전 앞마당에 다다랐다. 대웅전 옆에 서서 땀을 식히면서 먼 산을 바라보았다. 구름에 덮인 지리산의 부드러운 능선과 절 지붕의 곡선이 절묘한 조화를 이루고 있었다. 지리산에서 뻗어나온 산맥이 겹겹이 쌓이듯 쌍계사 도량의 지붕들도 층층이 겹쳐져 있었다. 대웅전 앞에 놓인 석등은 빗소리만 들리는 고요한 사찰 앞마당 한켠에 나무를 배경으로 우두커니 서 있었다. 앞마당의 나무도, 대웅전 옆의 작은 들꽃들도, 석등마저도 어느 하나 드러내고 자

지리산 쌍계사의 운무

신을 뽐내지 않았다. 그리고 대웅전은 이 모든 것을 포용하듯이 인자하게 내려다보는 듯했다.

마침내 우리 건축물의 아름다움을 읽는 방법을 알아낸 것 같았다. 서양 건축가는 건물과 정원 그 자체를 돋보이게 만들어내는 데 심혈을 기울인다면, 사찰을 만든 우리의 건축가는 어느 하나 도드라지지 않도록 노력했던 것이다. 산 능선의 리듬을 따라 지붕의 곡선을 그려내고, 조용히 미소 짓는 부처님의 입 꼬리처럼 처마선의 끝도 완만하게 마무리하였다. 나무와 풀들도 무심하게 배치하여 자연스럽게 배경으로 녹아들도록 하였다. 이들이 한데 모여 하나의 사찰을 이루고 여기서 주변 자연과 어우러진 우리만의 은은한 아름다움이 만들어지는 것이다.

서양 건축물은 강렬하기에 단번에 시선을 사로잡는다면 우리 건축물은 은근한 맛을 느껴야 하기에 시간이 필요하고 전체를 보는 눈이 필요했던 것이다. 그러므로 모형이나 사진으로 제작할 때도 서양 건축물은 건물 하나만으로 충분하지만 우리 건축물은 주변 산세를 함께 담아내야 그 맛을 충분히 전달할 수 있겠구나 하는 결론까지 다다르게 되었다.

여행에 깊이를 더하는 걷기

이날, 그동안 찾아 헤매던 오랜 질문에 대한 나름의 답을 얻을 수 있었던 것은 바로 걷기 덕분이었다. 녹차 밭을 들러야 했기에 여느 때보다 쌍계사를 가는 길이 멀었다. 그 덕분에 화개천을 따라 걸으며 비탈을 따라 자라는 녹색 찻잎을 보았고 구름 덮인 산의 능선을 감상하는 여유를 충분히 누릴 수 있었다. 주변 풍경이 충분히 눈에 익었을 무렵 쌍계사를 올랐고 그 덕분에 절과 산과 계곡을 한꺼번에 마음속에 담아낼 수 있었다.

그리고 지난 여행들을 반추해 보았다. 그간의 해외여행 중에서도 알프스 마을을 걸어 내려왔던 기억, 런던 템즈강을 따라 걸은 기억, 요세미티 국립공원을 올랐던 기억이 강렬하게 남은 이유를 비로소 알 것 같았다. 천천히 걸으며 보았기에 자세히 볼 수 있었고 다양한 모습을 기억할 수 있었던 것이다. 걷는다는 것이 여행에서 얼마나 중요한지 절실히 깨달은 날이었다.

이 깨달음의 기쁨을 누군가와 함께 나누고 싶었다. 섬진강과 지리산에서 느꼈던 여유로움과 포근함, 우리 건축의 미를 느끼는 방법을 전해주고 싶었다. 그래서 가족과 함께 다시 찾았다. 사실 가족을 택한 데는 나름의 이유가 있었다. 10년 넘게 살아온 대도시 서울의 번잡함에 염증을 느끼고 있었기에 내 취향이 지극히 주관적일 수도 있었기 때문이다. 그래서 다른 사람도 비슷하게 생각하는지가 궁금했다. 동생은 서울 생활을 즐기는 이십대 여성이고 부모님은 바다를 끼고 있는 지방 소도시에서 살아오셨기에 때로는 대도시의 번잡함을 즐기시기도 하셨다.

어쨌든 우리는 구례로 향했다. 지리산 치즈랜드를 느긋하게 걸으며 목장

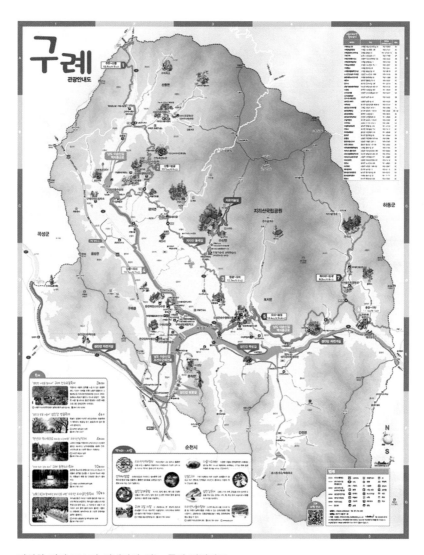

다양한 걷기 코스가 안내되어 있는 구례 관광지도

정상에 올라 저수지를 내려다보며 땀을 식히고, 예술인 마을에서는 뭉게구름
이 떠 있는 푸른 하늘과 녹색의 논을 배경 삼아 사진을 찍으며 여유로운 한때
를 보냈다. 사성암에 올라서는 구례 분지를 감싸는 지리산과 그 사이를 가로

지르는 섬진강의 물줄기를 감상했다. 행복해하는 가족들의 표정을 보면서 걷기 여행이 이곳의 참맛을 느끼는 방법이라는 확신이 들었다.

집에 돌아오자마자 지도를 찾았다. 답사 때마다 모아둔 관광지도를 한데 펼쳤다. 많은 길이 있었다. 익히 알려진 지리산 둘레길부터 섬진강을 따라 그려진 길들, 지역을 넘나드는 이순신 테마로드까지 각 지역마다 다양한 걷기 코스가 준비되어 있었다. 그리고 그동안 걸었던 이 지역의 길들을 생각해보았다. 내가 걸어보았던 길과 걸어보지 못했던 길들에 공통점이 있었다. 모두 산이나 강을 따라 나 있었고, 역사적인 인물이나 사건을 주제로 삼고 있으며, 최소 10km가 넘는 긴 경로로 연결되어 있다는 점이다. 지역의 특징인 강과 산을 알리고, 의미 있는 주제를 전달하며, 모두 이어져 있어 통일성이 담보된다는 장점이 있으나, 다양한 코스를 개발하는 데는 제약이 되는 것 같았다. 또한 코스가 길어질수록 문턱이 높아진다는 점도 아쉬웠다. 그리고 지리산 둘레길을 제외하고는 지도에 안내된 코스나 대중교통 접근 방법 등에 대한 구체적인 정보를 얻기가 어려웠다.

안타까운 마음을 안고 잠자리에 누웠다. 지자체마다 다양한 길을 개발해왔다는 사실은 섬진강과 지리산을 여행하는 최적의 방법이 걷기라는 것을 반증하는 것 같았다. 따라서 관광객의 눈높이에 맞춰 코스와 길이를 다양화하고 숨겨진 명소를 지나는 새로운 길을 만들고 코스에 대한 상세한 정보를 제공하고 걷기가 관광 홍보의 중심이 된다면, 더 많은 사람들이 찾게 되지 않을까 하는 생각이 들었다. 스위스에서 하이킹을 했던 순간들과 쌍계사까지 걸었던 날의 기억이 번갈아 떠올랐다. 아이의 손을 잡고 강둑을 따라 걷는 엄마와 아빠, 배낭을 메고 사찰을 순례하는 젊은이들, 단풍으로 물든 골짜기를 내려오는 연인들, 목장의 초원을 뛰어다니는 아이들로 가득한 섬진강과 지리산을 상상하면서 잠이 들었다.

2. 스위스 하이킹 코스

스위스를 여행지로 선택하는 사람들은 사진으로 접한 그림 같은 풍경을 직접 보기를 기대한다. 만년설에 뒤덮인 깎아지른 듯한 절벽과 푸른 호수, 초원으로 뒤덮인 높은 산들이 대표적인 이미지이다. 호수를 제외하면 스위스 여행의 목적지는 모두 산이다. 그러나 평소 등산을 즐기지 않는 사람들도 스위스를 가고 싶어 하며, 그중에서도 알프스 하이킹은 스위스 여행의 로망으로 자리 잡았다.

등산의 고됨을 상쇄시킬 수 있을 만큼 스위스의 풍경이 빼어나기 때문에 하이킹을 하려는 것일까. 알프스는 고도가 높고 가파르기로 유명하지만 일반적으로 스위스 여행에서 등산을 떠올리는 사람은 많지 않다. 산이 주요 관광지임에도 스위스가 남녀노소 모든 여행자들에게 문턱이 낮은 이유는 편리한 교통수단과 다양한 하이킹 코스 때문이다. 유명한 봉우리마다 산악열차와 케이블카가 설치되어 있어 정상까지 쉽게 오를 수 있다는 점이 특징이지만 여기서는 하이킹을 중심으로 살펴보려 한다.

하이킹은 등산과는 개념이 다르다. 『등산 상식사전』에 따르면, 정상을 향해 산을 오르는 것이 목적인 등산과는 달리 하이킹은 트레킹과 비슷하게 정상을 오르기보다는 주변의 풍광을 즐기는 자연 답사여행으로 소개되어 있다. 여행 코스라는 측면에서 보면, 등산로는 출발점이 다르더라도 결국 산 정상을 향하지만 하이킹 코스는 산의 아름다운 부분만 선택적으로 걷게 한다는 차이가 있다. 하이킹은 걷는 여행이라는 점에서 제주도 올레길이나 둘레길, 성곽길 등과 비슷하지만 스위스에서는 산, 구릉, 호수, 포도밭 등 장소를 구분하지 않고 풍광이 좋은 곳은 하이킹 코스로 지정해 놓았기 때문에 좀 더 포괄적이라고 할 수 있다.

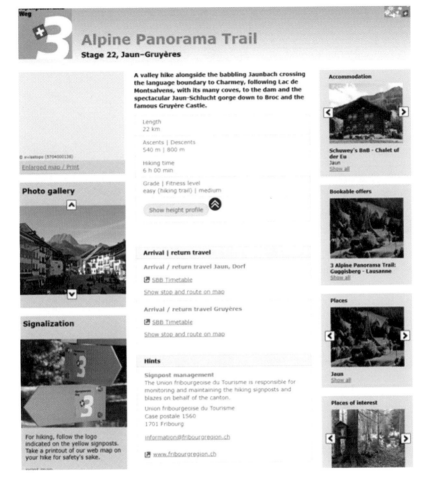

스위스 모빌리티(Switzerland Mobility) 사이트에 소개된 다양한 하이킹 정보

스위스 관광청에서도 테마여행의 한 부문으로 따로 상세하게 설명하고 있을 정도로 하이킹은 중요한 관광 자원이다. 관광객뿐만 아니라 스위스 국민들이 가장 좋아하는 스포츠이며, 1,500명의 자원봉사자에 의해 관리되고 5만 개 이상의 표지판이 세워져 있을 정도로 대중화되어 체계적으로 관리되고 있다. 관광객이 작은 마을에서 며칠 동안 체류할 수 있는 이유도 잘 설계된

아이거 트레일 하이킹 코스. 험준한 융프라우 지역을 걷는 길이지만 하산하는 코스로 만들어져 있어서 어렵지 않게 도전할 수 있다.

코스를 걸으며 천천히 여행할 수 있기 때문이다. 정상에 오르지 않고도 산을 즐길 수 있는 방법을 제시하고 더 나아가 호수, 구릉, 초원 등 국토 모든 곳에 적용하여 저변을 확대한 것이 바로 스위스의 하이킹 코스이다. 이것을 구체적으로 살펴보면 지리산과 섬진강의 아름다움을 즐기는 다양한 방법에 대한 아이디어를 얻을 수 있지 않을까.

주제별로 구성된 코스

스위스에는 국토를 가로지르는 수백 킬로 이상의 내셔널 루트(National Route)와 지역을 통과하는 수십 킬로의 리저널 루트(Regional Route), 10km 내외로 이루어진 총 294개에 달하는 로컬 루트(Local Route)가 개발되어 있다. 이동 수단에 따라 하이킹, 자전거, 산악자전거, 인라인 스케이트, 카누 여행으로 나뉘며 길이에 따라 위의 세 가지로 구분된다. 이 중 4~5시간 하이킹 코스로 개발된 로컬 루트를 일반적인 하이킹 코스로 칭하는데 이에

라보 와인루트는 레만 호수와 주변에 펼쳐진 포도밭을 따라 하이킹을 하는 코스이다. 주제에 걸맞게 곳곳에 있는 와인 셀러와 전통 선술집에서 향토 음식과 와인을 맛볼 수 있다.

대해 살펴보자.

스위스 관광청 홈페이지에 소개된 가장 인기 있는 32개의 하이킹 코스는 걸어서 2시간에서 6시간 정도면 완주할 수 있는 개별 경로로 이루어져 있다. 길을 독립적으로 구성했기 때문에 다양한 테마를 담아낼 수 있다. 예를 들면, 융프라우 지역을 걷는 아이거 트레일, 스위스 라보 지역의 포도밭을 걷는 와인 루트, 중세 유럽 분위기의 그뤼에르 성을 지나 치즈 공장과 초콜릿 공장을 지나는 루트 등이 있다. 자연 지형뿐 아니라 포도 농장, 기업이 운영하는 치즈 및 초콜릿 공장까지, 활용 가능한 모든 소재를 하이킹 대상으로 삼았다.

수많은 개별 코스가 가능한 이유는 기차역이나 버스정류장을 하이킹 코스의 시작과 끝으로 잡았기 때문이다. 라보 지역의 와인루트는 생 사포랑이라는 기차역과 뤼트리라는 기차역을 출발지와 목적지로 설정하여 접근성을 높였다. 융프라우의 아이거 트레일은 스위스의 하이킹 코스가 고정관념에서 얼마나 벗어나 있는지를 잘 보여준다. 출발점과 목적지는 산악열차가 멈추는

그뤼에르를 지나는 아운바흐 계곡 하이킹 코스. 성곽으로 둘러싸인 중세풍 마을을 볼 수 있으며 그뤼에르 치즈 공장과 초콜릿 공장 등을 경험할 수 있다.

아이거글레처 역과 그린데발트 역이다. 출발지를 고도가 높은 아이거글레처 역으로 정하여 일반적인 등산로와 다르게 하산하며 알프스를 즐길 수 있도록 했다. 평소 산에 오르는 것을 좋아하지 않는 사람도 부담 없이 스위스 산을 경험할 수 있도록 하산 코스로 개설한 사고의 전환이 돋보인다. 정리하면, 스위스 하이킹 코스는 대중교통으로 접근이 편한 곳에 개별 주제를 살려 독립적으로 나누어 개발했다는 특징이 있다.

작은 가게와 마을을 품은 길

하이킹 코스 중간에는 다양한 주제를 즐길 수 있는 상점이 있다. 스위스 하이킹은 걸으며 경치를 감상하는 것만으로 끝나지 않는다. 산지 곳곳에 작은 마을들이 형성되어 있는데 코스마다 마을 하나 정도는 지나게 되어 있다. 마을에는 관광객을 상대하는 숙소와 상점이 있어 걷는 도중에 쉬어 갈 수 있

야운바흐 계곡에 자리한 중세풍의 마을과 스위스의 하이킹 안내판

다. 라보 와인루트의 경우, 호수를 따라 가파른 언덕에 펼쳐진 포도밭을 걷다 보면 중간 중간 상점을 마주치게 된다. 농장에서 직접 만든 포도주를 마시는 것은 여행의 묘미를 더욱 깊게 하고 선술집은 자연스러운 휴식처가 된다. 그뤼에르 코스는 초콜릿 공장과 치즈 공장을 지난다. 스위스의 대표 특산품인 초콜릿을 생산하는 공장을 하이킹 코스에 포함시킨 부분도 눈에 띈다. 걸어서 3시간이 넘는 11km의 하이킹 코스를 지루하지 않게 완주할 수 있는 것이 단순히 스위스의 아름다운 자연만이 아님을 알 수 있는 대목이다.

상세하고 친절한 이정표

또한 모든 갈림길에는 상세한 이정표가 있다. 하이킹에서 표지판은 매우 중요한 역할을 한다. 낯선 산길과 마을을 걷다 보면 쉽게 길을 잃을 수 있기 때문이다. 스위스 하이킹 코스에는 갈림길마다 눈에 띄는 노란색 이정표가

마운틴 하이킹 트레일, 알파인 하이킹 트레일 등 구간마다 다른 표지판을 사용하여 여행자가 걷는 구간을 명확히 구분할 수 있게 하였다.

설치되어 있고 다음 목적지까지의 거리를 킬로미터가 아니라 도착하는 데 걸리는 시간으로 표시하여 일정을 관리할 수 있도록 배려하였다. 가장 아래에는 현재 걷는 길이 어느 지역의 어떤 코스인지에 대한 정보를 로고를 통해 알려주어 갈림길에서 경로를 이탈하지 않도록 하였다.

스위스 하이킹 코스의 세심함은 종류별로 표지판을 구분해서 설치했다는 사실에서 더욱 돋보인다. 흔히 보이는 노란색 화살표 모양의 표지판은 일반적인 하이킹 코스다. 한편 우리나라 등산과 비슷한 개념인 마운틴 하이킹 트레일은 흰색-붉은색-흰색 화살표로 된 노란 표지판이며, 암벽등반처럼 험한 코스인 알파인 하이킹 트레일은 흰색-파란색-흰색 화살표로 된 파란색 표지판이다. 분홍색의 겨울 하이킹 트레일은 겨울철에만 설치된다.

인터넷으로 제공되는 종합적인 정보
한편 스위스의 모든 하이킹 정보는 인터넷을 통해 통합적으로 제공되고 있다. 스위스 모빌리티(Switzerland Mobility)라는 홈페이지에는 하이킹, 자전거, 산악자전거, 스케이트, 카누까지 다양한 수단으로 여행할 수 있는 코스에 대한 모든 정보가 실려 있다. 하나의 코스를 선택하면 총 거리, 고도, 예상 소요 시간, 난이도, 출발지와 도착지를 알 수 있다. 지도에 코스가 그림으로 표시되어 있어 경로를 이해하는 데 도움을 준다. 뿐만 아니라 추천하는 숙박 시설, 식당, 현지 날씨, 지역 축제 정보까지 제공된다. 심지어 각 코스를 관리하는 관광 안내소의 이름과 주소, 전화번호도 얻을 수 있다. 단편적인 정보 외에도 해당 코스가 전달하고자 하는 주제, 자연적 특성, 거쳐 가는 마을의 특징 등이 마치 학습 목표처럼 상세하게 안내하고 있다.

스위스를 여행하면서 가장 인상 깊었던 점은 구석구석까지 관리가 잘 되고 있다는 것이었다. 시계 산업을 주도하는 나라답게 1분도 늦지 않는 정확성을 보이는 철도 시스템과 관광 인프라는 스위스만의 섬세함이 반영되어 있었으며, 한적한 시골 철로에도 잡초나 쓰레기 하나 없었고 하이킹 표지판도 낡고 기울어진 것 없이 모두 새것처럼 유지되고 있었다. 아름다운 곳을 모두 찾아내 하이킹 코스로 엮어낼 수 있었던 것도 하나하나 자세히 들여다보는 현미경 같은 세밀함이 바탕이 되었기 때문이다. 아름다운 알프스를 방문하라는 형식적인 외침이 아니라 '이렇게 하면 스위스를 어렵지 않게 즐길 수 있어' 라는 모범 답안을 제시하려는 노력이 스위스 하이킹에 담겨 있었다. 위 사례를 통해 그들의 고민과 노력을 읽어낼 수 있다면 지리산과 섬진강의 다양한 관광자원을 개발하는 새로운 돌파구가 될 수 있을 것이다.

3. 섬진강과 지리산 하이킹

지리산과 섬진강은 걸으면서 여행하기에 참 좋은 곳이다. 실제로 지리산 등반은 오래전부터 인기를 끌었다. 금요일 저녁과 토요일 새벽이면 지리산을

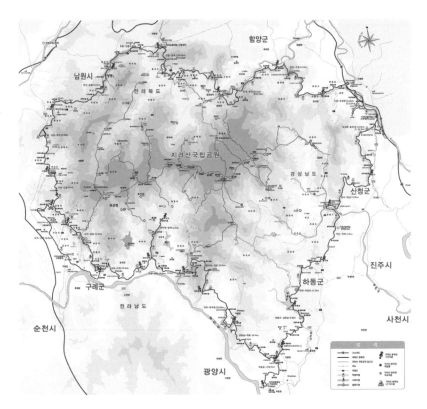

지리산 둘레길 안내지도

등반하려는 사람들이 몰려들고, 섬진강 자전거길이 생기고서부터는 자전거
여행객도 생겨났다. 또한 마을길과 논길, 산길을 이어 만든 지리산 둘레길은
10년이 넘는 역사를 가지고 있으며, 2011년부터 시작된 섬진강 100리 테마
로드, 이순신 장군 백의종군로, 섬진강 둘레길, 박경리 토지길 등 다양한 길
이 개발되어 있다. 이 중 가장 성공적으로 운영되고 있는 지리산 둘레길은 지
리산의 포근함과 시골 정취를 느끼며 걷기에 안성맞춤이라는 평가를 받고 있
다. 또한 포털 사이트 지도 서비스에서도 경로가 검색될 만큼 인지도가 높고
대중화되었으며, 접근 방식 및 볼거리에 대한 상세한 설명이 온라인을 통해

서 제공되고 있다.

현재 다양한 걷는 길들이 개설되어 있음에도 이 책에서 별도로 다루고자 하는 이유는 이곳을 깊이 있게 여행하는 데 걷기가 가장 효과적인 방법이라고 생각하기 때문이다. 또한 지리산 둘레길 같이 성공한 길이 많이 탄생해야 수 일간 머무는 체류형 관광지로 자리 잡을 수 있다고 믿기 때문이다. 여기서 본격적으로 논의하고자 하는 하이킹 코스는 단순한 길을 넘어 섬진강과 지리산을 깊이 있게 즐길 수 있는 다양한 선택지를 제시하는 수단이다. 그러므로 산, 강, 논과 밭, 문화재를 가리지 않고 경쟁력이 있는 곳이라면 하이킹 코스로 엮어 매력적인 관광 상품으로 재탄생시키면 어떨까? 코스 개설 못지않게 관광객의 눈높이에 맞춘 시설을 설치하고 통합적인 정보를 제공하는 일 역시 매우 중요하다. 현재 개발되어 있는 길들을 살펴보면서 보완할 점과 새로운 하이킹 코스 개발의 가능성에 대해 함께 생각해 보고자 한다.

주제별 코스를 개발하자

먼저 하이킹 코스를 개별적으로 구성할 필요가 있다. 제주 올레길의 성공으로 걷기 여행이 주목을 받으며 전국에 많은 길들이 개발되었다. 여기에는 한 가지 공통점이 있다. 작은 주제의 길들이 하나로 연결되어 중심 주제를 이루고 있다는 점이다. 서울 북한산 둘레길을 보면, 21개의 주제로 구성된 개별 코스가 북한산을 따라 이어져 하나의 둘레길을 이루고 있다. 또한 '남도 이순신길 조선수군재건로'는 수군 재건이라는 역사적인 주제 아래 구례, 곡성, 순천을 지나 해남 우수영까지 300km가 넘는 길이 개별 코스로 나뉘어 있다. 이는 섬진강과 지리산에 만들어진 길도 비슷하다.

이처럼 지금까지 만들어진 길은 결국 하나로 연결된다는 특징 때문에 대표성을 가진다는 장점이 있다. 반면 새로운 코스를 개발할 때는 다양성에 제약한다는 한계가 있다. 큰 주제를 설정해야 하고 모든 길이 연결되어야 하기 때

곡성 침실습지. 지천과 섬진강이 만나는 곳에 습지가 형성되어 있다. 아름다운 풍경은 물론 국내 하천습지 중 가장 많은 한국 고유어종이 서식하는 곳이다.

문이다. 그러므로 이 원칙에서 벗어나 독립적인 개별 코스를 만든다면 새로운 길을 훨씬 자유롭게 발굴할 수 있을 것이다.

곡성 침실습지 하이킹 — 깊이 관찰하기

섬진강이 금천천, 고달천 그리고 곡성천과 만나는 곡성에는 침실습지가 형성되어 있다. 섬진강 중류에 위치해 있으며, 멸종위기 야생동물들이 서식하는 생태학적으로도 중요한 곳이다. 새벽에 피어오르는 물안개는 침실습지의 아름다움을 절정에 다다르게 한다. 이곳을 하이킹 코스로 개발함으로써 밀도 있게 섬진강을 탐험하는 방법을 제시할 수 있다. 현재 섬진강과 지류가 만나는 곳에 작은 보행다리가 설치되어 있지만, 상류 쪽은 강둑을 따라 걸으며 관찰해야 하는데 습지와의 거리가 멀고 나무로 가려져 있어 조망이 어렵다. 그렇기에 습지 한 곳에 자세히 볼 수 있는 탐방로를 만들어 하이킹 코스로 활용한다면 새로운 관광지가 될 수 있으며 교육적 가치를 높일 수 있을 것이다.

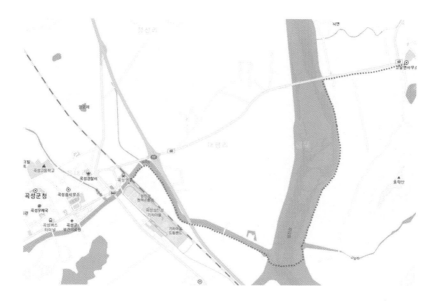

[경로 제안] 곡성역에서 침실습지를 따라 걸은 후 고달면의 안개마을까지 가는 경로

현재 지천이 섬진강과 합류하는 곳에만 산책로와 다리가 설치되어 있는데, 이것을 확장해 곡성역에서 출발하여 고달면의 안개마을까지 도착하도록 코스를 만드는 것이다. 곡성역은 인근 대중교통의 중심이기 때문이며, 고달면에는 펜션과 게스트하우스가 자리하고 있어 여행자의 휴식처가 될 수 있기 때문이다. 곡성역에 도착한 사람들은 곡성천을 따라 침실습지의 구름다리에 도착하게 한다. 이후 보행다리를 건너 상류를 거슬러 올라가면서 습지를 가까이에서 볼 수 있을 것이다. 이때 길을 단순히 연장하는 것을 넘어서 조망이 가능하도록 관리하는 것이 중요하다. 현재도 강둑을 따라 걷는 것은 가능하지만 풀이 무성하게 자라 있어 시야를 가릴 뿐 아니라 강과 거리가 멀어 습지를 가까이 경험하기는 어렵다. 그러므로 자연 환경을 훼손하지 않는 범위에서 현재의 산책로를 다듬고 상류까지 연장한다면 새로운 하이킹 코스가 될 수 있을 것으로 기대된다.

구만제를 중심으로 우리밀 체험관, 지리산치즈랜드, 캠핑장, 구례자연드림파크를 잇는 구간이다. 지리산치즈랜드의 산비탈은 이 코스의 하이라이트다.

구만제 하이킹 — 개별 관광지 묶기

구례의 대표 저수지 중 하나인 구만제 주변에는 우리밀 체험관과 지리산치즈랜드, 지리산 호수공원 오토캠핑장, 구례자연드림파크 등이 자리하고 있다. 이번에는 하이킹 코스를 통해서 기존의 개별 관광지를 하나로 묶는 방안을 생각해 보고자 한다.

우리밀 체험관은 우리밀영농조합법인에서 운영하는 곳으로 밀 가공공장을 견학할 수 있을 뿐 아니라 찐빵, 떡, 두부, 팥국수 만들기부터 짚신, 연 만들기, 농산물 수확까지 다양한 체험 시설을 운영하고 있다. 여기서 구만제를 따라 약 30분 정도 걸으면 지리산치즈랜드가 나오는데, 산비탈을 따라 조성된 목장을 보며 산책도 할 수 있고 송아지, 말, 양에게 먹이를 주고 치즈를 만들어 볼 수도 있다. 저수지 주변에는 간이 물놀이 시설을 갖춘 캠핑장이 마련되어 있다. 뿐만 아니라 수생식물 사이를 걸을 수 있는 산책로도 조성되어 있다. 지리산치즈랜드에서 20분 정도를 걸으면 생활협동조합에서 운영하는 구

생활협동조합에서 운영하는 구례자연드림파크는 종합 체험마을이다. 숙박시설, 식당, 맥주집이 있으며 생협에서 판매하는 제품공장을 둘러보는 견학과 체험활동이 준비되어 있다.

[경로 제안] 구만제 저수지 주변에 위치한 우리밀 체험관, 지리산치즈랜드, 지리산 호수공원 오토캠핑장, 구례자연드림파크까지 하나로 연결한 경로

레자연드림파크에 도착하게 된다. 여기서는 유제품, 김치, 라면을 만드는 공장을 견학할 수 있으며 머핀, 쿠키, 케이크 등을 만들어 볼 수도 있다. 식당에서는 수제 맥주를 마시며 휴식을 취할 수 있다.

총 5 킬로도 되지 않는 짧은 코스이지만 다양한 체험 활동 프로그램이 준비되어 있기에 하루 코스로 충분히 즐길 수 있다. 이처럼 따로 떨어진 네 개의 관광지를 구만제 저수지라는 주제로 하나로 엮어낸다면 관광객을 끌어들일 수 있는 좋은 선택지가 될 수 있다.

한국 건축문화 탐방길 — 기존 길을 활용하기

구례 토지면 오미리는 지리산 둘레길, 남도 이순신길 백의종군로, 조선수군재건로가 한데 만나는 곳이자 우리나라 전통 건축물들이 몰려 있는 지역이기도 하다. 기존에 개발된 길 중에서 이곳만 따로 떼어 독특한 하위 탐방 코스를 만들 수 있다.

이 지역에는 운조루, 곡전재 등 조선시대 가옥의 전형을 볼 수 있는 고택들

|경로 제안| 한국 건축 탐방길 - 운조루, 곡전재, 용호정 등이 위치한 구례 토지면의 경로

사성암에서 내려다본 구례 전경

이 여럿 포진해 있다. 특히 운조루는 1776년(영조 52) 삼수부사와 낙안군수를 지낸 유이주(柳爾胄)가 건립했다고 하는데, 풍수지리설에 의하면 집터가 금환낙지(金環落地, 하느님이 입에 물고 있던 금가락지를 토해 놓은 곳이라고 이르는 마을의 형국)라 하여 예로부터 명당자리로 불려왔다고 한다. 기존에 개설된 길에서 이곳만 분리하여 1시간 정도의 탐방로를 만들 수 있다. 긴 코스가 부담스러운 사람들에게는 좋은 선택지가 될 것이다.

부담 없는 코스를 개발하자

하이킹 코스는 누구나 섬진강과 지리산을 손쉽게 즐길 수 있게 하는 일종의 모범답안과 같은 것이다. 따라서 통념을 깨고 문턱을 낮출 필요가 있다. 등산을 싫어하거나 하기 힘든 노약자들도 쉽게 걸을 수 있는 부담 없는 코스를 만드는 것이 중요하다. 내려오면서 산을 걷는 방법을 제시한 스위스 하이킹 코스처럼 아름다운 경치가 있는 곳이라면 대중교통으로 연결하여 하산하는 편도 코스를 제시할 수 있다.

사성암이 그 좋은 예이다. 사성암은 오산의 절벽에 있는 절로써 구례 분지와 지리산, 섬진강을 한눈에 내려다볼 수 있는 전망대 같은 곳이다. 마을버스를 타면 암자까지 쉽게 오를 수 있다. 마을에서 사성암까지 오르는 기존 등산로와 표지판을 재정비하여 암자에서 마을까지 내려오는 편도 하산 코스를 만들어 홍보할 수 있다. 등산보다 힘이 덜 들면서 오산에서 내려다보는 전경을 감상할 수 있기 때문에 평소 등산을 즐기지 않던 사람들도 끌어들일 수 있다.

쉬어 갈 수 있는 작은 가게

하이킹 코스에는 쉼터 역할을 하는 가게가 필수적이다. 아무리 자연 경관이 아름답다고 하더라도 3시간에서 5시간 정도를 걸어야 한다면 쉬어갈 곳이 필요하다. 길목에 휴게소를 만드는 방법도 있겠지만 주제와 관련된 상점들이 들어서도록 육성한다면 여행의 다채로움을 배가시킬 수 있으며 지역 주민의 소득 중대에도 도움이 될 수 있다. 아직 이 지역을 방문하는 사람들이 많지 않아 상점이 자발적으로 들어서기 힘들다면 지자체에서 공터나 버려진 건물을 활용하여 작은 상점을 위탁 운영하는 방법도 있다.

하동군의 천년 차밭 길을 예로 살펴보자. 하동군은 제주, 보성과 더불어 국내의 대표적인 녹차 생산지이다. 쌍계사로 가는 화개천 길목을 따라 산비탈에 차밭이 펼쳐져 있다. 차를 처음 심은 시배지와 천년 수령의 차나무가 있는 곳이기도 하다. 하동군에서는 이 일대를 잇는 천년차밭길을 조성하고 곳곳에 안내지와 표지판을 설치하였다. 하이킹 코스의 좋은 예인 이 길은 시배지에서 출발하여 이정표를 따라 걸으면 천년 차나무가 있는 곳까지 다다르게 된다. 그러나 녹차를 생산하는 다원이 곳곳에 있지만 녹차를 마실 수 있는 곳은 찾기 힘들다. 다원에 들어가서 차 시음을 부탁할 수도 있지만 이보다 차를 마실 수 있는 상점이 곳곳에 있다면 하동 차를 더욱 깊이 경험할 수 있을 것이다. 아직은 관광객이 많지 않은 점을 고려하여 다원 한 켠에 소규모로 작은

하동군 악양면의 매암제다원은 천년 차밭길에 위치하지는 않지만 작은 상점의 좋은 표본이다. 하이킹 코스 중간에 이런 상점들이 있다면 여행의 깊이가 더해질 것이다.

카페를 운영하도록 지원하거나 몇 개의 다원을 대상으로 시범사업을 할 수 있다.

자세한 이정표와 통합적인 관리

이정표에는 자세한 정보가 들어가야 한다. 여행지에서의 하이킹은 낯선 지역을 걷는 일이다. 여행객은 오직 이정표에만 의지하기 때문에 자세한 정보 전달이 매우 중요하다. 어디서든 눈에 띄도록 위치와 디자인, 색깔 선정도 신경 써야 한다. 그리고 안내판을 지나치지 않도록 눈높이에 맞춰 모든 갈림길마다 빠짐없이 설치하여야 한다. 시점과 종점에는 코스 전체를 가늠할 수 있도록 지도에 표시된 경로 안내가 필요하다. 동시에 근처 버스 정류장 정보도 표시되어야 한다. 마지막으로 다음 목적지까지의 예상 시간을 표기한다면

산수유길을 안내하는 이정표. 이정표가 한쪽 방향으로만 안내되어 있다. 정방향으로 걷는다면 이것으로 충분하겠지만 반대 방향에서 출발했거나 중도에 돌아가려는 사람은 이 이정표만으로는 어느 길로 가야 할지 고민에 빠지게 된다.

관광객 친화적인 이정표가 될 것이다.

또한 하이킹 코스는 통합적으로 관리되어야 한다. 따라서 서지리산과 섬진강에 개설된 모든 하이킹 코스를 통합적으로 관리하고 정보를 제공하는 홈페이지가 필요하다. 코스에 대한 설명과 함께 출발점과 도착점, 코스가 표기된 지도, 대중교통 안내, 난이도, 예상 시간, 지역 축제, 숙박시설 등 모든 정보를 제공해야 한다. 포털 사이트와 연계하여 온라인 지도에서 경로가 검색되도록 만들면 사용자의 편의성을 높일 수 있다.

2019년 현재 곡성군, 구례군, 하동군이 지자체 별로 관광 안내 홈페이지를 따로 운영하여 여기에서 테마길에 대한 정보를 얻을 수 있다. 그러나 걷는 길에 대한 정보는 어느 코너에 있는지 한눈에 들어오지 않으며 여기저기 클릭해야만 접근할 수 있다. 제공되는 정보도 단편적이고 가장 중요한 경로에 대한 구체적인 안내가 부족하다. 그래서 그 지역을 처음 방문하는 사람은 어떤 길을 따라 어떻게 가야 하는지 알기 어렵다.

반면, 지리산 둘레길은 통합적인 정보 제공의 좋은 예다. 홈페이지를 들어가면 구간정보 코너가 바로 보인다. 이동 경로가 표시된 지도가 있으며 구간에 대한 간략한 설명, 전체 거리, 예상 소요 시간, 난이도, 안내센터, 교통정보, 민박정보가 모두 제공되고 있다.

두 발은 차보다 느리다. 느리게 이동하기 때문에 시간이 소요되지만 그만큼 깊이 있는 경험이 가능하다. 지리산과 섬진강은 하와이의 해변, 그랜드 캐니언이나 알프스 산맥처럼 웅장하지 않다. 이곳은 아늑하고 포근하기 때문에 음미하는 여유가 필요하다. 그러므로 차를 타고 빠르게 이동하기보다 걸으며 느리게 여행해야 한다. 그래야 섬진강과 지리산의 기품을 느낄 수 있다. 섬진강을 직접 걸어야 지리산의 산세가 한눈에 들어오고 그 아래에 자리 잡은 마을과 논과 강을 하나의 풍경으로 느낄 수 있다.

지리산에 터 잡고 있는 사찰도 마찬가지다. 주차장에서 내려 절만 보고 간다면 그곳에 담긴 아름다움을 읽어낼 수 없다. 사찰까지 걸으며 지리산의 산세를 가슴에 품어야 비로소 왜 이곳에 절이 지어졌는지 이해하게 되고 지붕의 곡선과 산의 능선을 동시에 바라볼 수 있다. 지리산과 섬진강의 하이킹 코스를 적극적으로 개발하는 일은 그래서 중요하다. 여행자들에게 이곳을 여행하는 최적의 방법을 제공할 수 있기 때문이다.

제주 올레길의 성공으로 비슷한 길들이 생기고 걷기 여행이 관심을 받았지만 여전히 국내 여행을 하는 주된 방식은 아니다. 새 방식이 하나 추가되었을 뿐이다. 등산을 즐기는 인구는 즐기지 않는 인구보다 적고 올레길을 걷기 위해 제주도를 찾는 사람은 그렇지 않은 사람보다 적다. 그렇기에 하이킹 코스 개발은 더 세심하고 적극적으로 추진되어야 한다. 걷기라는 비주류적인 방식이 이곳에서는 주류 여행 방식으로 정착되어야하기에 철저하게 관광객의 시각에서 접근해야 한다. 체력적으로 부담을 느끼는 사람도 쉽게 걸을 수 있는 길, 길치도 쉽게 여행할 수 있는 길로 가꾸어야 한다.

현재 다양한 걷기 코스가 개발되어 관광지도에 표시되어 있지만 관광정책의 중심에서는 벗어나 있는 듯하다. 홍보는 여전히 축제가 중심이고 지역관광의 얼굴이라고 할 수 있는 홈페이지에는 걷는 길을 소개하는 코너가 별도로 갖춰져 있지 않다. 그러나 지리산 둘레길의 성공은 걷기 여행에 대한 수요가 충분하다는 것을 말해준다. 걷기가 섬진강과 지리산을 여행하는 적합한 방식임을 고려한다면 관광 정책의 초점을 옮길 필요가 있다. 하이킹을 적극적인 관광 마케팅 도구로 삼는 것이다. 그렇다면 축제 기간 동안 잠시 몰렸다가 떠나는 관광지가 아닌 자발적으로 며칠씩 머무르는 사계절 관광지로 거듭날 수 있을 것이다.

3장 섬진강 유람선 여행

1. 섬진강엔 왜 배가 다니지 않을까?

섬진강에 대한 가장 오랜 기억은 초등학생 시절로 거슬러 올라간다. 여름 방학이 되면 할머니, 할아버지와 친척들이 모두 모여 여행을 떠나곤 했었다. 지금 생각해 보면 압록 어디쯤의 모래사장에 텐트를 치고 야영을 했던 것 같다. 튜브를 타고 강물에 몸을 맡기고 놀다 지칠 때쯤 수박을 먹으며 사촌 동생과 강가에서 흙 놀이를 했다. 할머니를 따라가면 재첩을 잡을 수 있었고, 아빠와 삼촌을 따라가면 고기를 잡을 수 있었다. 유리그릇을 물안경 삼아 강바닥을 뒤지며 재첩을 주워 담고 통발에 된장을 넣어 물속에 두었다가 잠시 놀다 오면 물고기가 가득했다.

어린 나와 사촌들 말고도 어른들도 이런 소소한 재미가 즐거웠는지 우리는 내리 삼 년을 섬진강으로 휴가를 떠났다. 갑작스레 쏟아지는 폭우에 한밤중에 짐을 싸 집으로 돌아왔어도, 어느 날 아침 일어나 보니 집기가 강물에 다

떠내려가 버렸어도, 그 모든 일이 즐거워서 가고 또 갔던 것 같다.

초등학교 때 이후로는 섬진강에 대한 별다른 기억이 없다. 그러다 운전을 배우고 난 이후로 다시 찾기 시작했다. 강을 따라 드라이브를 하며 마을과 산을 구경하는 재미가 쏠쏠했기 때문이다. 중천에 뜬 해를 등지고 달리면 강물은 푸른빛을 띠었고 노을이 지는 해를 향해 달리면 강은 황금빛으로 반짝거렸다. 강둑을 따라 심어진 벗나무는 봄철에는 흰 꽃을 흩날리고 여름이 되면 녹색 잎을 틔워내 터널을 만들었다. 어릴 적이나 성인이 되어서나 섬진강은 언제나 즐거운 기억으로 가득하다.

여름 더위가 아직 남아 있는 어느 가을날, 본가에 내려가는 길에 구례에 들러 잠시 섬진강을 걸었다. 즉흥적인 결정이었다. 송골송골 맺히는 땀을 닦으며 강을 따라 계속 걸었다. 세월을 낚는 강태공들과 자전거를 타고 바람을 가르는 자전거 여행자들이 눈에 들어왔다. 저 멀리 보이는 노고단과 그 아래 노랗게 익어가는 들판은 평온과 여유로움을 안겨주었다. 배 위에 누워 유유자적하며 강줄기 따라 바다까지 흘러가 집에 도달할 수 있다면 얼마나 좋을까 하는 생각을 했다. 그러다 문득 섬진강에는 배가 다니지 않는다는 사실을 깨닫게 되었다. 기억을 더듬어 보니 섬진강에서 배를 본 적이 없었다. 한강에서, 여수에서, 청평호에서 탔던 그 흔한 유람선조차 없었다. 배가 왜 다니지 않는지 궁금했다. 얕은 수심 때문에 본디 배가 다니지 않았던 것일까, 아니면 예전엔 다녔지만 지금은 다니지 않게 된 것일까. 이날 풀리지 않는 질문 하나가 추가되었다.

이 책을 쓰기 시작하면서 섬진강에 유람선이 다니면 좋겠다는 생각을 하게 되었다. 겹겹이 둘러싼 산을 굽이쳐 흐르는 강물 위에서 풍경을 감상하면 제격일 것 같았기 때문이다. 지난 가을의 풀리지 않은 궁금증이 다시 돌아왔다. 섬진강엔 왜 배가 다니지 않는 것일까.

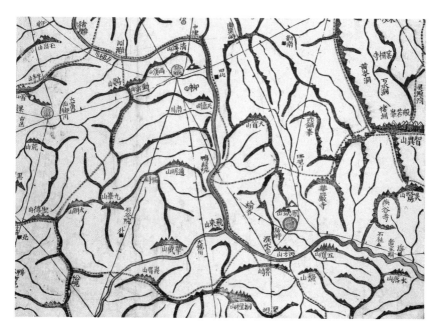

조선 후기 제작된 〈대동여지도〉에 표시된 섬진강(출처: 서울대학교 규장각)

옛 기록과 기억 속의 섬진강

첫 번째 가설은 섬진강의 얕은 수심 때문에 애초부터 배가 다니지 않았다는 것이다. 섬진강의 평균 수심에 대한 자료를 찾기 위해 인터넷을 뒤졌다. 한강의 평균 수심은 금방 찾을 수 있었지만 섬진강에 대한 정보는 없었다. 환경부 보고서, 기사, 여러 정부기관 홈페이지를 찾아보았지만 정확한 답은 없었다. 수심 정보에 대한 민원을 넣어보기도 했지만 수위를 바탕으로 대략적인 수치를 추정해볼 수 있다는 답변이 돌아왔을 뿐 정확한 정보는 얻을 수 없었다. 다만 서울대학교 규장각 지리지 종합정보의 〈대동여지도〉 관련 해설에서 섬진강의 옛 운송수단에 대한 정보를 얻을 수 있었다.

"섬진강은 수심이 얕아 수운의 역할을 별로 하지 못했다. 하류에 해창(海倉)이 적혀 있는데, 구례의 전세와 대동미를 모아 서울로 운반하던 창고였다.

옛 섬진강을 건너던 줄배. 섬진강을 가로지르던 줄배는 줄을 잡아당겨 강을 건너는 뗏목이었다. 다리가 없던 시절 주민들이 강을 건너는 유일한 수단이었다.

해창이란 명칭으로 보아 이 지역까지 바닷물의 영향이 미쳤으며, 또한 바다배가 운행되던 지역이었음을 짐작할 수 있다. 구례 위쪽의 남원이나 운봉의 전세와 대동미는 금강 변에 있는 함열의 성당 조창까지 육로로 운반된 다음 해로를 거쳐 한양으로 옮겨졌다."

이로써 하류까지 배가 다녔음을 추정할 수 있었다. 첫 번째 가설은 틀렸고 과거 배가 다니다 현재는 다니지 않는다는 사실이 명확해졌다.

그 후 한참을 잊고 지내다 구례 택시기사님으로부터 배가 다녔던 시절에 관한 이야기를 들을 수 있었다. 구례 토박이인 기사님이 어릴 적에는 다리가 없어 줄배를 타고 섬진강을 건넜다고 하셨다. 양안에 줄을 매달아 놓고 작은 뗏목에 올라 줄을 잡아당겨 강을 건넜다고 했다. 비가 많이 오는 날은 그마저도 어려워 아랫마을 친구들은 학교에 오지 못했다고 한다. 지금처럼 육로가 발달하지 않았을 때는 나룻배로 구례 오일장까지 물자를 실어 날랐다고 하시며 구례가 이 지역의 중심이었다는 자랑도 빼놓지 않았다.

두 번째 흔적은 화개장터에서 찾을 수 있었다. 입구에 옛 장터의 모습이 담긴 흑백사진이 전시되어 있었는데, 그중 배를 타고 밧줄을 이용하여 강을 건너는 사진과 함께 현재 남도대교가 건설된 곳에 줄배가 다녔다는 안내가 있었다. 화개나루터 쪽으로 내려가면 더욱 자세한 설명이 담긴 안내판을 볼 수 있었다. "지리산과 섬진강이 만나는 곳에 자리한 화개나루는 조선시대 손꼽히는 물류 집하장이었다. 장이 서는 날이면 짐을 가득 실은 돛배들이 80리 물길을 거슬러 올라와 이곳에 닻을 내렸다." 하류에서 화개나루터까지는 충분히 배가 다녔음을 의미했다. 택시 기사님의 설명과도 일치했다. 육로가 발달하면서 줄배와 돛배들이 밀려나게 된 것이었다. 규장각 정보와 종합하면 섬진강 중 하류 구간은 배가 다닐 수 있었음을 뜻했다.

뱃길이 복원된 섬진강을 꿈꾸며

수심에 대한 정보는 얻지 못했지만 섬진강에 배가 다녔다는 사실은 확실해졌을 무렵 또 다른 기사를 접했다. 광양시와 구례군, 하동군이 섬진강 뱃길을 복원한다는 내용이었다. 비슷한 이야기는 1997년 기사에도 보도된 적이 있지만 2017년에 다시 추진한다는 것을 보면 섬진강에 충분히 배가 다닐 수 있고 그날이 머지않았음을 말하는 것 같았다.

다시 현재로 돌아와서 지금 섬진강을 즐기는 방법은 무엇이 있는지 확인해보았다. 이미 남원에서 하동까지 곳곳에 카누, 카약, 래프팅 업체가 운영 중이었다. 유람선보다는 적극적인 방법이지만 대신 물을 무서워하는 사람에게는 제한적이라는 한계가 있었다. 그러나 나는 물을 좋아하고 가장 낮은 곳인 강 표면에서 풍경을 감상해보고 싶었기 때문에 언젠가는 셋 중 하나를 타보리라고 마음먹었다.

어릴 적 섬진강에서의 마지막 휴가를 끝으로 스무 번이 넘는 여름이 지나고 마침내 피서를 위해 섬진강을 다시 찾게 되었다. 그때는 친척들과 갔지만

무더웠던 2018년 여름, 친구들과 함께한 섬진강 래프팅

이번에는 친구들과 함께였다. 어느 때보다 더웠던 여름, 내가 좋아하는 장소에서 고등학교 친구들과 함께하는 래프팅이어서 더욱 소중한 기회였다. 작렬하는 태양을 잠시나마 식혀주는 소나기의 환대를 받으며 우리는 힘차게 노를 저었다.

오랫동안 비가 내리지 않아 낮아진 수위 탓에 보트가 돌에 걸려도, 강 한가운데서 보트를 뒤집어 올라타 다이빙을 하고 물을 많이 먹어 배가 불러도, 안경을 잃어버려도 마냥 즐거웠다. 다 함께 노를 저으며 강을 따라 내려갔다. 마른 무더위가 언제 있었냐는 듯 소나기를 가득 머금은 먹구름이 산을 감쌌고 숲은 안개를 피어 올렸다. 강물은 우리를 싣고 겹겹이 쌓인 산을 하나하나 헤치며 유유히 흘러내려갔다. 아득한 어릴 적 기억 그대로 강에서는 물안개가 피어오르고 있었다.

암스테르담 운하와 유람선. 커널보트 형태로 단층으로 이루어져 다리 밑을 쉽게 통과할 수 있다. 또한 유리로 덮여 있어 충분한 시야 확보가 가능하며 날씨의 영향에서 자유롭다.

2. 외국의 유람선 관광

바다, 강, 호수 등 물이 있는 곳에서 인기 있는 여행 상품 중 하나가 유람선 관광이다. 서울의 야경을 물 위에서 감상할 수 있는 한강 유람선은 서울의 필수 관광 코스로 꼽히며, 밤바다로 잘 알려진 여수에서도 배를 타고 해안을 둘러보는 프로그램은 항상 많은 사람들로 북적인다. 물을 끼고 있는 세계 유수의 관광지에서도 유람선 여행은 빠질 수 없는 관광 아이템이다. 뉴욕에는 맨해튼 섬 주변을 운항하며 마천루를 조망하는 보트 투어가 있고, 시카고에는 유람선을 타고 현대 건축물들을 감상할 수 있는 시카고 강과 미시간 호수 투어가 있다. 이처럼 다양한 유람선 투어 중에서 섬진강에 적합한 사례를 살펴보고자 한다.

도심 운하에 최적화된 암스테르담 유람선

일반적으로 유람선이라고 하면 2~3층 높이의 큰 유람선을 흔히 떠올린다. 한강, 춘천호, 거제도처럼 우리나라에서 운항 중인 유람선은 실내 여객실과 실외 갑판이 구분되어 있는 일반 여객선과 비슷하다. 이런 형태의 유람선은 호수나 바다처럼 넓고 장애물이 없는 곳에서는 문제가 되지 않지만 도시를 통과하는 운하를 다니기에는 크기와 높이에서 제약이 많다. 그래서 유럽의 많은 도시들은 좁고 얕은 운하에 적합한 배를 고안하여 운항하고 있다. 다양한 형태의 유람선을 살펴볼 수 있는 도시 운하를 살펴보자.

이탈리아 베네치아처럼 네덜란드 암스테르담은 운하의 도시로 알려져 있다. 이곳은 간척을 통해 확장한 도시답게 자연스럽게 형성된 운하가 거미줄처럼 뻗어 있다. 일반적인 도시가 도로를 경계로 구역이 나뉘듯 암스테르담은 운하를 경계로 블록이 형성되어 있다. 암스테르담 운하의 평균 수심은 2~3미터 정도로 얕은 편이다. 또한 1,281개나 되는 많은 다리가 운하를 가로지르고 있어 일반 배가 다니기에는 제약이 많다. 그래서 이곳에서는 납작하고 폭이 좁은 커널보트(canal boat)가 다닌다. 도시 운하에 최적화된 이 배는 다리 밑을 쉽게 통과할 수 있으며 수심이 얕은 곳에서도 운항이 가능하다. 오랜 세월 사람과 물자를 실어 나르던 이 배는 이제 관광객을 실어 나르는 독특한 관광 아이템으로 활용되고 있다.

암스테르담에서 운항하는 커널보트

에버글레이즈 국립공원의 에어보트 투어. 이곳은 늪지대로 수심이 얕고 수초가 많아 배가 다니기 어렵다. 바닥이 편평하고 선풍기를 닮은 프로펠러로 바람을 일으켜 움직이는 특수한 배 덕분에 습지 체험이 가능하다. 악어 투어로도 유명한 에어보트 투어는 가이드의 해설을 들으며 새, 물고기, 야생동물을 관찰한다.

미국 에버글레이즈 국립공원의 습지 탐험선

미국 플로리다 주 마이애미에는 에버글레이즈 국립공원이 있다. 서울의 열 배가 넘는 넓은 이 국립공원은 습지와 늪지대로 덮인 아열대 지형으로 유명하다. 이곳에서는 다양한 체험거리를 마련하여 독특한 생태계를 탐험하고자 하는 많은 관광객을 끌어들이고 있다. 전망대에 올라 국립공원 전체를 조망할 수도 있고, 자전거 관광, 카누나 카약을 이용한 탐험, 사륜구동 차량으로 습지대 탐험하기 등 다양한 관광 아이템을 체험할 수 있다.

에버글레이즈 국립공원에서 가장 인기 있는 관광 상품 중 하나는 악어 투어로도 알려져 있는 에어보트 투어다. 에어보트에는 선풍기 모양의 큰 프로펠러가 배 뒤에 달려 있는데, 이 프로펠러를 돌려 발생하는 바람의 힘으로 움직이며 편평한 바닥 덕분에 수위나 수생 식물의 영향을 적게 받는다. 이 특수

레만 호수를 운항하는 유람선. 스위스 광역 교통체계의 일부인 여객선은 1~2시간 간격으로 운행하며 주변 도시를 잇는 역할을 한다. 유람선과 여객선이 통합될 수 있음을 보여주는 예다.

한 배가 수심이 얕고 수초가 많아 접근하기 어려운 에버글레이즈 공원 곳곳을 운항하며 관광객들로 하여금 새, 물고기, 야생동물을 가까이서 관찰할 수 있게 도와준다.

대중교통을 겸하는 제네바의 유람선

스위스에는 큰 호수가 많고 도시와 휴양지들이 호주 주변에 많이 형성되어 있다. 기차가 산을 여행하는 수단이라면 호수를 여행하는 수단은 단연 배다. 호수를 운항하는 유람선은 관광을 위한 최적의 수단이기도 하지만 스위스에서는 도시를 잇는 대중교통 역할까지 하고 있다. 스위스 국영철도 사이트 SBB를 통해 이동수단을 검색하면 기차뿐 아니라 여객선 시간표까지 고려한 다양한 환승 경로를 알려준다.

예를 들어 레만 호수에 위치한 몽트레에서 브베로 이동하는 경로를 찾으면 기차뿐 아니라 여객선 시간표가 함께 검색된다. 이 구간을 운항하는 여객선은 일반적인 유람선처럼 2층으로 된 배다. 관광객은 여객선을 타고 이동하며 레만 호수를 따라 펼쳐진 비탈진 포도밭과 아기자기한 마을들을 구경할 수 있다. 기차를 타면 10분도 채 걸리지 않는 짧은 거리라 주민들이 많이 이용하지는 않지만 한두 시간 간격으로 비교적 자주 운행되고 국영 광역교통 시스템에 포함돼 관광만을 위한 일반적인 유람선과는 기능과 성격이 다름을 알 수 있다.

한편 레만 호수 끝자락에 위치한 국제도시 제네바에서는 셔틀 보트를 운항하고 있다. 제네바 대중교통 체계의 하나로써 4개의 노선이 운행되며 공식 홈페이지에서는 레만 호수를 가로질러 이동할 수 있는 편리하고 아름다운 수단이라고 홍보하고 있다. 크기는 작지만 60명이 탈 수 있으며 아침 7시부터 저녁 9시까지 10분마다 운행한다. 버스 배차 간격과 비슷하고 요금도 동일하다. 번화가를 연결하는 대중교통의 일종이지만 호수에서 도시를 조망할 수 있기 때문에 관광객도 많이 이용한다.

이처럼 스위스에서는 대중교통의 역할을 하는 동시에 관광 유람선으로 운

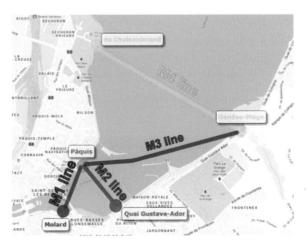

레만 호수를 운항하는 4가지 셔틀 보트 노선. 제네바 시내를 가로지르는 교통수단으로서 10분 간격으로 운행하며 버스 요금과 동일하다. 호수에서 도시를 조망할 수 있기 때문에 관광객들도 많이 이용하고 있다.

영되는 배를 개발하여 관광객과 주민의 수요를 모두 충족시키는 실용적인 방법을 택하고 있다.

해설사가 함께하는 순천만 생태체험선

순천만은 고흥반도와 여수반도 사이에 위치한 만으로 간조 시에 드러나는 갯벌과 원형 갈대 군락으로 유명하다. 세계 5대 연안 습지 중 하나로 꼽히는 이곳은 다양한 갯벌생물의 서식지이자 철새 도래지이기도 하다.

순천만 관광은 산책로를 따라 걸으며 갈대밭을 구경하는 것부터 시작된다. 여름철에는 온통 녹색으로 뒤덮이며 가을과 겨울에는 금빛에서 잿빛으로 변해가며 장관을 이룬다. 갯벌 사이사이에서 관찰할 수 있는 게, 짱뚱어 같은 갯벌생물과 철새는 순천만이 생태학적으로 얼마나 중요한지를 잘 보여준다. 또한 이곳에서는 선상 투어를 운영하여 갯벌과 새를 가까이서 볼 수 있다. 물때에 맞춰 운항하는 유람선은 생태체험선으로 불리는데 왕복 35분 코스로 구성되어 있다. 선착장에서 순천만 갯골을 따라 이동하는데, 자연 해설사가 함께 타서 습지의 역사와 지형적 특성, 생태학적 가치, 철새와 수중생물에 대한

순천만 습지. 세계 5대 연안 습지 중 하나로 드넓은 갈대밭과 갯벌이 발달해 있다. 갯벌에 서식하는 다양한 생물과 철새들의 보금자리로 생태학적으로 중요한 가치를 지닌다.

순천만 생태체험선. 자연 해설사가 함께 탑승하여 갯벌생물과 철새, 지형적 특성 등에 대한
설명을 들려준다. 이곳 유람선은 특별히 생태체험선이라는 이름이 붙었다.

설명을 해준다. 물 위에서 순천만을 바라볼 수 있는 선상 투어에 자연 해설을
더해 교육적 가치를 더했다.

물을 즐기는 방법은 다양하다. 가장 단순한 수영부터 카약, 카누, 래프팅,
바나나보트, 수상스키와 같은 여러 수상 레포츠와 배로 유람하는 방법까지
있다. 이번 사례를 통해서는 선상 관광도 여러 종류가 있음을 말하고 싶었다.
배를 운항하기에 다소 적합하지 않다고 해도 내재된 가치가 충분하다면 여건
에 맞는 특수한 선박을 고안하여 관광 상품으로 개발할 수 있다는 점은 눈여
겨볼만 하다. 또한 관광과 대중교통의 기능을 함께할 수 있도록 설계한다면
지속적인 운항을 위한 최소 수요를 확보할 수 있으며 여행객과 지역 주민 모
두 만족시킬 수 있다. 마지막으로 가이드 투어를 더함으로써 역사, 생태, 지
역 문화에 대한 설명을 제공하여 깊이 있는 체험도 가능케 할 수 있다.

3. 섬진강에 유람선을 띄우자

섬진강 유역은 우리나라 강의 원형이 잘 보존된 지역 중 하나이다. 섬진강은 바다에 다다를 때까지 산을 휘감으며 흘러간다. 곡성과 구례, 하동을 지나는 구간에는 평지가 나타나기도 하지만 이마저도 산에 둘러싸인 분지에 가깝다. 그래서 먼발치에서 강줄기를 바라보면 강이 산 속으로 파고드는 것 같은 입체감이 느껴진다. 자동차나 기차를 타고 강을 따라가면 속도감 때문에 경치가 움직이기 시작하는데 마치 모세의 기적처럼 산이 갈라지는 것 같기도 하다. 여유롭게 걸어야 제 맛을 느낄 수 있는 지리산과 섬진강이라지만 이곳에서만큼은 강물의 속도에 맞춰 움직여야 볼 수 있는 반전 매력을 가지고 있는 것이다.

그런데 아직 이 경치를 제대로 감상할 수 있는 프로그램은 마련되어 있지 않다. 래프팅은 풍광을 즐기기보다는 레포츠에 초점이 맞춰져 있다. 카약과 카누가 현재 섬진강에서 경치를 즐길 수 있는 유일한 뱃놀이이지만 규모가 작고 배보다 접근성이 떨어진다는 아쉬움이 있다. 그러므로 섬진강에 유람선 관광을 도입하는 것은 다양한 수요를 충족시키는 좋은 방안이 될 것이다. 하지만 섬진강은 수심이 일정치 않고 계절에 따라 유량의 변동이 크며 곳곳에 모래톱이 발달해 있어 배가 다니기에는 제약이 많은 것도 사실이다. 뿐만 아니라 섬진강 자체를 찾는 관광객이 많지 않아 정기적으로 유람선을 운행하기에는 경제성이 떨어진다는 현실적인 문제도 있다. 현재까지 섬진강에 이렇다 할 대중적인 선상 관광이 도입되지 않은 주된 이유가 위 두 가지라고 판단하고 이를 극복할 방안에 대해 다루고자 한다.

다행이 2017년부터 광양시, 구례군, 하동군 3개 지자체가 섬진강을 운항하던 나룻배와 선착장을 고증하여 뱃길 복원 사업을 시작하였다. 그러나 이

섬진강 하구의 여름

사업은 하류에 초점이 맞춰져 있어 섬진강의 내재적인 아름다움을 온전히 담아내기에는 한계가 있다. 섬진강의 지형적 특성과 생태적 가치를 부각시키는 것이 다른 유람선 관광과 차별화할 수 있는 포인트라고 판단하여 이에 중점을 두고 섬진강 유람선 기행을 제안하고자 한다.

구간별로 나누어 운항하기

섬진강 상류부터 하류까지 하나의 뱃길로 잇기에는 현실적인 제약이 많다. 보가 있고 하류를 제외하고는 수심이 충분하지 않기 때문이다. 그렇다고 일정 수량이 확보되는 하류만을 대상으로 하기에는 산을 굽이쳐 흐르는 지형적 특성을 살리지 못하며 침실습지 등 중상류의 풍경도 담아내기 어렵다. 그렇다면 섬진강을 크게 세 구간 정도로 나누어 각 구간의 특성에 맞는 선박을 도입하면 어떨까.

섬진강의 수계

먼저 하류다. 남해와 섬진강이 만나는 광양만 부근부터 하동 읍내를 지나 매화마을이 있는 다압면까지. 섬진강 하구, 하동 송림공원, 광양 매화마을, 하동 평사리를 지나는 이 구간은 하구의 평온함을 테마로 바닷물과 강물이 만나는 기수구역의 생태학적 특징을 함께 담아낼 수 있다. 현재 지방정부에서 섬진강 유람선을 적극적으로 도입하고자 하는 곳으로 풍부한 유량과 안정적인 수심이 확보되는 곳이기도 하다. 정책적인 뒷받침과 자연적인 제약이 덜해 가장 실현 가능성이 높다.

두 번째는 화개부터 구례 구간이다. 이 구간은 섬진강과 서지리산의 유명 관광지가 밀집해 있는 핵심 지역인 동시에 산세가 우거진 전형적인 지형을 간직한 곳이다. 관광객이 유입되는 경로인 구례부터 화개까지 모두 잇는 것이 이상적이지만 보가 있어 배가 통과하기는 어렵다. 대신 구례 분지가 끝나는 섬진강 어류생태관 부근부터는 강이 산골을 따라 흐르기 때문에 하구와는 다른 입체감을 살릴 수 있다. 어류생태관을 기점으로 피아골로 들어가는 외곡리를 지나 남도대교가 있는 화개면까지 총 9km 구간이 여기에 해당한다. 추가로 남도대교부터 다압까지는 강변에 모래사장이 있다. 카누 코스로 운영되는 이곳도 풍광이 빼어나지만 모래톱이 많아 배가 다니기에는 다소 제약이 있다. 그러므로 여름철 등 유량이 뒷받침되는 시기에만 탄력적으로 유람선

섬진강 중류 유람선 노선 예시. 섬진강 어류생태관에서부터 피아골, 화개장터를 잇는 뱃길이다. 이 노선에 중간 기착지가 포함되면 교통수단으로도 활용할 수 있다.

코스를 화개 아래까지 연장할 수 있을 것이다.

세 번째는 곡성의 침실습지다. 섬진강과 요천이 만나는 구간부터 고달천, 금천천, 곡성천이 합류되는 약 1km가 채 되지 않는 구간이다. 짧지만 퇴적층이 발달하여 강줄기가 여러 갈래로 나뉘어 흐른다. 그만큼 경관이 우수하고 생물다양성 수준이 높아 국가습지보호구역으로 지정되어 보호될 만큼 중요한 가치를 지닌다. 이곳은 다른 곳과 차별화하여 순천만 생태체험처럼 교육적이고 공익적인 목적에 중점을 두고 운영할 수 있다. 가이드 투어를 도입하면 퇴적층 사이를 따라 천천히 이동하며 야생동물을 관찰하고 습지의 지형적인 특성에 대해 배울 수 있을 것이다.

자연 조건에 맞는 선박 건조

섬진강을 크게 세 구간으로 나누었다면 다음으로는 적합한 선박 도입이 중요하다. 지형적 제약을 극복하는 동시에 주제를 살릴 수 있어야 한다. 침실습지를 제외한 중류와 하류 구간의 유람선은 경치가 핵심이므로 시야 확보가 중요하다. 그리고 얕은 수심으로 인해 대형 선박보다는 단층의 소형 선박 위주로 도입되어야 할 것이다. 이때 네덜란드에서 운영 중인 커널보트처럼 납작하고 유리 천정으로 덮인 유람선은 좋은 예가 된다. 계절과 날씨의 영향을 덜 받으며 유리 천정으로 덮여 있어 상부 시야 확보가 가능하다는 장점이 있기 때문이다. 아니면 예전 섬진강을 떠다녔던 나룻배 형식을 도입하는 것도 방법이 될 수 있다. 관건은 쾌적한 환경과 우수한 조망이 가능한 형태를 찾아야 한다는 점이다.

침실습지는 수상식생을 관찰하는 것이 목적이다. 그러므로 해설사를 동행하여 습지 사이를 자유롭게 다니며 가까이 다가갈 수 있어야 한다. 미국 에버글레이즈 국립공원에서 에어보트를 도입하여 습지 투어를 하고 있듯이 이곳도 바닥이 넓고 편평한 선박을 도입한다면 새로운 관광 프로그램을 탄생시킬 수 있을 것이다.

송도 센트럴파크에서 운항하는 유람선도 참고할 수 있다. 수상택시라고도 불리는 이 배는 납작하고 폭이 좁아 공원을 가로지르는 다리 밑을 쉽게 통과할 수 있으며 수심 1.5m인 도심 운하에서도 운항에 불편이 없다. 실내 객실과 실외가 분리되어 한여름이나 비가 오는 날에도 운항이 가능하다. 섬진강에도 낮은 수심에서도 운항이 가능하고 계절과 날씨에 영향을 받지 않도록 설계된 배를 도입해야 한다.

대중교통을 겸하는 유람선

일반적인 유람선 코스는 출발지와 목적지가 같다. 그래서 이동수단으로 기능하기가 어렵다. 그러나 노선에 기착지를 추가하면 대중교통 수단으로도 사용될 수 있다. 만약 중간 기착지가 주민 왕래가 활발한 곳이라면 현지인도 함께 사용할 수 있으며 관광객도 이용할 수 있을 것이다.

섬진강 중류의 구례, 화개 구간을 예로 들어보자. 관광객이 많이 찾는 어류생태관, 피아골 입구인 외곡, 쌍계사 입구인 화개에 선착장을 개설하는 것

송도 센트럴파크에서 운항 중인 수상택시

이다. 어류생태관에서 화개로 가려는 사람들이 택시 대신 유람선을 타고 화개로 이동할 수 있다. 그리고 화개에서 피아골로 가려는 사람들도 배를 타고 어류생태관까지 거슬러 올라갔다 내려오면서 경치를 구경하며 여유롭게 다음 목적지로 갈 수 있다. 노선을 확대하여 하동까지 연결한다면 마을 입구에 선착장을 만들고 대중교통과 연계시켜 관광객의 이동 경로를 다양화하고 주민들의 부가적인 이동수단으로도 자리매김할 수 있다.

유람선 투어를 처음 생각하게 된 계기는 섬진강의 경관을 가까이서 느낄 수 있는 방법이 필요하다고 생각했기 때문이다. 지리산과 사찰 등 문화유산에 대해서는 꾸준한 관리와 투자가 이뤄지고 있지만 섬진강 자체는 정책의 관심에서 벗어나 있는 것 같았다. 자연 지형적인 요건 때문에 유람선이 도입되지 않았다고 하기에는 과거 물자 이동의 중추였던 섬진강 나룻배의 역사가 무색하다. 지형적인 제약은 기술로 극복할 수 있는 대상이다. 세계 여러 나라에서 다양한 배가 이미 도입되어 있다는 사실은 맞춤형 선박 건조가 가능함을 반증한다. 섬진강의 핵심 가치는 자연 그대로의 아름다움이므로 자연 훼손을 최소화하며 배를 띄울 수 있는 방법을 찾으면 될 것이다. 보다 현실적인 문제는 꾸준한 수요를 확보하는 것이지만 수요에 관한 문제는 이 지역의 다른 관광 프로그램 모두 함께 직면한 과제이므로 유람선만의 문제는 아니다.

섬진강이 지닌 아늑함과 아름다움은 도시 생활에 지친 사람들에게 충분히 매력적이다. 그러므로 이들의 눈높이와 취향에 맞는 배를 준비하고 인기 있는 관광지를 연계하여 이동할 수 있는 코스를 만들어 내는 것, 생태탐방이라는 교육적인 가치를 담아내 가족 단위 관광객이 찾도록 하는 것이 성공의 관건이라고 생각한다. 유람선 투어는 섬진강 자체를 관광 상품화한다는 의미가 있으므로 반드시 실현시켜야 할 과제 중 하나이다.

4장 평일에도 북적이는 구례 5일장

1. 구례 5일장 가는 길

4월 늦은 봄, 답사를 위해 서울 용산역에서 KTX를 타고 다시 섬진강을 찾았다. 벚나무들은 꽃잎을 떨구고 연둣빛 어린잎으로 새 단장을 하고 있었다. 봄비가 내린 직후라 그런지 섬진강은 더욱 시원하게 흘렀다.

구례구역에 도착한 후 하동 쌍계사로 이동하기 위해 공영버스터미널로 향했다. 구례구역에서 버스터미널까지 택시로 5킬로미터 남짓 거리라서, 자주 없는 버스를 기다리느니 택시를 이용했다. 쌍계사 가는 버스 시간이 한 시간도 넘게 남아 동네도 구경할 겸 구례 시내를 둘러보기로 하였다. 구례시장은 버스터미널에서 도보로 5분에서 10분 거리라 인터넷 GPS 지도 애플리케이션을 보며 쉽게 찾아갈 수 있었다. 그래도 인터넷에 익숙하지 않은 어르신들이나 외국인 관광객을 위하여 안내 표지판이 있었으면 하는 아쉬운 마음이 들었다.

구례 5일장 풍경(출처: 구례군청 홈페이지)

5일장의 맥을 잇는 시장

조선 후기 상업이 발달하면서 생겨났다는 장시 중 5일장은 가장 번성했던 형태로 전국 곳곳에서 찾아볼 수 있다. 지역마다 날짜를 달리하여 돌아가며 5일장이 열렸고, 다음 장이 서는 마을까지는 보통 걸어서 하루 정도 거리였다고 한다. 예를 들어 구례 5일장은 3일, 8일에 장이 서는데, 지금은 상설장이 된 근처 화개장은 원래 2일, 7일에 장이 섰다가 현재는 1일, 6일이 장날이라고 한다. 하지만 정작 찾아간 구례장은 장날이 아니라서 그런지 거의 문을 닫아 황량한 기분마저 들었다.

구례장은 박경리의 대하소설 『토지』나 김동리의 소설 『역마』의 배경이 된 화개장에 비해 일반인에게는 덜 알려져 있지만 규모면에서는 오히려 더 컸다고 한다. 교통의 요지답게 경남 하동, 전남 곡성, 전북 남원, 그리고 멀리는 바다를 낀 전남 순천에서까지 상인들이 모여들었기 때문에 장이 서는 날에는 지리산의 산나물과 약초 그리고 순천에서 올라온 각종 해산물까지 다양한 물산들로 장터는 아침부터 성시를 이룬다.

이후 다시 생각나서 가을에 찾았던 구례 장터는 대추와 감 등 가을 수확물로 더욱 활기찼다. 특히 밤이 유명한 하동과 구례 덕분에 밤을 잔뜩 사서 인근 숙소에서 저녁에 삶아 먹었더니 꿀맛이었다.

관광객이 찾는 전통시장

구례 장터는 섬진강변에 가까운 위치에 꽤 큰 대지를 차지하고 있다. 멋들어진 기와지붕으로 단장한 가게의 모습에서 5일장 전통을 복원하고자 한 지방자치단체와 상인들의 노력을 엿볼 수 있다. 지역 농산물뿐만 아니라 해산물, 약초, 각종 생필품을 구할 수 있는 구례 5일장은 구례군민과 섬진강 건너 인근 지역 주민들까지 찾는 지역 경제의 중심 역할을 하고 있다고 한다. 그러나 큰 시장터에 다양한 가게들이 즐비한데도 불구하고 5일마다 장이 서기 때문에, 주로 주말에 구례를 찾는 관광객들에게는 그림의 떡이라 생각되어 아

구례 5일장의 수산물시장 골목

쉬운 마음이 들었다.

그렇게 구례 5일장을 둘러보면서 이렇게 좋은 문화와 시설을 좀 더 활성화할 수 있는 방법이 없을까 이런저런 생각을 해보았다. 구례 5일장이 활성화되고 널리 알려진다면, 대중교통을 이용하여 섬진강과 지리산을 찾는 관광객들에게 더없이 좋은 볼거리와 먹거리를 제공하리라는 생각이 들었다. 인근 마트나 슈퍼마켓 등 가게에서는 신선한 과일이나 채소 같은 먹거리를 찾아보기 어려워, 캠핑을 하거나 펜션 등을 찾는 가족 단위나 단체 관광객들에게도 매력적인 장소가 될 수 있을 거라는 확신이 들었다.

이를 위해서는 구례 5일장을 지키는 상인들과 자주 이용하는 지역 주민들뿐만 아니라 지방자치단체, 나아가서는 중앙정부의 지원이 필요하다. 제대로 활성화되고 정착된다면, 좋은 성공 모델로서 지역 경제에도 큰 도움이 되고, 해외로만 나가려고 하는 국내 관광객들의 발걸음을 끌어들일 수 있는 좋은 관광 상품이 되지 않을까.

2. 관광객이 찾는 세계의 시장

외국에도 우리나라의 5일장과 같은 시장이 존재한다. 대도시의 경우, 인근 지역 농산물의 소비를 촉진하기 위하여 농부들이 직접 자신이 기른 농산물을 가지고 나와 파는 파머스마켓(farmers market)이 토요일 같은 주말에 주로 열린다. 가격은 마트나 동네 시장보다 조금 비싸더라도 신선하고 믿을 수 있는 농산물을 구매할 수 있는데다가 구경하는 재미도 쏠쏠하여 가족 단위로 많이 찾는다.

난생처음 해외여행을 갔다가 프랑스 파리에서 경험한 파머스 마켓은 아직도 기억이 생생하다. 아침의 부산스러운 소리에 잠이 깨서 근처 빵집에 들러 빵과 커피를 살까 나왔더니, 호텔 주변 공터에서 주말 시장이 열린 것이었다.

페르네 볼테르 시의 주말 시장(Le Marché Hebdomadaire, 출처: visit.alsace)

한 번에 먹을 수 있는 정도로 조그만 바스켓에 넣어 파는 과일이 정말 신선하고 먹음직스러워 보였다. 방금 구운 듯한 바케트 빵과 샌드위치도 만들어 팔고 있었다. 커다란 우유병에 담아 판매하는 요구르트와 복숭아 한 바스켓을 사서 호텔방에서 정말 맛있게 먹었던 기억을 잊을 수 없다.

프랑스 페르네 볼테르 시의 주말 마켓

그 뒤로도 나의 시장 사랑은 계속되어 해외여행을 갈 때마다 주말 장터는 꼭 들르곤 하였다. 8년 전 스위스 제네바에 위치한 세계보건기구에서 인턴으로 근무하면서 3개월간 살았던 프랑스의 소도시 페르네 볼테르(Ferney-Voltaire)에서도 토요일마다 거리에서 파머스 마켓(Le Marché Hebdomad-aire)이 열렸는데, 이 주말 장터를 구경하는 것이 큰 즐거움이었다. 도시 근교에서 농사를 짓는 200여 명의 농부들이 마늘, 파 등속의 채소와 신선한 과일뿐만 아니라 와인이나 치즈 같은 것들도 가지고 나와 주말이면 근처 주민들로 동네가 북적거렸다. 사실 토요일 시장이 열리는 곳에서 걸어서 10분이면 가는 까르푸라는 대형마트에 비해 가격은 비쌌지만, 싱싱한 과일과 채소를 살 수 있었기 때문에 비싼 가격에도 언제나 사람들로 붐볐다.

특히 지역에서 생산되는 와인과 치즈는 워낙 소량으로 나오는 탓에 그 지역에서만 소비되고 다른 곳에서는 맛도 볼 수 없다며 자부심이 대단하였다. 와인과 치즈를 조금씩 맛볼 수 있게 시식 행사도 열어 또 다른 즐거움을 선사했다. 장이 서는 날은 동네에서 가장 많은 사람들을 나오는 날임에도 불구하고 주변 가게들은 대부분 문을 닫았다. 스위스 제네바나 프랑스의 페르네 지역이 워낙 주말이면 문을 여는 곳이 없거나 일찍 문을 닫았기 때문에 더욱 많은 사람들이 찾았던 것 같다. 파머스 마켓에서는 과일이나 채소 외에도 집에서 구운 빵과 직접 담은 피클 같은 것도 가지고 나와 팔았기 때문에 간단한 아침 요깃거리를 사기에도 좋았다.

그렇게 토요일 아침이면 하숙집 가족들과 싱싱한 제철 과일 한 바구니를 사서 집으로 돌아와 나누어 먹던 추억이 생생하다. 지역 농산물을 아끼고 농부들을 지원하는 마음으로 기꺼이 값을 치르는 지역 주민들의 마음도 잊을 수 없다. 매주 같은 곳에서 열리다 보니, 지역 주민들과 농부들 간에 정이 쌓여서 서로의 안부를 묻고 원하는 과일이 언제쯤 나오는지 물어보는 모습도 정겨웠다.

최근 페르네-볼테르 시에서는 토요일에 열리는 주말 장터에서 나오는 쓰레기를 '제로'로 만들기 위한 프로젝트를 시작했다고 한다. 상인들은 물론 소비자들도 불필요한 쓰레기를 줄이고 나온 것들도 모두 가지고 가게끔 캠페인을 벌리고 있다. 도시에서 한시적으로 열리는 거리 시장에서 생산되는 쓰레기로 인한 피해는 줄이고, 주민들의 환경 의식을 높이기 위함이라고 한다. 오랜 전통은 살리되 도시와 농촌이 상생하기 위해 끊임없는 고민하는 선진국 재래장의 모습이 아닐까 한다.

토론토 (구)시청 앞 파머스 마켓

토론토의 파머스 마켓과 세인트 로렌스 마켓

캐나다 토론토의 경우, 주중에도 도시 곳곳에서 파머스 마켓이 열리고 있다. 날짜와 시간, 장소 등을 종합적으로 홍보하여 지역 주민들뿐 아니라 관광객들도 토론토 인근 지역의 농부들이 생산한 신선한 과일과 채소를 맛보는 즐거움을 누릴 수 있다. 토론토 옛 시청 앞에서 열리는 파머스 마켓의 경우, 관광객들의 접근이 용이해 인기 있는 관광 코스로도 꼽힌다. 인근에서 농사를 짓는 농부들이 제철 과일 등을 가지고 와서 판매하는데 현지에서 바로 가져온 싱싱한 과일들이 주민들은 물론 관광객의 시선을 사로잡는다. 이러한 대도시 속에 자리 잡은 작은 파머스 마켓은 도시 관광과 지역 농촌 경제가 접목된 좋은 사례라고 할 수 있다.

한편 토론토 도심 한가운데 위치한 유서 깊은 전통 시장인 세인트 로렌스 마켓(St. Lawrence Market)도 매주 토요일이면 관광객들과 주민들로 북적

세인트 로렌스 마켓 홀과 홈페이지의 홍보 이미지(출처: http://www.stlawrencemarket.com)

댄다. 1803년부터 공설 시장으로서 역할을 해온 이곳은 2012년 내셔널지오그래픽(National Geographic)에서 세계 최고의 푸드 마켓으로 선정하였다고 한다. 캐나다의 주요 금융회사들이 모여 있는 도심 한가운데 위치한 세인트 로렌스 마켓은 바쁜 도심 관광 속에서 또 다른 재미를 선사하는 곳이다. 근처 아이스하키 명예의 전당(Hockey Hall of Fame)에 들렀다가 걸어서 방문할 수 있는 거리에 위치해 관광객들이 꼭 들르는 곳 중 하나가 되었다.

　20여 년 전 토론토에서 유학하던 시절, 매주 토요일이 되면 답답한 일상에서 벗어나 집에서 걸어갈 수 있는 거리에 있는 세인트 로렌스 마켓에 자주 들르곤 했었다. 지역에서 생산된 각종 채소와 신선한 과일을 한바구니 사서 들고는 시장 안에 있는 유명한 이태리식 가지 샌드위치 가게 앞에서 줄을 서서 먹고는 했었다. 친구들과 주말에 만나 장도 보고 맛있는 시장 음식도 사먹던 시절이 지금도 그립다.

지역에서 생산되는 신선한 생선, 과일과 채소뿐만 아니라 다양한 볼거리와 먹거리가 넘치는 곳이라 관광객들도 가벼운 마음으로 지갑을 열 수 있었던 곳으로 기억된다. 예를 들면 인근 공장에서 생산되는 젤리와 사탕류를 도매로 파는 곳도 있어서 다른 곳에서는 볼 수 없는 다양한 맛과 모양의 젤리를 맛볼 수 있었다. 덕분에 아이들의 웃음소리와 유모차 끄는 어른들의 발걸음이 끊이지 않아 시장의 생기를 더했다.

워싱턴 DC 유니온 마켓

미국 워싱턴 DC의 유니온 마켓(Union Market)은 과거 워싱턴 지역으로 물자를 실어 나르던 중앙역인 유니온 기차역(Union Station) 주변에 발달한 도매시장과 주차장을 새롭게 개발하여 만든 주말 시장 겸 푸드 코트이다. 사실 유니온역 주변 지역은 산업화 시대가 저물어가면서 점차 도매시장의 기능이 축소되고 찾는 사람들이 지속적으로 줄어들어 한때 슬럼가나 우범 지대와 같은 동네가 되었었다. 하지만 유니온 마켓의 성공 덕분에 지금은 주말이면 지역 젊은이들이 데이트 장소로 자주 찾는 소위 힙한 곳이 되었다.

산업화 시대의 주요 물자 운송수단이었던 철도산업의 쇠퇴와 이에 따른 중앙기차역 주변의 슬럼화를 극복하기 위한 정책의 일환으로 개발된 유니온 마켓의 성공은 시사하는 바가 크다. 유니온 마켓은 관광객들까지 찾게 되어 지금은 주말이면 많은 푸드 트럭까지 몰려서 가족 단위로 혹은 연인들과 친구들과 함께 먹고 즐기는 장소로 자리 잡았다.

워싱턴 DC의 유니온 마켓(출처: washington.org)

넓은 부지에 자리를 잡은 만큼 인근 지역에서 몰려드는 관광객과 지역 주민들이 자유롭게 주차할 수 있는 공간을 확보하고 있어서, 오랜 시간 머물며 장도 보고 식사도 하며 주말을 보내는 명소가 되었다. 나 역시 주말에 동료들과 같이 구경을 갔다가 그 매력에 빠져 자주 찾곤 했다. 큰 시장 같은 공간이지만, 실내에는 깨끗한 화장실을 갖추고 있어 불편함을 전혀 느낄 수 없는데다가 푸드 코트처럼 자유롭게 원하는 음식을 사와서 먹을 수 있기 때문에 시장에서 다양한 음식을 사와서 나눠 먹는 재미도 있다.

3. 구례 5일장 활성화 방안

핵가족, 나아가서는 1인 가족 시대로 변하면서, 무조건 양이 많고 싼 것보다는 우수한 품질의 제품이라면 조금 비싸더라도 기꺼이 값을 치르고자 하는 소비자들이 증가하고 있다. 관광도 마찬가지다. 조금 비싼 가격을 치르더라도 좀 더 좋은 숙박시설을 선택하고, 맛있는 한 끼를 위해 한두 시간의 운전을 마다하지 않는 문화가 자리 잡아가고 있는 것이 트렌드이다.

구례 5일장도 신선하고 화학비료가 사용되지 않은 유기농 농작물을 구입할 수 있다면, 관광객들이 들러서 조금 비싼 가격이라도 기꺼이 상품을 구입하는 관광지 내 마켓으로 자리 잡을 수 있을 것이라 기대된다. 그러기 위해서는 구례 5일장을 제대로 알리기 위한 브랜드화 작업이 필요하다. 즉, 깨끗한 지리산과 섬진강을 끼고 있는 청정지역에서 생산된 농산물과 싱싱한 수산물을 판매하는 친환경 고급 브랜드 시장으로서 자리매김해야 하는 것이다.

브랜드 고급화와 특화된 상설장 운영

고급스러운 디자인의 재활용 장바구니를 사용하고, 차별화된 상품에 대한 설명을 포장지에 더한다면 갈수록 까다로워지는 소비자들과 눈높이를 맞추는 데 도움이 될 것이다. 검정 비닐봉투로 획일화되어 있는 전통시장의 이미지를 탈피하고, 세련된 로고와 포장 그리고 친환경적인 봉투를 이용하여 구례 5일장이라는 브랜드를 고급화하는 것이 좋은 마케팅 효과를 낼 수 있을 것으로 기대된다.

또한 구례 5일장의 명맥과 전통을 이어가되, 일부를 상설 시장으로 개방하여 관광객 등 상시 방문객을 확대하고 접근성을 높일 필요가 있다. 해외의 유명 주말시장이나 파머스 마켓의 경우, 밴드의 음악 연주 등 다양한 행사를 통하여 지역 주민뿐만 아니라 관광객들도 유혹

구례 5일장 장바구니와 포장 봉투의 예

한다. 토론토의 세인트 로렌스 마켓이나 미국 보스턴의 퀸즈 마켓의 경우, 주말에만 여는 매장 이외에도 주중에도 간단한 음식을 파는 가게나 레스토랑, 기념품 가게 등이 상시 오픈하기 때문에 관광객들이 즐겨 찾는 명소가 되었다.

구례 5일장의 경우, 지리산 등반을 마치고 구례구역으로 가는 관광객들이 반드시 들르고 싶은 곳으로 포지셔닝하는 전략이 필요하다. 예를 들어 신선하고 몸에 좋은 지리산 산나물이나 특산품 등을 제대로 원산지 표기를 하고, 유기농 제품 인증을 함으로써 좋은 품질의 제품을 살 수 있는 곳으로 자리매김한다면 금상첨화일 것이다.

지리산에서 나는 각종 산나물을 활용한 간단한 컵밥 같은 것을 판매한다면, 현지에서 사서 먹기도 하고 또 산나물을 추가로 구매하는 것으로 연결될 수도 있을 것이다. 예를 들어, 녹차라떼나 녹차아이스크림과 같이 그 지역에서 나는 특화된 음료를 개발하여 편안하게 앉아서 즐길 수 있다면 자연스럽게 오래 머무르고 싶은 공간이 될 것으로 기대된다.

쾌적한 쉼터 제공

현재 구례 5일장의 외관을 보면, 차양막과 가게 밖에 진열한 상품 등으로 아름다운 기와지붕의 모습을 제대로 볼 수 없어 안타깝다는 생각이 든다. 유리 등을 이용한 리모델링과 깔끔한 제품 진열을 통하여 전통 기와집의 형태는 살리되, 단정하고 세련된 모습으로 탈바꿈한다면 더 많은 방문객을 유치할 수 있을 것이다.

또한 즉석 음식을 구매했을 때 간단히 식사도 하고 담소도 나누면서 구례 5일장을 즐길 수 있는 백화점의 푸드 코트 같은 공간이 필요하다. 시장에서 물건만 구매하고 떠나는 것이 아니라, 잠시 머물면서 추억을 만들고 사진을 찍어서 SNS에 자랑도 할 수 있는 공간이 요즘은 소위 먹힌다. 푸드 코트와

가까운 거리에는 화장실과 손을 씻을 수 있는 공간이 마련되어야 하며, 칙칙한 시장 화장실이라는 이미지에서 탈피하여야 할 것이다. 위생적으로 유지 관리되는 깨끗한 부대시설은 푸드 코트와 함께 반드시 필요하다.

또한 구례 인근에서 생산되는 특산물을 잘 활용하여 푸드 코트에서 판매한다면, 나름 명소로 자리 잡을 수 있지 않을까 기대해 본다. 예를 들어, 밤이 많이 나는 계절에는 군밤이나 삶은 밤, 밤빵, 밤밥 등 밤을 이용한 음식을 판매한다든지, 다른 지역에서는 맛보기 어려운 음식들을 특화시키는 노력이 필요하다.

대표적인 기념품 개발

구례 5일장을 찾는 관광객들이 꼭 사고 싶은 지역 특산품을 개발하는 일은 매우 중요하다. 단순히 특산품이라고 비닐포장에 내용물의 종류만 표기하는 것이 아니라, 선물하기에도 적합하고 구례 5일장에서 샀기에 더욱 의미 있는

지리산에서 생산되는 특산품 포장 비교

제품이면 좋다. 예를 들면, 지리산 산나물의 경우 핵가족이나 1인 가족에 알맞은 소량으로 제품을 포장하되, 생산지를 명확하게 표기하고 유기농이나 무농약 표기를 포장지에 넣어 품질 수준을 높이면 그에 합당한 가격으로 판매할 수 있을 것이다. 또한, 유통기한도 명확하게 표기하여 소비자들의 신뢰를 얻어야 한다.

구례 5일장을 대표하는 지역 특산물을 이용한 먹거리를 개발하는 것도 방문객의 만족도를 높이고 SNS 홍보 등을 통한 인지도 향상에서 매우 중요하다. 예를 들어, 컵밥과 같은 간단하고도 위생적인 형태의 포장을 활용한 지리산 산채비빔밥이나 두릅덮밥 등을 판매한다든지, 지리산 쌍계사 녹차를 이용한 아이스녹차나 녹차아이스크림 등을 판매하는 것도 좋을 것 같다. 다만, 간단한 먹거리를 편하게 앉아서 먹을 수 있는 위생적인 공간을 함께 확보하는 것이 매우 중요하다.

5장 화개장터의 옛 명성 찾기

1. 화개장터 가는 길

지난 4월 하동역에서 택시를 타고 쌍계사로 가는 길에 기사님께 중간에 화개장터에 들르면 어떨까요 하고 여쭈었더니, '거기 볼 것도 없는데 뭐하러 가냐'며 타박을 하셨다. 벚꽃이 한창인 아름다운 길을 질주하면서 한참 지역 자랑에 열을 올리시던 모습과는 너무나 대조적이어서 더 이상 물어보지도 못했다. 그 후 쌍계사 인근에서 며칠 머물면서 버스를 타기 위해 화개장터에 몇 차례 들르다 보니, 택시 기사님이 왜 그렇게 말씀하셨는지 이해가 되었다. 하동군청이 주관하여 1997년부터 4년에 걸쳐 복원하여 2001년 9월 상설 관광형 시장으로 탈바꿈한 화개장터는 겉모습은 깔끔했지만, 옛날 전통시장의 모습을 상상하면 다소 낯선 모습이다.

널리 알려진 대중가요가 아니더라도 김동리의 단편소설 『역마』의 공간적 배경으로 익숙한 화개장터. 소설 속의 화개장터는 오래전의 모습이라 지금은

관광형 상설시장으로 탈바꿈한 화개장터

그 모습을 찾아보기 힘들다. 그럼에도 섬진강을 사이에 두고 경상도와 전라도 사람들이 함께 만나는 장터란 공간이 주는 상징성이 뭔가 묘한 설렘과 기대감을 갖게 하는 곳이 아닌가 싶다.

화개장터에서 기대하는 것

해마다 5월이면 화개장터에서는 역마예술제를 열고 있다고 한다. 중학교 시절이었던 것 같은데, TV문학관이란 프로그램에서 소설 『역마』를 드라마로 만들어 방영한 것을 감명 깊게 보았던 기억이 있다. 극장 구경이라곤 학교에서 시험을 마치고 단체로 관람할 때나 가보았던 어린 나에게 가뭄 속의 단비와 같은 문화 체험이었다. 그래서 그런지 공간적 배경이 되었던 화개장터에도 언젠가는 꼭 가보고 싶어 했던 것 같다.

처음 화개장터를 찾은 날은 마침 벚꽃이 막 꽃봉오리를 터뜨리려고 할 무렵이었는데, 그즈음 가장 맛이 좋다는 벚굴을 파는 사정 상인들의 목소리가 더욱 우렁차게 들렸다. 산나물, 은어 튀김, 각종 말린 해산물, 산나물 비빔밥 등 먹거리와 다양한 기념품을 팔고 있었다. 그중 산나물 비빔밥 집을 찾아서 요기를 하고 지역에서 제조한 막걸리까지 한 잔 하면서 그래도 와보기를 잘했다 싶었다.

구례 5일장의 기와집과는 다르게 초가지붕을 올린 옛 전통을 살린 모습도 정겨웠고, 장터로 가는 길에 활짝 핀 벚꽃나무와 어울려 나름 아름다운 시골 장터 풍경을

화개장터의 벚꽃

자아냈다. 장터 입구에는 엿가락을 자르는 엿장수 아저씨가 엿가위로 박자를 맞추며 방문객들에게 볼거리를 선사하는 모습이 인상적이었다.

그런데 막상 장터 안으로 들어가 보니 비슷비슷한 메뉴의 식당들과 산나물, 기념품, 과일 등을 파는 가게만 즐비할 뿐, 뭔가 흥미를 유발할 만한 것이나 화개장터에서만 맛볼 수 있는 특산품 같은 것들은 빈약한 것 같았다. 깔끔하기는 하지만 작은 드라마 세트장을 방불케 하는 모습이 나를 당황하게 만들었다고나 할까. 게다가 장터 입구 도로가 좁아 밀려드는 관광버스와 차량으로 몸살을 앓는 모습이 예스런 정취를 반감시키고 있어 안타까웠다. 인근에 대형 주차장도 많은데 군이 화개장터 앞의 좁은 도로까지 꼭 와야 하는 것인지 의문이 생겼다. 서울의 인사동처럼 자동차 없는 거리로 만들면 얼마나 좋을까 하는 생각이 절로 났다.

답사를 겸하여 두 번째로 찾은 화개장터는 벚꽃도 지고 평일이라 그런지

매우 한산했다. 화개버스터미널에서 쌍계사 가는 버스 시간이 남아 점심도 해결할 겸 화개장터에 들러 섬진강에서 잡은 은어튀김과 재첩국으로 제법 맛있는 식사를 하였다. 사실 식당 밖에서 은어튀김을 요리하는 모습을 보고 궁금하여 몇 마리 사먹고 싶은 마음에 여쭤봤더니 따로 팔지는 않는다고 하여 식사를 하게 된 것이었다. 나 같은 관광객을 위해 간단한 포장지에 5~6개 정도 은어튀김을 팔아도 좋을 듯 싶었다. 그곳에서 거한 정식을 먹지 않았더라면 다른 가게에서 여러 가지 다른 음식들도 맛볼 수 있었을 텐데 하는 아쉬움이 남았다.

지척에 흐르는 아름다운 섬진강

식사를 마치고 우연히 발견한 계단을 따라 섬진강변으로 내려가 보게 되었다. 화개장터가 섬진강을 끼고는 있지만 막상 장터에서 강이 보이지 않아 강변이라는 느낌을 전혀 받을 수가 없었는데 계단을 따라 내려가 보니 아름다운 화개천이 섬진강에 합류하는 모습을 가까이서 볼 수 있었다.

사실, 식당 뒤편으로 난 통로를 지나쳤으면 강둑으로 내려가는 길이 있는

화개나루터 안내 표지판

지 몰랐을 만큼 안내판도 세워져 있지 않았다. 계단을 따라 내려가서야 화개나루터에 관한 상세한 설명과 함께 섬진강 백리 테마로드를 안내하는 표지판을 만날 수 있었다. "지리산과 섬진강이 만나는 곳에 자리한 화개나루는 조선시대 손꼽히는 물류 집하장이었다. 장이 서는 날이면 짐을 가득 실

은 돛배들이 80리의 물길을 거슬러 올라와 이곳에 닻을 내렸다." 화개장터를 오가는 돛배의 모습은 더 이상 볼 수 없지만, 안내판이 화려했던 과거의 모습을 떠올리게 해주었다. 게다가 돛배들이 물건을 하역하던 선착장을 따라 강변으로 이어지는 길에는 나무로 만든 데크 길도 잘 갖추어져 있어 산책하기 좋게 꾸며져 있었다.

하지만 정작 장터에서는 화개천을 내려다볼 수 있는 곳도 없고 안내판도 없어서 화개나루터를 관광객이 와서 찾아내기에는 무리가 있어 보였다. 화개장터를 찾는 관광객들에게 화개장터의 역사와 과거 물자 이동에 있어서의 지리적 중요성을 직접 보고 체험할 수 있는 기회가 막혀 있는 듯하여 안타까웠다. 사실, 가족과 화개장터를 찾는 관광객이 기대하는 것은 도시에서 흔히 볼 수 있는 비슷비슷한 상점이 아니라 이런 역사의 발자취일지도 모른다. 섬진강 100리 테마로드라고 이름을 붙여 나름 볼거리를 깔끔하게 정리한 표지판도 세워 놓았지만, 제대로 활용되고 있지 않는 것 같아 안타까웠다.

2-1. 강을 관광 상품으로 활용한 사례

스위스 베른 시의 아레 강변

몇 년 전 업무차 방문한 베른에서 우연히 들른 식당(Altes Tramdepot Brauereï & Restaurant)은 관광안내소도 겸하고 있었는데 식당에서 바라본 아레(Aare) 강과 베른시의 전경은 정말 잊을 수가 없을 만큼 아름다웠다. 인근 관광 명소를 방문하고 시내로 돌아가는 길에 건너야 하는 다리 바로 옆에 있는데다가 지형상 언덕에 위치해 있어 베른 시내를 내려다보면서 아레 강의 물줄기를 바라보는 그 환상적인 뷰는 또 하나의 관광 명소라고 해도 과언이 아니었다.

우연히 옆 테이블에 앉은 독일 출신 스위스인 부부와 이야기를 나누게 되

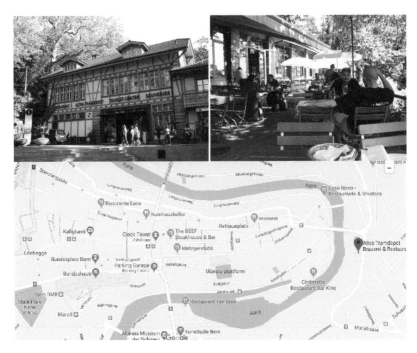

독일 베른시 아레 강변에 위치한 카페와 레스토랑들

었는데 자연 경관을 보면 여유로운 주말 시간을 보낼 수 있어 자주 찾는다고
했다. 시원하게 흐르는 강물은 바라보며 지역 특산물인 수제 맥주와 소시지
를 맛보는 기분은 말 그대로 환상적이었다. 사실, 화개장터도 이에 못지않은
아름다운 자연 경관을 품고 있는데, 이를 제대로 활용하지 못하고 답답한 전
통시장의 모습에서 벗어나지 못하고 있는 것 같아 아쉽다는 생각이 든다.

오스트리아 무어 강의 인공섬

또 다른 사례를 살펴보자. 두 마을을 연결하는 강이라는 지형적 특성과 아
름다운 경관을 살려 유명 관광지로 탈바꿈한 오스트리아의 옛 도시 그라츠
(Graz)를 관통하여 흐르는 무어(Mur) 강의 인공섬이다. 2009년 오스트리아

를 여행했을 때 나는 오로지 이 인공섬과 새로 지은 쿤스트하우스 그라츠 미술관을 보기 위해 그라츠라는 도시를 방문했다. 마치 우주선이 내려앉은 듯한 모습의 미술관과 바로 옆의 금속과 유리로 만든 인공섬은 중세시대의 건축물들이 여전히 남아 있는 전통 도시에 새로운 에너지를 불어넣고 있는 듯한 느낌을 주었다.

2003년 그라츠가 유럽 문화수도로 선정되었을 당시 미국의 건축가인 비토 아콘치(Vito Acconci)가 설계한 이 인공섬은 커피를 마시며 강을 조망하는 최고의 장소가 되었을 뿐만 아니라 많은 관광객들을 그라츠로 끌어들이는 관광 명소가 되었다.

화개장터가 위치한 섬진강에도 이런 인공섬을 조성하거나 강변이 내려다보이는 곳에 카페나 푸드 코트를 설치한다면 틀림없이 섬진강의 핫 플레이스로 거듭나리라 생각한다.

오스트리아 그라츠를 관통하는 무어 강의 인공섬(출처: 위키피디아)

관광객들은 화개장터에서만 먹을 수 있는 특별한 먹거리를 기대하기 마련이다.

2-2. 세계 유명 관광지의 거리 음식

화개장터는 상대적으로 관광지의 성격이 강하여 구례 5일장과 달리 상설
시장으로 운영되고 있다. 실제로 지리산과 섬진강을 여행하는 관광객들이 둘
러보기에 훨씬 편한 것도 사실이다. 다시 찾고 싶은 화개장터로 거듭나기 위
해서는 지역의 특색 있는 먹거리를 경험하고 싶어 하는 관광객들의 기대와
요구에 부응할 필요가 있다. 또한 기념이 되거나 선물할 만한 특산품의 개발
이 시급하다.

하지만 막상 장터에 들어가 보면 벚굴, 산채비빔밥, 은어튀김 등 인근 식당
에서 파는 메뉴와 유사한 음식들이 대부분이고 딱히 구매하고 싶은 특산품이
나 관광객들의 취향을 만족시킬 만한 다양한 먹거리도 부족한 형편이다. 벨
기에와 일본의 사례를 통해 여행지에서 관광객들이 선호하는 먹거리에는 어
떤 것이 있는지 살펴보자.

벨기에의 감자튀김

벨기에 브뤼셀의 유명 관광지 골목 곳곳에는 감자튀김을 사려는 관광객들로 긴 줄이 이어지곤 한다. 벨기에의 특산품인 감자에 다양한 소스를 곁들여 먹는 감자튀김은 고단한 배낭여행객들에게 안성맞춤인 간식거리다. 벨기에 특히 브뤼셀에는 백 년이 넘은 초콜릿 가게나 와플 가게 등 유명한 먹거리도 즐비하지만, 간단한 식재료인 감자를 이용해 인기를 끌고 있는 모습이 인상적이었다. 사실 어디에서나 찾아볼 수 있는 감자튀김 같은 간단한 음식으로 벨기에 특유의 맛을 보게 되면 자연스럽게 벨기에의 다른 요리에도 관심과 기대가 올라가는 효과를 얻을 수 있다.

일본 가고시마의 거리 먹거리

일본의 경우 에도시대에 도로 체계가 확충되고 치안이 안정되면서 국내 명소 관광이 급속도로 발달하게 되었다. 또한 에도 목판화의 발달과 함께 방문한 지역을 묘사한 목판화를 구매하면서 관련 문화 상품도 함께 발달하였다고 한다. 이러한 전통 덕분에 일본은 어느 지역을 가든지 지역 특산물을 이용한 먹거리와 관광 상품이 매우 발달해 있음을 볼 수 있다. 어느 지역을 다녀왔다

가고시마의 어묵과 군고구마 가게

고 하면 반드시 먹어야 할 먹거리나 꼭 사야 하는 기념품이 있어서 누구나 알고 있을 정도라고 한다.

2008년 가고시마를 여행했을 때, 가고시마 여행을 만족스럽게 해주었던 것은 다름 아닌 지역 특산물로 만든 먹거리와 기념품 쇼핑이었다. 일본 고구마의 40%를 생산한다는 지역답게 어디를 가든지 고구마를 이용한 다양한 간식거리를 맛볼 수 있었다. 그때 난생 처음으로 먹어본 자색고구마 구이와 고구마 스낵은 나로서는 정말 새로운 경험이었다. 방문했던 관광지 중에서 일본 전통 방식으로 만드는 소주 공장에서도 고구마를 이용한 고구마 소주를 팔고 있어서 시음과 함께 좋은 기념품이 되었다. 뿐만 아니라 신선한 해산물과 고구마 등 특산물을 이용한 어묵도 잊을 수 없는 추억을 만들어 주었다.

가고시마를 떠나는 날, 공항에서 지역에서 생산된 고구마를 이용한 간식거리와 어묵을 잔뜩 사게 되었다. 어디서도 맛보기 힘든 신선하고 다양한 식재료를 활용한 어묵은 지역 특산품으로 제대로 자리 잡아 일본 내에서도 인기가 많다고 하였다. 가고시마 어묵은 맛이 좋을 뿐 아니라 품질도 우수하여 고가임에도 불구하고 많은 관광객들이 구매하는 모습을 볼 수 있었다. 사실 일본 관광객들이 한국을 찾는다면 우수한 품질의 자국 어묵에 익숙한 입맛에 과연 우리나라 어묵을 특산품이라고 구매할까 하는 걱정이 들 정도였다.

일본은 삿뽀로, 교토, 오사카 등 대도시가 아니더라도 소도시에도 지역 특산물을 활용한 먹거리와 관광 상품이 다양하게 개발되어 있어 관광객들을 즐겁게 하고 지역 경제에도 이바지하는 케이스를 많이 볼 수 있다. 가깝고 편한 장점 때문에 우리나라 관광객들이 일본을 많이 찾을 수밖에 없는 현실을 생각하면, 우리나라의 우수한 자연 경관과 관광 자원을 잘 살리고 높아진 국내 관광객들의 눈높이에 맞는 특색 있는 먹거리와 기념품 개발이 꼭 필요하다고 생각된다.

3. 화개장터 활성화를 위한 아이디어

아름다운 섬진강을 활용하기

서울의 한강 주변에서 한강 경치를 조망할 수 있는 곳은 값비싼 카페와 레스토랑이 즐비하다. 그만큼 아름다운 자연을 감상할 수 있는 조망권은 값어치가 크고 그에 대한 수요도 많음을 알 수 있다. 화개장터가 위치한 섬진강변은 감히 한강은 비교도 할 수 없을 정도로 아름답다.

하지만 아쉽게도 이렇게 아름다운 천혜의 환경을 가지고 있음에도 불구하

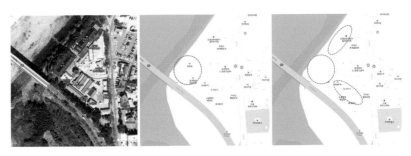

모서리를 터 공간을 확보하여 섬진강을 장터로 끌어들인다면 훨씬 넓어 보이면서도 아름다운 장소로 재탄생할 수 있다.

화개장터 앞 다리에서 바라본 화개장터 전경. 강가에 위치해 있지만 강을 제대로 보기 어렵다.

고 현재 화개장터의 가게나 식당 어디에서도 소위 섬진강 뷰를 감상할 수가 없다. 흐르는 강물과 하늘 그리고 지리산 자락을 감상하면서 음악도 듣고 막걸리나 녹차를 한 잔 할 수 있었으면 하는 진한 아쉬움이 남았다. 기존 화개장터의 강 쪽으로 둘러진 벽을 허물고 유리로 창을 만들어 화개장터를 찾는 관광객들이 편하게 이용할 수 있는 푸드 코트를 만들면 경치도 감상하고 화개장터에 더 오래 머무르면서 자연스럽게 지역 상품 구매로도 이어질 수 있지 않을까.

또한 강이라는 매력적인 자연 환경을 화개장터로 끌어들일 수 있도록 변화를 주면 어떨까. 화개장터와 강으로 연결되는 공간을 만들어서 강이 화개장터의 일부가 될 수 있도록 조경을 조성하여 섬진강이 보이는 곳에 화개장터를 찾는 관광객들이 사용할 수 있도록 파라솔과 테이블을 설치하는 것이다. 장터에서 구매한 간식이나 커피를 한 잔하면서 흐르는 강물도 보고 지리산의 아름다운 경치도 구경할 수 있다면 서둘러 장터를 떠날 이유가 없을 것이다.

현재 화개장터 주변의 섬진강을 끼고 늘어선 식당들과 건물들은 아쉽게도 아름다운 강변의 뷰를 망치고 있었다. 흡사 가건물처럼 보이는 천막들과 지은 후 한 번도 닦지 않은 것 같은 창문까지 안타까움을 더하고 있었다. 지방 정부에서 강가에 위치한 건물에서 경관을 감상할 수 있는 테라스를 설치하도록 지원하고, 심의를 거쳐 주변 환경과 어우러지는 디자인과 친환경적인 인테리어 작업을 지원한다면, 아름다운 섬진강변의 새로운 명소로 재탄생할 수 있을 것이다.

특색 있는 먹거리와 관광 상품 개발

화개장터는 구례에서 하동에 이르는 섬진강 중간쯤에 위치하고 있어, 쌍계사나 최참판댁 등 인근 관광지를 찾는 이들에게는 교통의 요지이기도 하다. 뿐만 아니라 소설 『토지』 등 문학 작품에 자주 등장함으로써 우리나라에서 가장 많이 알려진 재래시장이다. 최근에는 김동리의 소설 『역마』에 등장하는 주막을 재현하여 '소설 역마의 옥화주막'을 운영함으로써 화개장터를 찾는 관광객들에게 소설 속의 주막 분위기를 느낄 수 있는 전통가옥에서 각종 전과 막걸리 맛볼 수 있도록 해 호응을 얻고 있다고 한다.

인근 식당과 차별화여 간편하게 먹을 수 있는 산채비빔밥 컵밥이라든지, 감자튀김처럼 거리에서 먹을 수 있는 은어튀김 등의 메뉴를 개발해 보는 것도 좋을 것 같다. 섬진강이 내려다보이는 푸드 코트에서 간단히 즐길 수 있다면 화개장터에 머무는 시간도 늘어날 것이고, 관광객들이 더욱 즐길 수 있는 장소로 거듭날 수 있을 것이다.

쌍계사 인근의 차밭에서 생산한 녹차를 활용한 녹차라떼 같은 음료나 녹차 팥빙수, 녹차아이스크림 등 다양한 디저트도 판매하면 좋을 것이다. 화개장터에 가면 우수한 품질의 무농약 허브차나 녹차 제품을 구매할 수 있다든지, 그곳에서만 살 수 있는 자체 브랜드의 녹차 음료나 디저트를 구매할 수 있게 한다면, 역시나 지역 특산물과 연계한 특별한 경험을 제공하는 좋은 관광 상품이 될 수 있을 것으로 기대된다.

기존 가게의 경우, 겹치는 품목이 많고 선택의 폭이 좁아서 흥미를 끌지 못하는 아쉬움이 있다. 익숙한 상품이나 먹거리에서 벗어나 다양한 시도를 해보는 것이 필요하나 고령의 지역 주민들에게는 힘든 도전일 수도 있으므로, 상인조합과 지역관광 지원 단체나 지방 정부와 손잡고 다양한 상품 개발과 마케팅 전략을 연구할 필요가 있다. 품목이 정해지면, 이를 어떻게 포장하고 위생적으로 판매할 것인지 등에 대한 교육도 필요할 것이다.

또한 고구마튀김을 하나 팔더라도 크기나 색깔, 종류 등에 따라 구분하여 판다든지 하는 메뉴를 개발하고 이를 지원하는 체계가 아쉽다. 영세 상인의 경우 현재 서울시에서 시행하고 있는 '서울형마이크로크레딧' 같은 지원 프로그램도 고려해 보아야 할 것이다. 단순히 자금이나 대출을 지원하는 것이 아니라 어떤 상품과 먹거리가 시장성이 있는지, 마케팅 전략은 어떠해야 하는지 조사하여 개발하는 실질적인 지원이 필요하다. 상인조합과 지역 단체가

서울시의 마이크로파이낸싱 프로그램

함께 힘을 모을 수 있도록 지자체가 매개 역할을 맡으면 좋을 것이다. 예를 들어, 화개장터를 찾는 관광객들의 목소리를 듣고 이를 반영하여 상인들이 스스로 화개장터를 발전시켜 나갈 수 있도록 지원하는 것도 필요하다.

예를 들어, 쥐포 하나를 구워 팔더라도 먼지가 앉지 않게 위생적으로 보관하고 진열한다든지, 눈으로 보기도 좋고 먹기에도 좋게 포장하여 판매한다면, 다소 가격이 비싸더라도 소비자가

더 늘어나지 않을까 한다.

편의성을 높인 거리 음식

앞서 언급한 쥐포구이 같은 것도 국내산 한 마리에 5천 원가량 하는데, 누런 종이봉투에 담아 주는 현재의 모습은 사진을 찍어 인스타그램이나 페이스북에 올려 자랑하기에는 그다지 예쁘지 않다. 또한 같은 국내산 쥐포구이라 하더라도 먹기 편하게 잘라서 굽는다든지 튀김으로 만든다든지 등 다양한 상품 개발이 가능할 것이다. 다양한 취향에 맞추어 먹기 편하고 예쁜 포장에 담아 판매한다면, 그곳을 가면 꼭 먹어봐야 하는 먹거리로 SNS를 통해 자연스럽게 소개될 수 있지 않을까.

이것저것 다양하게 먹어보고 싶어 하는 관광객을 위해 소량이라도 예쁜 테이크아웃 포장을 하여 판매하는 것도 고려할 필요가 있다. 한 번도 먹어본 적이 없어 낯설기도 하고 가격이 비싸 망설여지는 은어튀김이나 벚굴 같은 것을 몇 개만 예쁜 테이크아웃 포장지에 담아 판매한다면 어떨까? SNS에서 올린 한 장의 사진이 어떤 나비 효과를 낳을지는 아무도 모르는 것이다. 식당에 들어가서 자리를 잡고 산채비빔밥 한 그릇을 다 먹어버리면 다른 간식거리들을 먹어볼 여유가 없다. 간단하게 먹을 수 있는 산채비빔컵밥이 있다면, 테이크아웃으로 은어튀김도 몇 개 먹어볼 수 있을지도 모른다. 손님을 잡아끌기 위해 서로 경쟁하는 것보다 상생할 수 있는 먹거리 상품을 개발하는 것이 더 절실하게 생각되는 이유이다.

6장 대중교통으로 떠나는 섬진강 여행

1. 드라이브 vs 대중교통

정신없는 응급실 업무에 시달리다 보면 본능적으로 탈출구를 찾게 된다. 기회가 생길 때마다 나는 섬진강으로 떠나곤 했다. 신나는 음악을 들으며 화려한 도시의 야경을 즐기기에는 한강이 제격이겠지만, 자연이 주는 편안함과 여유를 음미하는 데는 섬진강만한 곳이 없다. 하구에서 출발하여 강을 거슬러 올라가며 지형과 산세를 감상하는 재미는 나만 알고 싶은 비밀스러운 즐거움 중 하나이다.

광양제철소를 지나 조금만 오르면 섬진강 하구에 도달한다. 강과 바다가 만나는 이곳은 강폭은 넓고 유속은 느리다. 지리산 골짜기에서 시작한 긴 여정의 마지막을 숨죽이며 바라보는 듯, 강을 감싸고 있는 산들은 낮고 둥글둥글하다. 포근한 지형에 강물마저 잔잔하게 흐르는 이곳은 고요하고 평화롭다. 차를 타고 조금 더 오르면 송림공원을 만날 수 있다. 강물에 떠밀려 흘러

내려온 바위와 돌들이 모래가 되어 쌓인 톱이다. 울창한 소나무 숲에서 캠핑을 하며 백사장에서 여유를 만끽하는 사람들을 보면 일상의 고민은 잠시 잊혀진다.

다시 차를 타고 상류로 향하면 강은 더욱 비옥해진다. 적당한 유속이 만들어낸 섬진강의 작은 섬들은 작은 나무와 풀들로 뒤덮여 자연 그대로의 모습을 간직하고 있다. 강물은 모래톱을 돌아 흐르고, 곳곳에 새들이 둥지를 틀고 있다. 물 위를 나는 새는 먹이를 찾고 강태공은 강가에 앉아 물고기를 낚는다. 주민들은 강 가운데 배를 띄워 두고 재첩을 잡는다. 바다를 만나 웅장하던 강이 여기서는 풍요로움으로 다가온다.

섬진강 따라 달리는 즐거움

봄이 되면 이 비옥한 강은 매화와 벚꽃으로 온통 뒤덮인다. 겨울의 끝자락, 산이 아직 연둣빛으로 물들기도 전에, 강의 모래톱에 뿌리내린 나무들이 새싹을 겨우 밀어낼 무렵, 조급한 마음에 매화나무는 잎보다 먼저 꽃을 피운다. 겨울의 추위가 지겨워질 때쯤 하나둘 얼굴을 내밀던 매화가 오매불망 봄을 기다리다 환호성처럼 새하얗게 흩뿌려진다. 벚나무가 길 양쪽으로 긴 터널을 만들 때 가장 매력적이라면 매화는 능선을 뒤덮은 모습이 가장 아름답다. 산자락을 붓으로 찍어 놓은 것 같은 풍경은 이른 봄 매화마을에서만 볼 수 있는 아름다움이다. 동양화에서 오려낸 듯한 정자는 매화나무 사이로 보일 듯 말 듯 하다.

지는 매화를 아쉬워 할 새도 없이 섬진강을 따라 놓인 도로에는 벚꽃이 줄지어 핀다. 화엄사나 쌍계사까지 이어지는 벚꽃 터널은 부처님의 이상향으로 향하는 길인 것만 같다. 길을 따라 걷는 사람들과 흩날리는 벚꽃 잎이 하나가 되어 활기가 넘친다. 매화나무와 벚나무의 요란한 개화에도 아랑곳하지 않고 섬진강은 지리산 자락을 감아 돌며 조용히 흐를 뿐이다.

봄철 섬진강변. 봄이 되면 섬진강을 따라 긴 벚꽃 터널이 생긴다.

　상류에 다가갈수록 강물은 빨라지고 산은 높아져 간다. 겹겹이 쌓여 있던 산들도 사라지고 거대한 지리산 본연의 모습만이 눈앞에 들오기 시작한다. 산이 깊어질수록 물소리는 커져간다. 이곳에 단풍이 들면 지리산과 섬진강은 하나가 된다. 울긋불긋한 지리산의 색과 경쾌한 섬진강의 물소리가 만나 봄의 섬진강을 잊고 가을의 지리산에 집중하라며 눈과 귀를 사로잡는다. 피아골의 단풍 계곡을 따라 지리산을 오르는 길은 다가올 겨울을 준비하며 한 해를 마무리하는 순롓길과도 같다. 하류에서 상류로, 봄부터 가을까지 자연의 다채로움을 만끽하며 그 속에 자리한 주변 관광지를 여행하는 것은 소중한 재충전의 시간들이었다.

　그동안 섬진강 주변 마을을 여행하는 주된 교통수단은 자가용이었다. 차를 타고 광양, 하동, 구례, 곡성 중 한 곳에 도착한 후 섬진강변을 따라 이동하곤 했었다. 비록 왕복 이차선의 좁은 국도였지만 한적했기에 운전자에게는 여행하기 더없이 좋았다. 자가용을 이용한 여행은 편리했지만 책을 쓰기 위한 답사는 대중교통을 이용하기로 했다. 실제로 서울에서 4시간이 넘는 길을 매번 운전하기에는 부담스러웠을 뿐 아니라 지역 구석구석을 알아가고 풍경을 음미하는 데는 대중교통이 제격이라고 판단했기 때문이다.

대중교통을 이용한 섬진강 여행

대중교통을 이용하여 서울에서 섬진강까지 가는 방법은 크게 두 가지다. 기차를 타고 곡성역이나 구례구역까지 가거나, 남부터미널에서 시외버스를 타고 구례나 하동에 내리는 것이다. 서울에서 출발하는 기차와 버스가 모두 한 시간에서 두 시간 간격으로 출발하고 있었다. 우리는 KTX를 타고 구례로 향했다. 구례구역에서 택시를 타고 도착한 구례터미널이 우리 여정의 본격적인 출발점이었다.

이번 답사는 하동 화개장터와 쌍계사를 거쳐 구례 화엄사까지 둘러보는 코스였기에 우선 화개장터로 가는 버스를 타기로 했다. 구례터미널은 큰 기와지붕을 얹은 웅장하고 깔끔한 모습이었다. 내부는 여느 터미널과 비슷했다. 한켠에는 매점이 있었고 매표소 유리에는 버스 시간표가 붙어 있었다. 버스는 노선별로 구분되어 있었는데, 출발 시각과 함께 경유지와 종점이 안내되어 있었다. 우리는 화개, 쌍계사 노선표를 찾아 시간을 살폈다. 그런데 정보가 턱없이 부족하여 이 버스가 어디를 경유하는 버스인지 알기 어려웠다. 직원에게 물어 보고서야 표를 끊을 수 있었다.

배차 간격이 길어 한 시간가량 기다렸다가 마침내 화개 행 버스에 올랐다. 오랜 기다림에 대한 보상이었을까. 목적지로 향하는 버스 안에서 이곳 주민들의 일상을 잠시 엿볼 수 있었고, 덕분에 기대하지 못한 즐거움을 느꼈다. 승용차를 이용하면 목적지에 빠르게 도달할 수 있겠지만 대중교통을 이용한 여행은 이동 과정에도 의미가 있었다. 무심코 지나쳤을 법한 간이정류장을

여느 시골 버스정류장처럼 화개버스터미널 매표소는 가게 안에 있다. 주인아주머니는 버스카드가 있으면 표를 사지 않아도 된다는 설명과 함께 쌍계사까지 가는 길을 친절하게 알려주었다.

—하나하나 거쳐가며 구석구석을 경험할 수 있기 때문이다. 화개에 내려 한동안 주변을 관광하고 다시 쌍계사로 향했다.

화개버스터미널은 한눈에 알아보기 힘들었다. 간판에 화개버스터미널이라고 적혀 있었지만 가게 안에 자리 잡은 매표소는 지역 대중교통의 거점이라는 위상에 비해 존재감이 없었다. 이용객이나 정차하는 버스 수를 고려하면 상점 안에 매표소가 들어가는 게 분명 효율적이다. 그러나 낯선 지역을 여행하는 입장에서 보면 대중교통에 대한 안내가 부족하다는 생각이 드는 것은 어쩔 수 없었다.

화개에 정차하는 버스들은 서울, 부산, 구례, 쌍계사 등을 연결한다. 손 글씨로 씌어진 시간표에는 구례터미널과 비슷하게 출발 시각과 주요 경유지가 적혀 있었다. 하지만 가독성이 떨어져 결국 매표소 직원에게 물어보아야 했다. 화개터미널에서 쌍계사로 가는 버스는 마을 마을마다 정차하며 사람들을 태웠다. 버스 안에 노선도가 붙어 있지 않아 어디서 내려야 할지, 몇 정거장이나 남았는지 알지 못해 신경을 곤두세워야 했지만 창밖으로 스쳐가는 화개천과 녹차 밭을 바라보는 동안 쌍계사에 무사히 도착했다.

다음 목적지는 화엄사였다. 쌍계사에서 화엄사까지는 26킬로나 되는 먼 길이었다. 쌍계사 버스정류장에서 버스를 타고 화엄사로 이동하려 했으나 시간에 쫓겨 택시를 탔다. 배차 간격이 좀 더 짧았으면 하는 생각이 들었다.

관광지의 현황을 살펴보려 나선 답사는 뜻밖의 깨달음을 안겨주었다. 자가용을 이용한 그동안의 지리산, 섬진강 여행에서 알아차리지 못했던 작은 상점들과 마을이 눈에 들어온 것이다. 그리고 그 동안의 여행 패턴에 대해 되돌아보는 계기가 되었다. 진정한 여행이란 어떠한 것이어야 하는지.

이십대 후반부터 국내 여행은 대부분 차를 몰고 다녔다. 여행의 1차적 목적지는 대개 주차장이었고, 식당도 주차가 편한 곳을 택해 들어갔다. 짧은 시간 안에 여러 곳을 가볼 수 있었지만 깊이 있는 여행이었다고는 할 수 없다. 대중교통을 이용하는 것은 해외 배낭여행에서나 하는 일이라고 생각했다. 배낭여행이 다른 여행보다 뜻 깊은 이유는 목적지 사이사이에서 채워지는 다채로운 경험에 있었다. 낯선 타국에서 길을 묻고 버스를 타고 이정표에 의지해 동네 구석구석을 다니는 재미가 배낭여행의 묘미였던 것이다. 항상 차를 가지고 다녔기 때문인지 국내 관광지를 배낭여행자의 기분으로 다녀본 것은 거의 기억에 없었다.

여러 번의 답사를 통해 국내 여행에 대한 만족도를 높이는 방법으로 대중교통의 활성화가 대안일 수 있다는 생각이 들었다. 차를 몰거나 전세버스를 대절하여 목적지만 둘러보고 가는 관광이 아니라, 지역 주민이 이용하는 대중교통을 함께 타며 시장도 들르고 작은 구멍가게에도 들어가 보는 여행을 장려하는 것이다. 이를 섬진강에 대입해 보면 기차나 버스로 구례, 곡성, 광양, 하동 중 한 곳에 도착한 후 대중교통을 이용하여 행정 구역을 넘나들며 여행할 수 있도록 인프라를 개선하는 것이다. 지역 주민의 이동수단으로 기능하는 대중교통 시스템을 관광객과 주민이 함께 이용할 수 있도록 개선한다면 섬진강 여행의 만족도를 극대화할 수 있지 않을까.

2-1. 스위스의 열차 시스템과 관광 인프라

스위스를 방문하는 대다수의 여행자들은 정해진 기간 동안 자유롭게 기차를 이용할 수 있는 스위스 패스를 구입한다. 열차 패스가 필수일 정도로 국토 대부분을 기차로 갈 수 있다. 스위스 패스를 이용해 보면 철도를 이용한 여행이 얼마나 편리한지, 열차로 대표되는 대중교통 시스템이 얼마나 체계적으로 잘 갖추어져 있는지를 알 수 있다. 제시간에 도착하고 출발하는 정시성은 기본이고, 스마트폰 어플리케이션을 검색하면 원하는 도시까지 이동하는 경로를 열차뿐 아니라 배, 버스 조합까지 확인할 수 있다. 예를 들어, 기차로 어디에 몇 시 도착해서 몇 분을 걸어 어느 선착장으로 가서 다시 몇 시에 출발하는 페리를 타면 최종 목적지에 언제 도착한다는 안내를 받을 수 있다. 열차와 버스는 기본이고 산악열차, 트램, 페리까지 스위스에 존재하는 모든 대중교통 수단이 연계되어 있다.

이처럼 가용한 모든 교통수단이 유기적으로 연결된 스위스의 대중교통 체계의 역사는 1977년으로 거슬러 올라간다. 스위스 정부는 증가하는 교통 수요에 대응하기 위하여 철도, 도로, 항로, 비행 노선을 종합하는 교통 계획을 세웠다. 이후 1982년 발표된 '레일 2000' 정책에서 도시 간 이동 시간을 단축하는 방식을 시설 개선을 통한 열차 속도 향상 대신 환승 체계를 개선하는 방법으로 선택했다. 주요 환승역에서 기차의 도착, 출발 시간을 유기적으로 연계함으로써 현재와 같이 체계적인 시간표를 갖추게 되었다. 이후 기차 시간표에 지역 버스 운행을 연계하는 사업이 추가되었다.

스위스의 대표적인 관광지인 융프라우와 산악열차

이런 유기적인 대중교통 체계는 대도시 주요 노선뿐 아니라 작은 도시나 마을에도 갖춰져 있다. 편리한 대중교통은 스위스를 처음 방문한 관광객들도 불편을 느끼지 않고 전국을 여행할 수 있는 기반이 되었다. 여기서는 융프라우 산악열차의 사례를 구체적으로 살펴보고자 한다.

스위스 융프라우 산악열차

유럽에서 가장 높은 봉우리인 융프라우는 만년설로 덮인 알프스의 대표적인 관광지이다. 인구 5,700여 명이 사는 작은 도시지만 연간 100만 명 이상의 관광객이 방문한다. 융프라우는 알프스에서 가장 높은 봉우리의 이름이자 관광의 기점인 인터라켄부터 봉우리까지 통칭하는 융프라우 지역(Jungfrau region)을 의미하기도 한다. 그린데발트(Grindelwald), 라우터부루넨(Lauterbrunnen), 뮤렌(Murren) 등 작은 마을과 주변 봉우리까지 포함하는 일종의 관광단지인 셈이다.

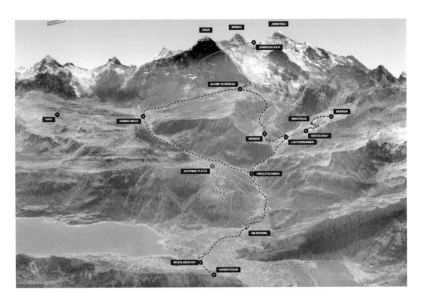

융프라우 산악열차 노선도. 두 개의 호수 사이에 위치한 인터라켄은 융프라우 지역의 기점 역할을 하는 도시이다. 정상까지 운행하는 산악열차는 모든 관광지를 한데 엮어 권역을 이룬 다. 권역을 이룬 덕분에 융프라우는 며칠 동안 체류하는 관광지가 될 수 있었다.

융프라우 산악철도는 총 6개 노선으로 이루어져 있는데, 1891년 개통된 라우터브루넨—뮈렌 구간을 시작으로 1912년 완성된 클라이네 샤이덱—융 프라우 구간을 끝으로 현재의 모습을 갖추게 되었다. 모두 민간 자본으로 개 발되었고 현재는 융프라우 철도회사(Jungfraubahn Holding AG)에 의해 운 영되고 있다. 융프라우 철도회사는 산악열차 이외에도 스키 슬로프, 전망대, 레스토랑, 기념품숍, 기차에 전력을 공급하는 수력발전소 등을 운영하고 있 다. 또한 새로운 즐길 거리와 운송수단을 지속적으로 개발함으로써 이 지역 의 관광산업 발전에 주도적인 역할을 하고 있다.

관광객들은 융프라우 지역의 크고 작은 마을에서 며칠씩 묵으면서 알프스 를 즐긴다. 인터라켄 호수에서는 카약이나 수상스키를 타기도 하고, 산간 지 역에서는 하이킹, 산악자전거, 짚 라인, 카트 등 다양한 레저 활동을 즐긴다.

겨울에는 90만 명 이상의 관광객이 스키를 타기 위해 찾는다. 이처럼 융프라우는 사계절 내내 체류하는 관광지이다.

이곳의 대부분은 기차로 연결되어 있다. 융프라우 지역의 기점인 인터라켄까지는 스위스 일반 국철이 다니고 인터라켄에서 융프라우 정상까지는 국철과 분리된 산악열차가 놓여 있다. 국영철도를 타고 인터라켄에 도착한 후 산악열차를 타고 이곳을 관광하는 것이다. 버스도 마을을 연결하지만 열차 운행의 빈도와 편리함이 압도적이기 때문에 대다수의 사람들은 기차를 이용한다. 한 구간을 이동하는 데 30분이 채 걸리지 않는다.

케이블카도 기차와 같은 이동수단으로 취급된다. 철도국 홈페이지에 접속하여 인터라켄에서 피르스트(First)까지 가는 방법을 검색하면 열차를 타고 케이블카로 환승하라는 안내가 나온다. 이렇듯 꽤나 멀고 가파른 산을 경계로 흩어져 있는 마을들이 산악열차 시스템 덕분에 근거리로 연결되어 관광객들이 며칠씩 체류하는 하나의 권역으로 묶이는 것이다.

유기적인 환승 시스템

융프라우 산악열차는 스위스 국영철도와 별개로 운영되는 민간 노선이다. 그래서 스위스 패스를 구입하더라도 산악열차는 이용할 수 없다. 또한 단일 노선으로 구성되어 있지도 않다. 그러나 서로 다른 노선의 도착과 출발 시간을 10분 간격을 두고 배치하여 유기적인 환승이 가능하다. 뿐만 아니라 다른 노선을 인접하게 놓아 몇 걸음만 걸으면 금방 갈아탈 수 있도록 설계되었다. 예를 들면, 국철을 타고 인터라켄에 도착한 후 산악열차를 타고 첫 번째 환승지인 그린데발트에서 내린다. 바로 옆 선로에서 9분 후 도착하는 다른 열차로 갈아타고 클라이네 샤이텍(Kleine Scheidegg)에서 내린다. 여기서 1분 정도 거리의 환승 선로에 가서 10분을 기다리면 융프라우 행 기차가 오는 식이다. 모든 시간대의 기차가 동일한 방식으로 운행되고 있다. 유기적인 시스

그린데발트역의 플랫폼. 서로 다른 두 개의 노선이 인접하게 놓여 있어 1번 플랫폼에서 내리면 바로 옆 11번 플랫폼으로 환승 열차가 도착한다.

템 덕분에 융프라우 지역의 서로 다른 6개의 노선을 이용하는 데 전혀 불편함이 없다.

관광에 최적화된 객실

융프라우 산악열차는 관광객의 눈높이에 맞춰 제작되었다. 휠체어를 탄 승객이나 무거운 등산배낭을 멘 승객도 쉽게 타고 내릴 수 있도록 객차 바닥이 낮게 설계되어 있다. 객차 안의 의자도 높은 곳과 낮은 곳으로 나뉘어 있는데 이에 맞춰 창문의 배열도 다양화하였다. 어떤 좌석에서도 편안하게 경치를 감상할 수 있도록 배려한 점이 돋보인다. 시야를 가리지 않고 바깥 풍경을 감상할 수 있도록 유리창은 크고 개폐가 가능하게 만들어 놓았다. 객실의 천정 모서리에도 창문을 배치하여 개방감을 극대화하였다.

한편 스위스 다른 지역에서는 다양한 테마 열차가 운영되고 있다. 초콜릿 공장을 지나는 노선에서는 초콜릿 기차를 운행한다. 고풍스러운 인테리어로 장식된 객실에서 초콜릿 크루아상과 커피를 시식하고 마실 수 있는 기회가 제공된다. 치즈 마을을 지나는 구간에서는 치즈 기차를 타고 와인과 함께 치즈를 음미하며 여행할 수 있다. 알프스 산맥을 가로지르는 빙하특급 열차는 높고 탁 트인 창문이 설치되어 있어 알프스의 경치를 감상하기에 제격이다.

스위스는 험준한 산악 국가다. 접근성이 떨어지는 산악 지형이라는 한계로 관광에 열악한 조건이었지만 이를 정교한 철도망으로 극복한 좋은 사례이다. 우리나라의 경우, 광역교통은 도로와 철로가 나누어 담당하지만 지방은 대부분 버스가 연결하고 있다. 스위스는 대도시를 연결하는 광역철도 외에도 한두 량의 작은 열차가 다니는 지선을 구축하여 인구가 적은 마을 단위에도

초콜릿 공장 근처를 지나는 노선에서 운영하는 초콜릿 열차. 객실에서 초콜릿과 빵, 커피 등을 맛볼 수 있으며, 인테리어를 벨에포크 스타일로 꾸며 놓아 고풍스러움을 더한다.

빙하특급 열차는 경치를 만끽할 수 있도록 창이 높고 트여 있다. 느린 속도로 터널과 다리를 지나며 알프스 곳곳을 관통하는 이 열차는 경치 감상만을 위해 특화된 기차이다.

기차로 오갈 수 있도록 하였다. 더 나아가 철도를 이동수단을 넘어 관광 인프라로 편입시키기 위해서 열차의 형태를 다변화하고 관광객을 위한 특별한 기차와 노선을 운영하고 있다. 철도로 대표되는 세밀한 대중교통 시스템과 관광에 특화된 서비스가 스위스의 작은 마을까지도 관광객이 찾는 관광대국으로 만들었다.

2-2. 그랜드 캐니언과 자이언 캐니언의 순환버스

그랜드 캐니언은 미국 애리조나 주에 있는 세계적 관광지로 매년 400만 명 이상의 관광객이 찾는 곳이다. 자이언 캐니언은 그랜드 캐니언 만큼 알려져 있지 않지만 매년 300만 명 이상이 찾는 미국의 국립공원 중 하나이다. 두 곳의 관광인프라를 살펴보고자 한다.

미국의 그랜드 캐니언과 자이언 캐니언은 국립공원으로 지정되어 차를 타고 입구를 들어서면 지정된 장소에 주차해야 한다. 드라이브가 가능한 길이 일부 있으나 주요 관광지는 개인 차량으로 접근할 수 없다. 전망대나 등산로 입구로는 자가용을 가지고 가는 것이 허용되지 않는다. 대신, 순환버스를 운행한다. 버스는 주요 포인트를 연결하는 수단으로 새벽부터 밤까지 운영되며 주요 관광지에 대한 안내 방송도 제공한다.

국립공원 내 이동을 책임지는 순환버스

자이언 캐니언에서는 자이언 캐니언 셔틀이 운행되고 있다. 계절에 따라 첫차와 막차 시간이 다르지만 관광객이 많이 찾는 낮 동안은 5분에서 10분 간격으로 순환버스가 운행되고 있다. 저상버스라서 휠체어를 이용하는 사람도 쉽게 탑승할 수 있으며 부피가 큰 등산장비나 배낭을 실을 수 있는 공간이 마련되어 있다. 정류장은 모두 9곳으로 탐방로 입구와 산장, 전망대 등에 위

자이언 캐니언에서 운행하는 순환버스

치하고 있다. 관광객은 방문자센터에서 시작하여 원하는 지점에서 타고 내릴수 있으며 산행을 마치고 다음 지점으로 향하거나 산장으로 갈 때도 순환버스를 타고 이동한다.

그랜드 캐니언은 자이언 캐니언보다 훨씬 규모가 크다. 그랜드 캐니언 입구를 통과하면 규모에 맞게 다양한 드라이브 코스가 있는데, 이곳은 개별 차량으로 이동이 가능하다. 그러나 관광 포인트가 몰려 있는 중심부와 숙박시설 근처는 차량의 접근이 제한된다. 그랜드 캐니언의 사우스 림에는 40년 전부터 사우스 림 셔틀 버스(South Rim Shuttle Bus)가 운행되고 있으며 블루, 오렌지, 레드, 투시안(Blue, Orange, Red, Tusayan) 네 루트로 구성되어 있다.

숙소가 밀집한 구간을 운행하는 블루 루트의 경우 전 노선을 이동하는데약 50분이 소요된다. 시간대 별로 배차 간격이 다르지만 낮 시간대에는 10분에서 20분 간격으로 운행되며 밤이나 새벽 시간에는 15분에서 30분 간격으

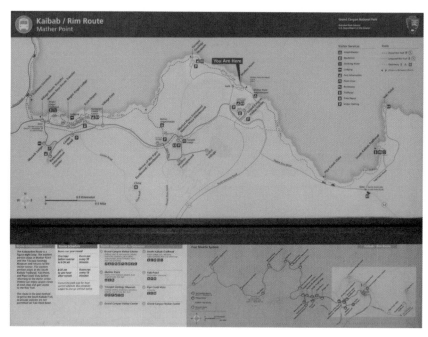

방문자센터에 설치된 순환버스 노선도. 노선별 경로를 자세히 표시해 놓았다.

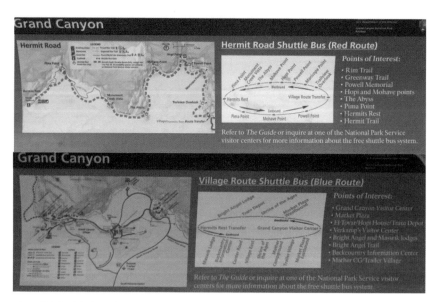

버스 내부에 설치된 노선도. 이동 중에도 위치를 파악하는 데 도움을 준다.

로 운행된다. 자이언 캐니언과 마찬가지로 저상버스를 운행하여 휠체어가 쉽게 오르내릴 수 있으며 무거운 짐을 가지고도 타고 내리기 쉽다. 관광객은 숙소 앞 주차장에 차를 두고 걸어가거나 순환버스를 타고 전망대로 간다. 다른 노선으로 환승하면 먼 전망대까지 갈 수 있다.

알기 쉬운 노선 및 배차 시간 안내

자이언 캐니언과 그랜드 캐니언의 순환버스는 처음 방문한 여행자도 쉽게 알아볼 수 있도록 운행 노선과 배차 간격이 정류장과 버스 내부에 자세하게 안내되어 있다. 방문자센터 같은 거점 정류장에는 지도에 버스 노선이 표시되어 있어 경로를 이해하는 데 용이하다. 경유 정류장에는 배차 시간표와 도식화된 노선도가 표시되어 있다. 시간대 별로 안내된 배차 정보 덕분에 버스 정류장에서 하염없이 버스를 기다리지 않아도 된다. 버스 내부에도 노선도가 부착되어 있어 원하는 곳에서 하차할 수 있도록 도와준다.

미국 국립공원에 순환버스가 도입된 계기는 증가하는 차량의 통제 필요성이 대두되었기 때문이다. 자이언 캐니언에서도 한때는 자가용을 통한 이동이 허용되었다. 그러다가 1997년 240만 명이 넘는 방문객이 찾아오면서 심각한 주차난과 교통 체증이 문제가 되었다. 늘어나는 자동차가 자연을 훼손할 뿐 아니라 국립공원 여행에 방해 요소로 작용하게 되자 2000년부터 셔틀버스를 도입하였다. 이러한 노력 덕분에 오늘날 탐방객들은 교통 체증 없이 온전히 자연을 즐길 수 있으며 버스를 타고 편안하게 풍경을 감상할 수 있게 되었다.

3. 대중교통 친화적인 섬진강 여행

스위스의 융프라우와 미국의 그랜드 캐니언 및 자이언 캐니언의 사례를 참고하여 섬진강 관광을 위한 새로운 교통체계를 생각해 보자. 대중교통 시스템을 개선하여 관광객의 내부 이동을 촉진하고 궁극적으로는 섬진강과 서지리산 일대를 지속가능한 관광지로 육성하는 것이 목적이다.

우선 '관광교통'이라는 개념을 통해 여행자의 동선에 대해 생각해보자. 출발지에서 관광지로의 이동과 관광지 내부에서의 이동, 그리고 다시 돌아오는 귀환 이동으로 나뉜다. 관광지로의 이동은 전국 차원의 광역교통 측면에서 다뤄져야 하고, 관광지 내부 교통과 주변 지역의 연결은 지역교통에서 다뤄야 한다.

섬진강을 찾는 관광객들의 유입 경로는 전라선 KTX가 지나는 곡성과 구례, 남해고속도로와 국도 2호선이 지나는 하동과 광양으로 크게 나눌 수 있다. 하동을 방문하는 여행객의 주된 교통수단으로 승용차가 41.2%, 관광버스와 시외버스가 41.2%이며, 기차는 16.5%를 차지하고 있다. 한편 구례를 방문하는 관광객의 유입 경로에 대한 통계는 없지만, 구례구역의 연간 승차 인원이 약 9만 명, 하차 인원이 약 10만 명, 주요 관광지 방문객 수가 연간 240만 명임을 기준으로 할 때 중복 계산을 감안하더라도 자동차가 주요 수단임을 추정할 수 있다. 이는 국내 관광객의 주된 이동 수단이 자가용 72%라는 통계에 상응한다. 위를 종합하면, 섬진강과 서지리산 지역을 관광하는 대다수의 사람들은 승용차를 이용하여 도착하고 관광지 내부 이동도 자가용을 이용함을 뜻한다.

여기서 중점적으로 다루고자 하는 것은 관광지 내부에서의 이동이다. 서지리산과 섬진강 지역까지 자가용을 이용하여 방문하였다 하더라도 역내에

벚꽃 축제 기간의 교통 체증(출처: 하동군민신문)

서는 산악열차, 버스 등을 이용한 관광이 가능하도록 인프라를 갖추자는 것이다. 국내 여행에서 관광지에 도착한 후의 역내 이동이 불편하고 중소도시의 경우 개선할 점이 많은 것은 이 문제가 비단 섬진강과 서지리산만의 문제가 아님을 뜻한다.

대중교통을 이용한 관광지 내 이동의 활성화를 가장 먼저 다루는 이유는 축제 때마다 반복되는 교통량 집중에 따른 여행 만족도 저하 문제를 해결하고 친환경성을 강화할 수 있기 때문이다. 나아가 다른 곳에서는 경험할 수 없는 잘 갖춰진 대중교통을 이용한 여행은 스위스와 미국 국립공원의 사례에서도 나타나듯, 지리산과 섬진강의 자연을 즐기는 데 적합할 뿐 아니라 이동 과정에서 새로운 즐거움을 제공할 것이라 기대된다. 실제로 여행 경험이 많은 여행자들이 대중교통을 더 자주 이용한다는 사실에서 대중교통이 여행의 즐거움을 배가시키는 수단임을 유추할 수 있다.

강 따라 달리는 섬진강 열차

정확한 시간표와 노선을 바탕으로 운행되는 철도 시스템은 스위스의 사례에서 확인할 수 있듯 지역 주민뿐 아니라 외지인도 쉽게 사용할 수 있는 교통수단이 된다. 기차는 안정된 승차감과 속도로 풍경을 감상할 수 있는 좋은 수단이기도 하다. 이러한 관점에서 섬진강을 순환하는 새로운 교통수단으로 장기적으로 열차를 고려해 볼만하다. '장기적'이라고 한 이유는 철도 시스템을 도입하는 데 많은 사업비가 들고 세밀한 검토가 필요하기 때문이다. 기본 구상, 사업자 선정, 설계, 그리고 착공까지 많은 단계를 거쳐야 하고 관련 주민 및 지자체와의 논의가 필수적이다. 그러나 순환열차라는 새로운 화두가 설득력이 있다면 지역사회의 장기 과제로 채택될 수 있다고 생각한다.

섬진강 기차는 곡성, 구례, 하동 주민들의 교통수단임과 동시에 여행자를 위한 관광기차를 목적으로 삼는 것이 바람직하다. 관광에만 치우치게 되면 주민 생활과 관광 정책이 괴리되는 결과를 가져오게 되어 실질적인 주민의 삶의 향상에 기여하지 못하기 때문이다. 철도가 기본적으로 지역 주민들의 이동수단으로 기능한다면 운행을 위한 기본 수요를 충족시킬 수 있을 것이다. 그리고 관광을 위해서는 선로를 섬진강 주변으로 깔아 기차 안에서 강의 조망이 이루어질 수 있도록 해야 한다.

곡성 증기기차 활용

먼저, 곡성 증기기차를 활용하는 방안을 생각해 볼 수 있다. 곡성 증기기차는 전라선 전철화 이후 사용되지 않는 폐선을 달리는 관광 상품으로 현재 코레일관광개발이 운영하고 있다. 동력원은 디젤엔진이지만 옛 정취를 살리기 위해 증기기차를 테마로 운행하고 있다. 두 시간 간격으로 하루 총 5회 운영되며 옛 곡성역에서 가정역까지 운행한다. 편도 약 30분 정도 소요되는데,

옛 곡성역부터 가정역(폐역)까지 17번 국도를 따라 놓인 전라선을 운행하는 섬진강 증기기차 여행. 강변을 따라 운행하기 때문에 섬진강을 감상하는 좋은 수단이 된다.

강변을 따라 달려 섬진강과 지리산의 풍광을 감상할 수 있다.

여기서 제안하고자 하는 섬진강 열차는 현재 운행 중인 증기열차를 발전시킨 형태이다. 섬진강 열차 노선에 증기기관차가 다니는 옛 철로 구간을 편입시키고 객차 모형도 증기기관차를 계승하는 것이다.

곡성, 구례, 하동을 지나는 노선 개발

섬진강 열차는 다음 두 가지 면을 충족시켜야 하는데, 곡성, 구례, 하동의 중심을 지나고 섬진강변을 따라 설치되어야 한다는 점이다. 앞서 언급했듯, 기차 운행이 지역 주민들에게도 실질적인 도움이 될 수 있어야 하기에 지역 간 이동수단으로도 이용되도록 곡성, 구례, 하동을 지나도록 하였다. 섬진강 증기기차가 지역 교류를 촉진시키는 수단이 된다면 열차의 기본 수요를 확보할 수 있다. 또한 섬진강을 조망하는 관광열차라는 목적에 맞도록 강변을 따라서 선로를 계획해야 한다. 강과 최대한 가까운 곳으로 운행하여 기차 안에서 섬진강을 조망할 수 있어야 하기 때문이다.

시발점은 현재 섬진강 증기기관차가 출발하는 옛 곡성역으로 삼았다. 가정역까지의 옛 선로는 그대로 유지하고 끝을 연장하여 국도 17호선과 나란히 구례구역까지 도달하도록 하였다. 곡성역과 구례구역 구간이 국도와 겹쳐 강변에 철로를 건설하기 힘들다면, 강폭이 좁고 기존 선로가 끝나는 지점인 가정역에서 강을 가로질러 국도 건너편 강변을 따라 구례구역 근처까지 연결할 수 있다. 구례구역 근처에서 구례 공영터미널을 향하도록 하면 기존의 버스 체계와 용이하게 연결될 것이다. 구례 중심부를 통과할 때는 지역을 단절시키지 않도록 트램 방식을 이용할 수도 있다. 기술의 발전으로 간선철도와 노면전차의 상호직통체계(Tram-train)가 가능하기 때문에 충분히 현실적인 방법이다.

구례 중심을 통과한 후 다시 섬진강을 따라서 하동역 근처까지 도달하도록 하였다. 곡성역과 구례구역, 하동역과 섬진강 관광열차 노선이 직접적으로 연결되지 않더라도 도보로 5분 안에 이동할 수 있는 거리라면 충분히 환승이 가능할 것이다. 또한 지역 주민 입장에서도 광역 철도인 전라선과 경전선에

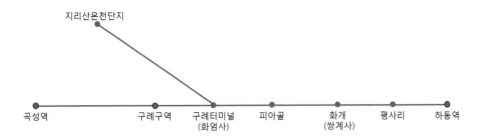

섬진강 열차 개념도. 시발점은 곡성역이고 종점은 하동역이다. 주요 관광지와 연계되도록 구례터미널, 피아골, 화개, 평사리에 정차역을 두었다. 지리산온천단지는 이 지역의 중심 숙박단지로 육성한다는 구상으로 별도의 지선을 두었다.

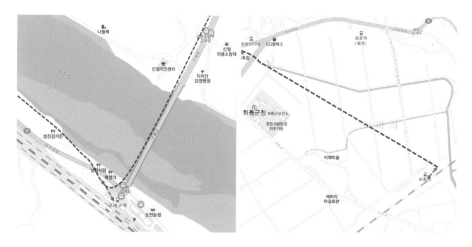

구례구역 및 하동역의 광역 철도와 섬진강 열차를 연결하는 방안

접근할 수 있는 새로운 교통수단이 생기는 것이다. 예컨대 곡성 주민이 섬진강 열차를 타고 하동역에 내려서 경전선을 따라 부산행 기차를 탈 수 있으며, 하동에서도 섬진강 열차를 타고 곡성역에서 전라선을 타고 서울로 이동할 수 있을 것이다. 또한 곡성역, 구례구역, 하동역이 섬진강 유역으로 관광객이 유입되는 경로로 확실하게 자리매김할 수 있다.

관광지와 연결되는 정차역

이 지역의 지형을 살펴보면 지리산에서 시작된 가장 큰 골짜기를 따라 섬진강이 흐른다. 또한 작은 계곡을 따라 하천이 흐르고 마을과 관광지는 그 주변에 자리하고 있다. 그러므로 섬진강 열차의 주요 기착지는 광역철도와 만나는 곡성역, 구례구역, 하동역으로 하고 나머지 정차역은 골짜기 입구에 설치하면 관광지와 유기적으로 연결할 수 있다.

구체적으로 가을 단풍으로 유명한 피아골 입구에 정류장을 설치하면 피아골 계곡뿐 아니라 지리산 탐방객도 이용할 수 있다. 화개역은 화개터미널 주변으로 지정했다. 화개터미널에서 3분 정도의 거리에는 화개장터가 있으며 쌍계사와 하동 녹차밭으로 가는 길목이기 때문이다. 평사리는 소설 『토지』의 배경이 되는 마을로 현재도 하동을 대표하는 관광지이기에 이곳도 노선 개념도에 포함시켰다.

이들 정차역과 연계되는 순환버스를 도입하고 버스 배차 시각과 기차 정차 시각을 맞춘다면 훌륭한 조합이 될 것이다. 구례 중심부의 정차역은 구례터미널로 설정하였다. 구례터미널은 구례 5일장과 도보로 10분 거리에 있으며 구례에서 타지로 이동할 때 거치는 지역 교통의 중심이다. 이곳에서 화엄사로 가는 버스를 연계시켜 화엄사로의 접근성을 높일 수도 있다.

마지막으로 구례에 위치한 지리산온천단지는 잘 개발한다면 섬진강 지역의 숙박지구로서 역할을 할 수 있는 곳이다. 이곳과 구례터미널을 연결하는 노선은 거리가 멀기 때문에 버스보다는 별도의 철로를 개설하여 기차로 이동할 수 있도록 하는 것이 좋을 것으로 판단하였다. 이때 곡성부터 하동을 연결하는 중심노선과 구례터미널역에서 지리산온천단지로 출발하는 기차의 도착과 출발 시각을 연계하여 편의성을 높여야 한다.

테마 열차 운행

특색 있는 테마 열차도 생각해 볼 수 있다. 스위스의 사례에서 착안하여 열차 여행의 매력을 더하는 테마 열차를 운영하는 것이다. 관광객이 가장 많이 이용하는 시간대를 파악하여 특정 요일 특정 시간에만 운영한다면 효율성을 높일 수 있다. 예를 들어, 토요일 아침 10시에 곡성에서 출발하는 기차 후미에 테마 열차를 덧붙여 운행하는 식이다. 관광객이 적은 요일은 운행하지 않는 식으로 탄력적으로 운영한다면 효율성을 높일 수 있다.

테마 열차의 후보로는 다음과 같은 것이 가능하다. 구례의 지리산치즈랜드와 드림파크와 연계한 열차에서는 지리산에서 생산된 유제품 등 치즈와 요

코레일에서 운영하는 정선아리랑 열차의 객실(출처: 코레일 홈페이지)

거트를 맛보며 여행하는 테마, 하동의 녹차산업을 반영하여 다도 입문을 주제로 녹차와 국화차 등을 시음하는 테마 열차를 고려해 볼 수 있다. 관광열차에서 맛본 유제품이나 차 등을 즉석에서 구매할 수 있도록 한다면 지역 경제 활성화에도 도움이 될 것이다.

관광 열차를 제작할 때는 디자인에 공을 들여야 한다. 현재 국내에서 운행 중인 몇몇 관광 열차가 독특한 아이디어로 호응을 얻고 있으나 객실 인테리어와 운영 방식은 여전히 아쉽다. 섬진강 열차를 만든다면 스위스와 일본의 관광 열차를 벤치마킹하여 열차 내부 디자인부터 프로그램 운영까지 수준 높게 구성하여 높아진 관광객의 눈높이에 맞출 수 있어야 한다.

섬진강 열차와 연계되는 순환버스 운행

섬진강 열차는 대중교통을 이용한 여행을 장려하기 위한 안으로 제안하였다. 곡성에서부터 하동까지 잇는 노선으로 주요 관광지로 연결되는 지점에 정차역을 두어 관광지에 대한 접근성을 높였다. 이번에는 섬진강 열차가 정차하는 지점에서 관광지까지 연결하는 방안을 생각해 보고자 한다.

앞서 살펴본 스위스 사례에서 대부분의 관광지는 열차로 연결되어 있었다. 단일노선으로 연결되지는 않았지만 노선별로 열차를 갈아타기 쉽도록 도착과 출발 시각을 유기적으로 연결하였고 승강장 또한 가까이 배치하여 환승에 어려움이 없었다. 섬진강과 서지리산 지역의 관광지를 구석구석 연결하는 대중교통의 완성에 스위스의 산악열차와 미국의 순환버스를 참고하여 지선을 제안해 보고자 한다.

첫째, 섬진강 열차와 주요 관광지를 연결하는 순환버스를 배치한다. 곡성역을 시발점으로 하고 하동역을 종점으로 하는 섬진강 증기기차의 중심노선에 구례터미널역, 피아골역, 화개역, 평사리역을 배치하고 각 역은 섬진강 지역의 대표 관광지인 화엄사, 피아골, 쌍계사, 최참판댁으로 접근할 수 있는 입구에 설치한다. 역과 관광지를 연결하는 순환버스를 배치하면 대중교통만으로 관광이 가능해진다.

구례터미널역과 화엄사를 연결하는 화엄사 순환버스, 피아골역과 피아골 탐방지원센터를 연결하는 피아골 순환버스, 화개역과 쌍계사를 연결하는 화개 순환버스, 평사리역과 최참판댁을 연결하는 평사리 순환버스라는 총 4개

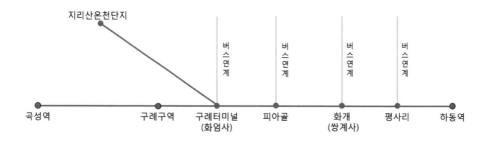

섬진강 열차와 주요 관광지의 연결. 기차 정차역과 화엄사, 피아골, 쌍계사 등의 관광지를 순환하는 버스를 운영하면 대중교통만으로 관광이 가능해진다.

의 순환버스를 신설하여 섬진강 열차와 연계하는 것이다. 순환버스의 배차 시간은 열차 시간에 연동되어야 한다. 버스 정류장은 환승하는 데 불편이 없도록 기차역과 도보로 1분 거리 이내에 설치하여야 한다.

예를 들어, 오전 10시 곡성역을 출발한 섬진강 열차가 화개역에 10시 45분에 도착하여 48분에 다시 출발한다고 하자. 쌍계사에서 출발한 화개 순환버스는 10시 35분에 화개역에 도착하고 55분에 다시 쌍계사로 출발할 수 있도록 배차한다. 이렇게 되면 화개 순환버스를 타고 쌍계사에서 내려온 관광객은 10시 48분 기차를 탈 수 있고, 10시 45분에 화개역에서 내린 열차 승객은 10시 55분에 출발하는 화개 순환버스를 타고 쌍계사로 이동할 수 있다.

일반적으로 사람들이 버스보다 기차를 신뢰하는 이유는 정시성과 노선의 명료함 때문이다. 이처럼 순환버스도 운행 시간과 노선 정보를 정확하게 안내하여 관광객이 버스의 이동 경로와 도착 시간을 예측할 수 있도록 해야 편의성을 높일 수 있다. 주요 버스 정류장에는 순환버스의 노선을 지도에 표기하고 배차 시간을 상세히 안내해야 한다. 또한 버스 내부에 섬진강 열차와 순환버스 노선도를 함께 부착하여 승객이 이동 경로를 올바르게 인식하고 착오 없이 이용할 수 있도록 해야 한다.

둘째, 순환버스는 친환경 버스를 도입할 필요가 있다. 섬진강과 지리산 지역을 청정지역으로 관리하고 이를 관광산업에 잘 활용하기 위해서는 전기나 수소 연료를 사용하는 친환경 버스를 도입해야 한다. 이 지역의 강점은 훼손되지 않은 지리산과 섬진강의 아름다운 자연이기 때문에 대중교통도 이에 맞춰야 한다. 기존 내연기관 버스와 달리 매연과 소음이 없는 친환경 버스를 배치한다면 이동 중에도 맑은 공기를 마실 수 있고 소음도 적기 때문에 자연을 온전히 즐길 수 있다. 나아가 친환경 버스는 이 지역의 특산품들이 깨끗한 자연 환경에서 길러지는 청정 농산물임을 강조하는 데도 도움을 줄 것이다.

지리산 온천마을과 연결하기

　지리산 온천마을은 온천을 테마로 운영하는 규모 있는 숙박시설들이 위치한 곳이다. 이곳을 중소 규모의 온천들이 밀집한 곳으로 육성한다면 섬진강 일대를 여행하는 사람들의 중심 숙박지가 될 수 있다. 섬진강 열차의 다른 지선과 달리 구례터미널에서 지리산 온천마을까지는 15km로 거리가 좀 있다. 멀지만 숙박단지로서 잠재력이 있는 지역을 섬진강 관광권역으로 묶기 위해서는 순환버스보다 철도로 연결하는 것이 타당하다. 곡성과 하동을 잇는 중심 노선과 직접 연결되지 않더라도, 스위스의 예에서 살펴보았듯 인접해서 출발하게 함으로써 환승을 용이하게 해야 한다.

　이렇게 되면 관광객들이 섬진강 열차를 타고 일대를 여행한 후 구례터미널 역에서 환승하여 지리산 온천마을에서 숙박하는 동선이 가능해 진다. 숙박단지까지 잇는 열차 지선이 중요한 이유는 향상된 연계성이 권역의 공간적 범위를 넓혀 섬진강과 서지리산을 며칠씩 체류하는 관광지로 만들 수 있기 때문이다.

지리산 온천마을을 섬진강과 서지리산 지역의 거점 숙박지로 육성하면 일대를 여러 날 머무는 체류형 관광지로 자리매김할 수 있다.

　현재 지역관광의 교통체계는 자가용에 초점이 맞추어져 있다. 대다수의 관광객들은 관광지와 최대한 가까운 주차장에 차를 대고 목적지로 향한다. 이후 인접 관광지로 가기 위해 다시 차를 타고 다음 주차장으로 향한다. 이렇게 관광지는 서로 단절되고 짧은 거리에 차량이 몰리게 된다. 음식점 등 상업시설도 좁은 지역에 밀집하여 치열한 경쟁을 벌인다. 요란한 간판과 시끄러운 호객 행위는 어쩔 수 없다고 생각한다. 승용차를 이용하는 추세에 변화를 주지 않으면 증가된 관광 수요는 고스란히 교통 체증과 오염으로 이어지게 된다. 결국 자연 환경은 훼손되고 혼잡해진 섬진강과 지리산의 매력은 반감될 것이다.

대중교통을 이용하여 거리가 있는 곳들을 함께 연결하면 개별 관광지가 하나로 묶이는 효과를 얻을 수 있다. 그에 따라 이동 범위가 넓어지면, 역설적으로 그 안에서는 개별적인 동선의 다양성이 발휘된다. 버스를 기다리는 시간은 근처 상점과 마을에 관심을 기울이는 여유를 만들어 주고 경유하는 정류장은 예정에 없던 목적지로의 여행을 가능케 한다. 대중교통을 이용한 이동은 관광객의 동선을 자연스럽게 퍼트리며 다채로운 경험을 선사하고 궁극적으로 관광산업의 다양성과 경쟁력을 높인다.

이러한 관점에서 보면, 곡성, 구례, 하동 곳곳에 흩어져 있는 관광지들은 섬진강과 서지리산을 매개로 하나의 권역으로 묶일 수 있음을 확인하였다. 섬진강 열차와 순환버스가 현실화 된다면 넓은 지역을 대중교통만으로도 여행할 수 있는 경쟁력 있는 관광권역이 탄생하게 되는 것이다. 관광객은 거점 주차장에 차를 두고 기차와 버스만을 이용하여 섬진강과 지리산 구석구석을 여행하게 될 것이다. 동선이 버스와 철로를 따라 다양해지면, 지역 시장과 골목까지 사람들이 찾아들 것이다. 섬진강 지역의 청정 이미지를 극대화하여 복잡한 도시를 떠나 휴식을 바라는 도시인들을 유인하는 효과도 있다. 섬진강 열차라는 구상은 많은 비용이 들고 긴 시간이 필요할지라도 이 지역의 관광 경쟁력을 높일 수 있는 중요한 사업이라고 생각한다.

7장 지리산 온천마을의 미래

1. 온천 여행의 매력

　여름철 지리산 서쪽을 따라 흐르는 섬진강과 푸른 숲을 바라보면 항상 수험생 시절이 떠오른다. 의욕에 불타올랐던 3월과 4월이 지나고 덥고 습한 여름이 되면서 공부에 대한 의지도 점차 꺾여갔다. 지친 내 모습이 안쓰러우셨는지 부모님은 기분전환을 시켜주신다며 나를 차에 태워 어딘가로 떠나셨다. 장맛비가 내리던 날 찌뿌둥한 얼굴로 쳐져 있는 아들을 데리고 부모님이 향하신 곳은 섬진강이었다.

　장마에 불어난 강은 흙탕물이 되었지만 비를 머금은 만큼 숲은 더욱 싱그러운 녹색으로 물들어 있었다. 계곡을 따라 깊이 들어갈수록 숲이 우거졌고 도로 양편의 가로수도 터널을 이루기 시작했다. 비에 젖은 나무와 창문 틈으로 들려오는 물소리에 에어컨 바람을 뒤로한 채 창문을 내리고 깊은 숨을 들이마셨다. 수험생 시절의 힘든 기억과 숱한 좌절감은 희미해졌지만 녹색 바

장마철 섬진강. 장맛비에 불어난 강과 겹겹이 쌓인 산과 구름이 마음을 평온하게 해준다.

람결에 묻어 있던 물방울의 시원함은 지금까지도 생생하다.

책을 쓰기 위해 섬진강과 지리산을 다시 찾게 되었다. 구례에 도착하니 폭우가 쏟아지고 있었다. 비에 젖어 질척대는 신발을 끌고 터벅터벅 걸으며 쌍계사로 향했다. 방문할 곳이 많았기에 내리는 비가 원망스러웠지만 숲길을 지나 절 입구에 가까워질수록 익숙한 공기가 느껴졌다. 바람결을 타고 코끝에 전해지는 나무 향과 풀 냄새는 내가 평소 '장마향'이라고 부르던 바로 그것이었다. 수험생 시절을 떠올리게 하는 그것. 달력을 확인하고 주간 일기예보를 검색했다. 예상치 못했던 장마의 시작이었다. 도시에서 계절의 변화를 실감하지 못하며 지내다 마주친 장맛비는 어느새 여름이 왔음을, 동시에 내가 가장 좋아하는 풍경이 펼쳐질 때임을 알려주었다.

숲의 신선함을 한껏 호흡하며 쌍계사를 내려와 녹차밭을 걸었다. 산비탈을 따라 줄지어 서 있는 차나무의 이파리와 길가의 옥수수에는 여름이 영글어가고 있었다. 비에 흠뻑 젖은 화개천은 요란한 소리를 내며 산골짜기를 빠르게 흘렀다. 먼 산에서 피어오르는 안개가 능선을 뒤덮고 녹색으로 물든 논에는 노란 비옷을 입은 농부가 비를 맞으며 묵묵히 일하고 있었다. 여름 섬진강과 지리산, 그중에서도 쌍계사 가는 길은 언제나 나를 실망시키는 법이 없었다. 어릴 적 가족과 강변에서 피서를 즐기던 이래로 이곳에서 묵은 적이 없었지만 이번만큼은 하루 정도 머물다 가고 싶었다.

근처의 숙소는 펜션과 캠핑장이 주를 이루었다. 쌍계사와 화엄사 가까이에 유명 호텔 체인이 운영하는 숙박시설이 있었지만 그 외에는 모두 펜션 형태로 화개천과 피아골 계곡을 따라 밀집해 있었다. 말끔한 시설을 갖춘 펜션에 마음이 끌렸지만 비오는 길을 걸었던 피로를 따뜻한 물에 몸을 담그며 풀고 싶었다. 인터넷으로 숙소를 찾아보다가 지리산 온천단지가 떠올랐다.

지리산 온천단지의 추억

어릴 적 부모님을 따라 가본 지리산 온천관광단지는 꽤 번화한 곳이었다. 동양 최대의 온천이라는 타이틀에 걸맞게 넓은 시설 곳곳마다 사람이 가득했다. 모든 게 신기했지만 물에 몸을 담그고 대욕탕의 바글거리는 사람들을 구경하는 것은 꽤나 재미있는 일이었다. 길거리에도 볼거리가 많았다. 상점이 늘어선 거리는 맛있는 냄새로 가득했고 사람들 틈에 끼어 저녁을 먹고 노래방에서 시간을 보내다 보면 어느새 하루가 훌쩍 흘러갔다. 이렇게 온천욕과 숙박을 한꺼번에 할 수 있는 곳이 있다는 기대를 안고 그곳으로 차를 돌렸다.

어릴 때는 온천욕보다는 그냥 물이 좋았다. 커가면서 따뜻한 물에 몸을 담그는 것이 얼마나 좋은 휴식인지를 알게 되었다. 가장 결정적인 계기는 일본 온천마을에서의 경험이었다. 대학생이 되어 쏟아지는 의학 공부에 파묻혀 지내다 잠시 얻은 4주간의 여름방학에 그동안 모아둔 돈을 털어 친구와 일본 큐슈를 가기로 하였다. 그때까지 일본을 가본 적은 없었지만 일본 료칸 여행 사진을 보고 꼭 한번 가보고 싶었다.

일본 료칸의 온천시설. 일본 관광청 홈페이지에 실려 있는 사진이다. 일본 온천마을은 아늑한 자연 속에서의 휴식을 테마로 관광객의 마음을 사로잡는다.

실제로 경험한 일본의 온천은 사진으로 본 것과 똑같았고, 주변 자연 풍경과 어울려 오히려 더 좋아 보였다. 7월의 큐슈는 우리나라보다 더 습했지만 김이 모락모락 피어나는 노천탕에 앉아 바람소리를 듣는 것만으로도 그동안의 피로가 씻어지는 듯했다. 일본 특유의 섬세함으로 나무와 돌을 적절히 사용하여 아기자기하게 꾸민 욕탕이 꽤 인상적이었다. 왜 많은 한국 관광객이 이곳을 찾는지 이해할 수 있었다.

어릴 적 지리산 온천에서 보낸 행복한 기억과 일본 온천 여행에서의 아늑했던 기분 때문에 숙소로 향하는 길이 점점 설레어만 갔다. 마침내 지리산 온천관광단지에 도착했음을 알리는 표지판을 지나 마을에 도착했다. 하지만 기대와 달리 거리는 텅 비어 있었고 텃밭으로 변해버린 빈 공터가 곳곳에 즐비했다. 저녁을 해결하기 위해 거리로 나섰다. 멀리서 가게 주인으로 보이는 아저씨가 우리를 보고 손짓했다.

식당에는 우리 말고도 몇 명 더 있었지만 주말 저녁 지리산을 대표하는 온

지리산 온천관광단지. 썰렁한 거리 군데군데 공터가 많이 보였다.

천단지 내의 식당과는 어울리지 않는 한가함이 느껴졌다. 저녁식사를 마치고 식당을 나와 거리를 걸었다. 군데군데 문을 연 상점이 보였지만 사람은 많지 않았다. 지차제가 운영하는 듯한 지리산 나들이 장터와 체험시설, 한글공원 등이 갖춰져 있었지만 황량하기는 마찬가지였다.

그 많던 관광객은 어디로 갔을까

온천 지구를 감싸고 있는 지리산은 여전히 아름다운 자태를 간직하고 있었지만 거리의 상점과 건물들은 세월을 이기지 못하고 스러져가는 것만 같았다. 예전의 그 많던 사람들은 다 어디로 간 것일까. 국민소득 증가와 여가 시간의 확대로 관광 수요가 하루가 다르게 늘어나는 지금 왜 이곳은 소외되어 있는 걸까. 내가 찾은 날이 예외적인 모습이었기를 기대하며 이후로도 몇 번 다녀왔지만 여전히 비슷했다. 숙소로 향하는 동안 쓸쓸한 거리 풍경과 길에 나와 손님을 부르던 주인 아저씨의 손짓이 자꾸 겹쳐졌다. LED 조명으로 번

온천단지의 나들이 장터. 문은 굳게 닫혀 있고 오래도록 사용되지 않은 것처럼 보였다.

쩍이는 가게 앞에 서서 한 명이라도 손님을 받고자 애쓰는 모습이 이곳에서 살아남아야 하는 상인들의 모습을 대변하는 것만 같아 마음이 아팠다.

숙소에 짐을 풀고 온천으로 향했다. 화학약품은 전혀 넣지 않았다는 자신감 넘치는 소개처럼 지리산 온천수는 정말 좋았다. 비를 맞으며 노천탕의 뜨거운 물에 몸을 담그는 호사를 누리며 하루의 피로를 풀었다. 하지만 찬찬히 둘러보니 이곳 온천 또한 화려한 시절을 다 보내고 조금씩 퇴락해 가고 있는 것 같았다. 관광객들의 까다로운 눈높이를 맞추기에는 여러 가지로 역부족으로 보였다.

날이 밝고 나서 다시 마을을 둘러보았다. 빛바랜 화려함이 남아 있는 상업지구와는 달리 산수유마을로 가는 길은 비교적 최근에 만들어졌는지 잘 정돈되어 있었다. 지난 봄 구례 산수유축제를 가려다 너무 많은 인파로 가지 못했던 것이 떠올랐다. 이곳이 온천을 넘어 다른 관광 상품을 개발하여 사람들을 유치하려는 모습에 희망이 생기는 것 같았다.

산수유 마을의 전경. 봄이면 노란 산수유 꽃으로 물들어 산수유 마을이라고 이름 붙여진 산동면의 마을이다. 비탈을 따라 계단식 논이 줄지어 있다.

떠나기 전 마지막으로 산수유 길의 중심이 되는 공원에 올랐다. 어제의 우울했던 마음을 가다듬고 동산 정자에 올라 주위 풍경을 바라보았다. 포근한 능선이 매력적인 지리산의 모습과 비탈을 따라 놓인 계산식 논의 고즈넉함, 그리고 사이사이에 살포시 자리한 산수유 마을이 눈에 들어왔다. 지리산에서 솟아나는 온천수라는 고유한 자산과 지리산 등반을 위해 사계절 찾는 기본 관광 수요를 바탕으로 새롭게 단장한다면 어릴 적 걸었던 북적거리는 거리로 다시 돌아갈 수 있지 않을까 하는 희망을 품고 다음 목적지로 향했다.

2. 일본의 온천마을: 유후인과 하코네

일본은 우리나라와 가깝다는 이점으로 인해 한국인들이 가장 많이 방문하는 나라이다. 일본을 찾는 우리나라 관광객은 2011년 160만 명 수준에서 2017년 710만 명까지 빠른 속도도 증가하였다. 일본 관광은 도쿄, 오사카,

후쿠오카, 교토 등의 도시 여행과 지역 온천 여행으로 나뉜다. 최근 인기를 끌고 있는 료칸 여행은 일본식 여관에서 머물면서 일본 전통 음식을 먹고 문화를 체험하며 자연 속에서 온천을 즐기고 번화가를 걷다가 쇼핑을 하는 패턴을 따른다. 모든 관광객이 이 계획을 따르는 것은 아니지만 일본 여행에 대한 기대감을 불러일으키는 주요소로 작용하고 있다.

일본의 목욕 문화는 매우 발달해 있어서 도심에 위치한 호텔 건물 옥상에 노천탕이 갖춰져 있는가 하면, 도시 외곽에 위치한 숙박시설들은 거의 개별 온천을 보유하고 있을 정도라고 한다. 특히 온천을 보유한 숙박시설이 밀집한 지역들이 대도시 주변에 발달해 있는데 우리나라의 충남 온양온천, 충북 수안보, 경북 울진과 같은 지역을 떠올리면 이해하기 쉽다. 그중에서도 많은 관광객이 찾는 일본의 온천 여행지로는 도쿄 근처의 하코네, 오사카 근처의 아리마와 아라시야마, 후쿠오카 근처의 유후인과 벳부, 삿포로 근처의 조잔케이와 노보리베츠를 들 수 있다.

볼거리 가득한 거리

일본의 온천 지역들이 어떻게 동남아의 해양 리조트에 필적하는 휴양지로 자리매김할 수 있었는지 알아보자. 대규모 시설이 아님에도 잘 정돈된 작은 온천을 갖춘 숙박시설이 밀집하여 마을을 형성하고 곳곳에 식당과 상점이 어우러진 '거리'를 형성하여 도쿄와 오사카와 같은 대도시에서 느낄 수 없는 여유로움과 일본풍의 고즈넉함을 체험할 수 있다. 실제로 거리 관광은 일본을 방문하는 여행자들이 큰 기대를 갖고 있는 여행 아이템이다. 유후인과 하코네의 사례를 통해 일본 온천 여행의 경쟁력과 장점에 대해 알아보고자 한다.

유후인에는 거리를 걷는 재미가 있다. 해발 1,500미터가 넘는 유후다케 산자락에 자리한 인구 37,000명이 거주하는 유후인 시의 작은 시골마을인 유후인은 벳부와 함께 큐슈를 대표하는 온천마을이다. 후쿠오카에서 버스로 2

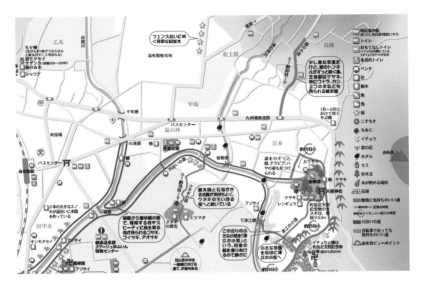

유후인 관광지도. 유후인 기차역부터 긴린코 호수까지가 중심 거리다. 도보 20분 정도의 거리에 개성 있는 카페와 식당이 자리하고 있으며 공예품점도 있어 구경하는 재미가 있다.

시간 정도 거리이다. 한때 1천만 명이 넘는 관광객이 방문했던 벳부가 대규모 숙박업소와 유흥업소를 바탕으로 한 단체 관광으로 성장했다면, 유후인은 입욕 시설을 갖춘 소규모 여관과 민박집, 전통 거리와 가옥, 세련된 상점들이 만들어 내는 소박한 분위기가 특징이다.

유후인 기차역에서부터 긴린코 호수까지 도보로 20분 정도 되는 거리를 중심으로 식당과 카페, 공예품점들이 자리 잡고 있다. 거리 자체가 특별한 관광지는 아니지만 군것질을 하며 일본 특유의 아기자기한 상점을 구경하는 시간은 유후인에서 빠질 수 없는 관광 코스이다. 고로케, 아이스크림, 탄산수, 푸딩, 롤케익 등 다양한 길거리 음식을 먹으며 골목을 거닐다 보면 곳곳에 공예품을 파는 가게를 만나게 된다. 도자기 그릇과 찻잔부터 유리 공예품과 오르골 그리고 애니메이션 캐릭터 소품까지 종류가 다양하다. 특산품 가게에는 간장, 들기름, 소면과 같은 식재료와 과자, 빵 같이 기념품으로 적합한 상품을 구입할 수 있다.

골목을 따라 마을 외곽으로 나오면 산 아래 펼쳐진 논과 주변에 자리한 시골집들을 마주하게 된다. 일본 시골 풍경을 감상하며 유후인을 대표하는 긴리코 호수에 다다르면 전혀 다른 모습이 펼쳐진다. 탁 트인 호수에 비친 산을 바라보며 산책할 수 있도록 호수 주변으로 길이 조성되어 있다. 사람들은 산책로를 따라 걷다가 신사에 들러 한적함을 느끼기도 하고, 카페에서 호수를 바라보며 차를 마시는 여유를 즐기기도 한다. 그리고 오후 느지막이 료칸의 노천탕에 몸을 담구며 하루를 마무리한다. 작은 온천마을인 유후인에서 관광객들이 하루를 보내는 전형적인 방법이다.

유후인의 경쟁력은 밀집한 온천에 일본 농촌 마을의 한적함과 골목을 구경하는 재미에 있다. 서울의 인기 있는 거리인 경리단길이나 익선동길의 다채로움을 작은 온천마을에서 느낄 수 있기에 많은 관광객이 이곳을 찾는다. 온천 그 자체를 넘어 일본스러움을 발견할 수 있는 공간적 즐거움이 유후인이 인기 있는 휴양지로 자리매김할 수 있는 원천이다.

유후인 주민들의 노력

유후인을 체류형 온천마을을 만들기 위한 주민들의 자발적인 노력이 있었다. 오늘날처럼 유후인이 연 400만 명 이상의 관광객이 찾고 그중 1/4에 해당하는 100만 명이 체류하는 온천마을이 되기까지 어떤 노력이 있었을까. 유후인은 타 온천마을에 비해 광역 교통시설이 늦게 갖추어져 일본의 고도 성장기에도 대규모 온천 단지가 되지 못했다. 오이타현에 있는 벳푸는 20세기 초반부터 온천 관광지로 개발되어 1950~60년대 일본의 고도 성장기와 맞물려 급속히 발달하였다. 그러나 유후인은 양질의 온천수가 분출됨에도 교통이 불편하여 크게 알려지지 않았다.

이러한 현실을 타개하기 위해 1955년 초대 유후인 촌장 이와오 히데카즈

긴리코 호수. 유후인의 대표적인 관광지로 호수 둘레로 산책로가 만들어져 있다. 이곳에 유후인을 대표하는 작은 가게, 식당, 카페, 공방 등이 밀집되어 있다.

가 '온천, 산업, 자연 산야의 융합'이라는 구호를 내걸고 온천마을을 건설하기 시작하였다. 이후 1970년대에 세 명의 젊은 여관 경영자가 주도하여 독일의 휴양형 온천지 바덴바덴을 참고한 유후인만의 체류형 온천마을 만들기 사업 이 본격적으로 추진되었다.

이 과정이 순탄했던 것만은 아니다. 1952년 댐 건설계획, 1970년 골프장 건설계획이 있었다. 일련의 대규모 개발 계획에 반대하는 과정에서 자연스럽 게 마을 자치위원회가 활성화되었다. 자치위원회는 '내일의 유후인을 생각하 는 모임'으로 확대되어 지역 발전에 큰 역할을 하게 된다. 자생적인 모임을 통해 마을 사람들은 대규모 개발에 대한 반대를 넘어서 유후인의 매력이 무 엇인지 고민하고 유후인이 가진 자연과 문화를 적극 활용하기 위해 함께 노 력했다.

일례로 1985년 유후인 마을의 한 여관 옥상에 '자유의 여신상'이 건립되었

유후인이 단순한 온천단지를 넘어 체류하며 휴양할 수 있는 마을로 자리 잡을 수 있었던 데는 길거리 상점의 역할이 컸다. 유후인을 걷는 재미는 다름 아닌 다양한 거리 상점에 있다.

다. 그러나 유후인의 경관에 어울리지 않는다는 주민 반대 운동이 전개되어 결국 철거되기에 이르렀다. 이러한 노력은 1990년 대형 개발과 난개발을 억제하는 '정감 있는 마을 만들기 조례' 제정으로 이어졌다. 고도를 제한하여 본래의 마을 모습을 유지하려는 열망이 정책적으로 뒷받침된 것이다. 더 나아가 현지 주민 등이 참가하여 만든 『유후인 건축·환경디자인 가이드북』이 기반이 되어 2008년 '유후인 시 경관 조례'가 제정·시행되기에 이르렀다. 지금의 정감 어린 온천마을 이미지는 주민들의 자발적이고도 적극적인 노력이 뒷받침되었기 때문에 만들어진 것이다.

대중교통으로 연결된 하코네

하코네는 대중교통으로 연결된 관광 지구이다. 유후인보다 훨씬 큰 규모를 자랑하는 하코네는 연간 2,000만 명이 찾는 일본을 대표하는 온천 관광지로 도쿄에서 기차로 1시간 30분 정도 떨어진 곳에 있다. 일반적으로 하코네에 간다고 하면 하코네유모토, 고라, 센고쿠하라, 아시노코 네 곳을 관광하는 것을 의미한다. 각각 10km 이상 떨어져 있어 차로 20분 정도 이동해야 하는 거리지만 산악열차, 케이블카, 유람선, 버스로 유기적으로 연결되어 하나의 권역으로 인식된다. 예를 들어, 서로 다른 산악열차 노선이더라도 같은 기차 역에서 탑승구만 바꾸면 바로 환승이 가능하다. 센고쿠하라를 가기 위한 케이블카 탑승장도 산악열차 종착역 안에 함께 설치되어 있으며, 아시노코 호수 관광을 위한 유람선 선착장은 케이블카 종착지 바로 앞에 위치해 환승이 매우 편리하다.

네 마을 중 온천이 딸린 숙박시설이 가장 많은 곳은 하코네유모토와 고라 지역으로 대다수의 관광객은 이곳에서 숙박하지만, 서로 다른 대중교통이 하나의 시스템으로 연결되어 있기 때문에 하코네를 방문하는 관광객은 네 지역을 모두 관광한다. 온 종일 온천을 하지 않아도 역 주변 식당과 카페를 다니며 맛집 탐방을 하고 산악열차를 타고 녹음이 우거진 하코네 숲을 지나 곳곳에 있는 미술관과 정원에 방문할 수도 있다. 또한 케이블카를 타며 유황 냄새로 가득 찬 분화구를 보고 유람선을 타고 호수 위에서 후지산을 조망하기도 한다.

이처럼 하코네는 서로 떨어진 네 지역을 대중교통을 통해 하나의 권역으로 묶어 다양성을 지닌 온천지구로 육성한 좋은 사례다. 관광지가 단절될 수밖에 없는 산악 지형의 단점을 열차와 케이블카를 이용하여 접근성을 높였고, 결국 유후인과 비슷하게 온천 이외의 즐길 거리가 풍부한 공간으로 발전시켰다는 데 의의가 있다. 하루 이상 머물기에는 자칫 지루해질 수 있는 온천 여행이 주변 관광지 덕에 다채로움이 더해져 며칠씩 체류할 수 있는 휴양지가 된 것이다.

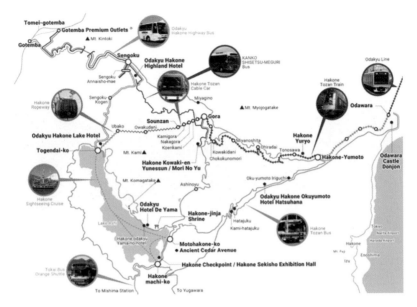

하코네는 하코네유모토, 고라, 센고쿠하라, 아시노코 등의 온천마을로 이루어진 관광단지로서 산악열차, 케이블카, 유람선, 버스로 연결되어 하나의 권역을 이룬다.

광역교통망과 하코네의 발전

편리한 교통은 하코네가 발전하는 데 큰 역할을 했다. 하코네는 8세기 나라시대부터 수백 년간 휴양지로 인기가 높았다고 한다. 하코네는 일본 에도시대에 교토와 에도를 연결하는 도로인 도카이도의 역참으로 지정되면서 본격적으로 성장하였다. 슈쿠바라 불리는 에도시대 역참은 물자를 운송하는 기점이자 관리들에게 말을 빌려주고 숙식을 제공하는 기점이었다. 하코네는 이처럼 교통의 중심지로 떠오르며 19세기 이후 대규모 리조트 단지 조성으로 개발이 본격화되었다.

도쿄와 가깝다는 이점을 가진 곳에 관광단지가 만들어지자 민간 회사들이 앞 다투어 철도를 개설하였다. 1919년 하코네 내부를 연결하는 선로가 개통되기 시작하여 오늘날과 같은 산악열차 체계를 갖추게 되었다. 1927년에는

하코네의 아시노코 호수. 해적선을 닮은 유람선을 타고 아시노코 호수 위해서 후지산을 바라보는 절경은 하코네를 대표하는 관광 상품이다.

도쿄 신주쿠와 하코네의 입구가 되는 오다와라 역을 잇는 83km 길이의 선로가 개통되어 접근성이 향상되었다. 둘레가 20km에 달하는 아시노 호수에 1920년 운행을 시작한 유람선이 1960년 개통한 하코네 로프웨이(케이블카)와 연결되면서 스위스 융프라우와 같은 산악철도, 유람선, 버스가 유기적으로 연결된 관광지가 되었다.

수준 높은 숙박시설

유후인과 하코네는 공히 수준 높은 숙박시설을 갖추고 있다. 제아무리 경쟁력 있는 볼거리를 가지고 있다고 하더라도 기본이 되는 온천시설이 좋지 않다면 성공하지 못했을 것이다. 대도시든 시골이든, 비싼 곳이든 평균적인 곳이든 일본 온천시설의 수준은 상향평준화 되어 있다. 규모가 크지 않아도, 큰 업체에 의해 운영되지 않아도, 만들어진 지 오래 되었어도, 온천과 숙박시설 대부분은 깔끔하고 아늑함을 느낄 수 있게 유지되고 있다. 료칸과 결합된

하코네 산악열차. 하코네를 잇는 대중교통 중 하나인 산악열차를 타고 하코네 구석구석을 다닐 수 있다. 여름철에는 철길 주변으로 핀 수국으로 유명하다.

최고급 온천에서부터 민박집에서 운영하는 작은 온천, 공공기관에서 저렴한 가격에 운영하는 온천까지 모두 잘 관리되고 있다.

관광객이 일본 온천에서 기대하는 것은 노천탕이다. 활발한 화산 활동으로 자연적으로 온천수가 솟아나는 지질학적 특성이 노천탕이 발달한 배경이지만, 시 당국은 이를 관광 상품으로 잘 발전시켰다. 노천탕은 습기가 실내에 간히지 않아 쾌적하다는 특징이 있는데, 실제 일본 온천 여행 사진들의 대부분은 이런 노천탕을 강조한다. 여름에는 우거진 숲, 겨울에는 흰 눈을 배경으로 김이 모락모락 오르는 온천수를 보는 것만으로도 휴식이 된다. 이외에도 마을 거리마다 작지만 잘 관리된 족욕탕이 있어 온천마을을 거닐고 있음을 더욱 실감케 한다.

온천시설만이 아니라 전반적인 숙소 만족도를 위한 노력도 활발하다. 유후인에서는 한 여관 요리사가 중심이 되어 '유후인 요리연구회'를 발족하여 현지 농가에서 조달한 식재료를 사용한 요리를 개발하고 있다. 유후인 전체

일본의 노천 족욕탕. 홋카이도 삿포로 근처 조잔케이 온천마을의 족욕탕이다. 곳곳에 설치된
족욕탕이 온천마을의 분위기를 돋우고 사람들의 흥미를 불러일으킨다.

의 음식 수준 향상을 위해 전체 여관이 요리 연구에 참여함으로써 지역 전체
에 대한 만족도를 높이고 있는 것이다.

　이상에서 알아본 일본 온천 관광의 경쟁력은 규모와 관계없이 잘 관리된
시설과 다양한 볼거리에 있다. 온천마을의 숙박시설은 상향평준화 되어 선택
의 다양성을 제공하며 동시에 어디를 선택하거나 실패할 가능성을 낮춰준다.
더불어 노천탕으로 대표되는 일본 온천의 이미지는 휴식을 찾는 관광객에게
동남아시아의 유명 리조트가 아니어도 충분히 휴양을 만끽할 수 있다고 말해
준다.

　온천마을의 아기자기한 골목에서 맛보는 음식과 다양한 공예품을 파는 상
점, 유황 냄새가 코를 찌르는 화산, 후지산이 보이는 호수의 유람선은 바다
옆 리조트에서 즐기는 해양 스포츠에 필적할 만한 즐거움을 선사한다. 리조
트와 해양 레포츠가 짝을 이뤄 휴양의 대표 주자를 자처하듯 일본은 이에 대

항하여 온천과 고즈넉한 마을을 하나의 상품으로 엮어 또 다른 형태의 휴양을 제공하여 관광객을 끌어 들이고 있는 것이다.

3. 지리산 온천마을의 가능성

서지리산을 포함한 섬진강 지역을 체류형 관광지로 변모시키기 위해서는 경쟁력 있는 숙박단지가 꼭 필요하다. 곡성, 구례, 하동 곳곳에 펜션이 들어서 있지만 숙박시설이 한데 모인 집단화를 이루지는 못했다. 집단화가 되면 규모의 경제가 작동하고 마을이 활성화되며, 근처 관광지를 연계하는 교통수단을 설치하여 체계적으로 발전시킬 수 있다.

구례군 산동면에는 지리산 온천단지가 조성되어 있다. 1980년대 온천수가 확인되어 1989년 온천지구로 지정되었다. 1995년 지리산온천랜드가 개장한 후 본격적인 관광객이 유입되어 1997년 관광특구로 지정되었고 당시 호텔, 골프장, 케이블카 건설이 계획되었다. 1995년 이후 연간 100만 명 이상의 관광객 방문을 시작으로 IMF 외환위기 시기인 1998년과 1999년을 제외하고는 꾸준히 증가하여 2004년 220만 명의 관광객이 찾았다. 그러나 이후 방문객이 급격히 감소하여 2014년부터 2017년까지는 평균 30만 명이 이곳을 찾고 있다.

이곳이 쇠락의 길을 걷게 된 주요 원인은 국내 온천 산업의 불황과 관련된다. 전국적으로 1990년대는 온천 관광에 대한 수요가 폭발하며 온천 재개발 및 신규개발이 활발하게 이루어졌다. 그러나 단순한 입욕 문화만으로 단체 관광객을 끌어들이던 초기 호황기를 지나 2000년 이후 웰빙과 힐링을 추구하는 새로운 수요와 워터파크, 찜질 문화의 보급 등으로 온천 이용객이 급감하였다. 이런 상황에서 지리산 온천단지에 대한 신규투자 부재로 인한 노후화된 시설도 이곳의 쇠퇴에 영향을 미쳤다. 한편 2008년 골프장 개발사업 인

지리산 온천마을의 노천탕(출처: 구례군청 홈페이지)

가가 승인되었으나 소송으로 지연되면서 케이블카 등 추가 투자가 중단되기에 이르렀다.

지금까지 살펴본 배경을 참고하면, 사업 초기 청사진과 대비되는 지리산 온천단지의 많은 공터를 이해할 수 있다. 그러나 온천수가 나는 지리산 자락이라는 공간적 특징을 눈여겨보자. 이 변하지 않을 내재적 강점을 살려 지역의 대표적인 숙박단지로 육성한다면, 우리가 추구하는 체류형 관광지로 발돋움하는 데 중요한 역할을 맡게 될 것이다.

이번 제안에서 구상하는 지리산 온천마을의 원형을 요약하면, 개별 온천을 보유한 소규모 숙박시설이 다수를 이루고 동시에 중대형 온천 숙박시설이 어우러진 관광단지라고 할 수 있다. 높은 비율의 소규모 시설을 강조한 이유는 대형 리조트 위주로 개발할 경우 투숙객이 한정된 리조트 내에서 온천부터 쇼핑, 식사까지 해결하는 경향이 높기 때문이다. 그러나 개별 욕탕을 갖춘 소규모 숙박시설은 온천 이외의 쇼핑, 식사, 위락 기능을 주변과 분담하기 때문에 거리가 살아나고 사람들이 마을로 모이게 되는 촉매제 역할을 할 수 있다. 마지막으로 민간 주도로 설립될 수밖에 없는 숙박시설이 수준 높은 질을 담보할 수 있도록 하는데 지자체의 역할은 없는지 함께 고민하고자 하였다.

걷는 재미가 있는 거리

걷는 재미가 있는 온천마을을 만들자. 온천단지가 휴양을 겸한 체류형 관광지가 되기 위해서는 앞서 살펴본 일본의 사례와 같이 마을 전체의 매력을 키우는 노력이 필요하다. 마을의 매력은 거리의 다양성에서 출발한다. 그리고 거리의 다양성은 그곳에 자리한 개별 상점의 경쟁력이 바탕이 되어야 한다. 사람들을 끌어들일 수 있는 분위기의 카페와 식당이 있어야 하고, 단순 먹거리 골목을 넘어선 다양성을 갖추기 위해서는 특산품이나 공예품을 파는 가게도 있어야 한다. 여기서 말하는 분위기 있는 카페와 식당이 반드시 대도시의 근사한 레스토랑이나 유명 커피숍을 의미하는 것은 아니며 예술품을 파는 가게가 유명 작가의 작품을 취급하는 갤러리여야만 하는 것도 아니다. 개인이 운영하는 가게라도 손님을 끄는 정돈되고 말끔한 공간에서 음식과 음료를 팔고 지역민이 운영하는 공방에서 공예품을 전시·판매한다면 먼 곳에서도 오고 싶은 마을이 될 것이다.

그러나 문제는 가게를 만들고 운영하는 것이 지자체가 직접 할 수 없는 민간 영역이라는 점이다. 그러므로 통합적인 숙박 인프라 구축이라는 관점에서 본다면 모든 것을 한꺼번에 해결할 수 있는 고급 리조트를 유치하는 것이 개별 상점을 육성하는 것보다 쉬울 수 있다. 그러나 지역사회와 격리된 리조트보다는 다양성이 보장된 마을 형태의 온천단지가 자생력 있는 지속가능한 방안이라고 생각하여 이 방법에 대해서 주로 살펴보려 한다.

먼저, 특색 있는 거리를 만들기 위한 마중물로 예술인들의 감각을 활용하는 방법이 있다. 자신만의 개성적인 작품 활동을 하는 예술인들은 공간에도 독창적인 색깔을 불어넣는다. 그러므로 중심 거리와 보조 골목을 지정하고 이곳에 예술인이 작품 활동을 하거나 전시 및 판매를 할 수 있는 공간을 제공한다면 온천마을 거리의 문화적 기반을 닦는 데 도움이 될 것이다. 지자체에서 지리산 온천단지의 낡은 건물이나 공터를 활용하여 일정한 간격으로 작은 공공센터를 설립한 후 저렴하게 임대하는 것도 하나의 방법이 될 수 있다. 구례, 곡성, 하동 등 가까운 지역뿐 아니라 서울과 인근 대도시에서 활동하는 예술인을 상대로 이곳을 지리산과 섬진강을 곁에 둔 작업실로 홍보한다면 설득력이 있을 것이다.

최근 여러 지자체에서 지역 활성화를 위해 예술인 마을 육성에 힘쓰고 있다. 구례에도 자발적으로 형성된 예술인 마을이 있으므로 이들의 조언을 반영하면 성공 가능성을 높일 수 있을 것이다. 지자체에서 제공한 작업실에서 활동하는 예술인이 만들어가는 거리를 바탕으로 사람들이 모이기 시작하면 자연스럽게 새로운 상점과 식당, 카페들이 들어설 것이다.

숙박시설 사계절 활용을 위한 관광지 연계

지리산 온천단지는 섬진강과 지리산을 가까이 두고 있으며 봄철 산수유축제로 유명한 산동면도 도보로 닿을 수 있는 거리에 있다. 이런 탁월한 위치 조건을 활용하여 지리산 온천마을을 사계절 찾는 휴양지로 육성해야 한다. 봄, 여름, 가을, 겨울 별로 대표적인 연계 상품을 선정하여 온천마을을 중심에 두고 홍보하는 것이다.

예를 들어, 봄철 관광을 홍보할 때 산수유축제와 섬진강 벚꽃길이 중심이 되고 지리산 온천마을이 추천 숙박지로 들어가는 형태가 아니라 봄철 온천마을에서는 산수유와 벚꽃 축제를 즐기며 휴양을 할 수 있다는 식으로 홍보할 수 있다. 이렇게 서지리산과 섬진강 지역의 축제를 온천단지와 연계하여 홍

양평 물축제. 경기도 양평군 옥천면 일대와 사탄천 일원에서 개최되는 여름철 축제로 하천을 활용한 인공 물놀이 시설의 좋은 예다. 수심이 얕고 관리가 되는 구역으로 어린 자녀를 둔 가족 단위 관광객이 많이 찾는다.

보한다면 관광객의 체류 비율을 높일 수 있을 것으로 기대된다. 봄철은 산수유축제와 섬진강 벚꽃을 중심으로, 여름철은 섬진강 유역 물놀이와 래프팅, 가을은 피아골 단풍, 겨울은 노천탕에서의 휴식을 연계 상품으로 제시할 수 있다.

또한 지리산 온천단지를 관통하는 서시천을 여름철 물놀이 시설로 활용한다면 강보다 안전한 물놀이 시설을 찾는 사람들을 만족시킬 수 있다. 겨울철에는 썰매나 스케이트 시설로도 활용할 수 있다. 현재도 몇몇 지자체에서 여름철 물놀이축제를 개최하고 있는데 이는 참고할 만한 사례이다.

마지막으로 주변 관광지와 연계하기 위한 교통정책의 수립이 필요하다. 일본 하코네처럼 촘촘하게 짜여진 대중교통을 구축하여 접근성을 높이면 온천마을을 사계절 체류할 수 있는 곳으로 성장시킬 수 있을 것이다.

기초 온천시설 확충

규모 있는 온천과 작은 온천이 조화를 이룬 온천마을을 육성하기 위해서는 위험 부담이 적은 작은 규모의 온천시설을 먼저 장려할 필요가 있다. 대규모 시설은 많은 관광 수요가 뒷받침 되어야 들어서기 때문이다. 작은 숙박시설들에 대한 민간 투자를 유도하기 위해서는 국내에서 지리산 온천단지의 입지가 확고해질 때까지 기초 시설에 대한 투자가 이뤄져야 하고 이 부분은 지자체가 충분히 주도할 수 있다.

지자체가 족욕탕, 대중탕과 같은 공용 온천시설을 건립하여 온천마을 분위기를 조성할 수도 있다. 이러한 시설은 지역 주민이 평소 이용할 수 있으므로 실용적이기도 하다. 이때 특색 없이 어디서나 볼 수 있는 시설로는 외국으로 향하는 관광객을 끌어들이기 어렵다. 국내외의 사례를 참고하여 분위기와 디자인에 각별히 신경을 써야 한다. 외국의 온천과 견줄 수 있을 정도의 기초 시설을 설치하여 지리산 온천단지가 추구하는 기본 방향을 설정하고 앞으로 세워질 민간의 시설이 참고할 수 있는 표본이 되도록 해야 한다.

구체적으로 기존 거주지와 인접한 곳에는 대중탕을, 온천마을의 중심부에는 노천 족욕탕을 설치할 수 있다. 지역민이 거주하는 기존 마을과 온천단지가 만나는 인접 지대에 공용 목욕탕을 설치하여 주민들의 시설로 활용하되 관광객도 출입이 가능하도록 한다. 앞서 언급했듯 전국 어디에나 있는 일반적인 목욕탕이 아니라 자연 속에 자리 잡은 특색 있는 분위기로 만들어야 한다. 지리산 온천단지의 랜드마크가 되어 관광객을 끌어들이는 역할을 하고 향후 설립될 민간 온천의 본보기가 되어야 하기 때문이다. 또한 온천마을의 중심에 실외 족욕탕을 설치하여 누구나 사용할 수 있도록 할 수 있다. 길거리에 설치된 족욕탕은 사람들의 동선을 마을 안쪽까지 끌어들일 수 있는 촉매 역할을 할 것이며 온천마을에 어울리는 거리 분위기를 형성할 수 있다.

마지막으로 경쟁력을 갖춘 중소 규모의 시설이 활성화될 수 있도록 하기 위해 직접 개발한 온천공이 없이도 온천수를 공급받을 수 있는 기반을 마련해야 한다. 조례를 통해 민간 온천수 공급업자를 육성할 수 있으며 지방정부가 온천수를 공급하는 업체를 선정하여 위탁 운영을 할 수도 있다.

지리산 온천마을을 해외 온천관광지와 견줄 수 있는 곳으로 개발하는 가장 빠른 방법은 대규모 리조트를 유치하는 것이다. 대규모 자본과 우수한 설계가 투입되면 최고급 투숙 시설과 온천을 가질 수 있고 단번에 주목을 받을 수 있다. 반면 앞서 논의한 것과 같은 거리를 육성하고 개별 시설물의 질을 관리하며 주변 관광지에 대한 접근성을 개선하는 일은 지역사회와 상인들이 협력하여 함께 풀어가야 하는 오랜 시간이 걸리는 일이다.

하지만 수요가 아직 충분치 않고 국내에서도 온천지구로서 위상이 확고하지 않은 지리산 지역에 위험을 무릅쓰고 대규모 자본을 투입할 투자자를 찾기는 어려운 형편이다. 그러므로 안정적인 관광객 수요를 확보하고 국내 다른 온천단지와 차별화되는 분위기를 갖춘 지역으로 육성하는 것이 후발 주자로서 현실적이다. 발상을 전환하여 지자체가 먼저 나서 개성 있는 온천마을을 조성함으로써 대규모 시설을 유치할 수 있는 밑바탕으로 삼을 수도 있다.

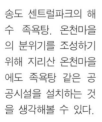

송도 센트럴파크의 해수 족욕탕. 온천마을의 분위기를 조성하기 위해 지리산 온천마을에도 족욕탕 같은 공공시설을 설치하는 것을 생각해볼 수 있다.

그렇기에 지리산 온천마을의 성공은 더욱 중요하다. 관광객이 온천마을에서 지역 특산물을 맛보고 특색 있는 상점들을 둘러보며 거리 곳곳을 걷는 날이 와야 한다. 며칠 동안 체류하며 지리산과 섬진강에서 재충전을 하는 휴양지가 되려면 작아도 경쟁력 있는 시설들이 조화를 이루는 다양성을 갖추어야 한다. 오래전 계획된 지리산 온천관광단지 청사진이 목표에 미치지 못하고 답보 상태에 머물러 있다지만, 지자체에서 할 수 있는 것부터 차근차근 시행하여 기반을 형성해 나간다면 관광객 유입이 늘어나고 새로운 시설이 들어서는 선순환 구조를 만들 수 있을 것이다.

지리산 온천마을 개발은 구례라는 한정된 지역 개발의 관점보다 섬진강과 서지리산 전체를 친환경적인 휴양 공간으로 육성한다는 폭넓은 관점에서 접근할 필요가 있다. 그래야 궁극적으로 외국으로 향하는 여행객의 발걸음을 되돌릴 수 있기 때문이다.

8장 다시 방문하고 싶은 지역 축제

1. 섬진강과 서지리산의 축제들

　'축제'는 마지막까지 우리를 괴롭힌 주제이다. 그냥 넘어가기에는 관광에서 차지하는 비중이 매우 크다는 점도 고민거리였고, 하나의 축제를 기획하여 개최하는 데 들인 노력과 비용을 생각했을 때 설익은 접근과 평가가 관계자들에게 상처만 줄 수도 있으리라는 염려도 없지 않았다. 그리고 그동안의 우리 여행이 외국의 성공적인 축제를 찾아다닌 것도 아니었던 것도 있었다. 기억에 남는 유명한 축제는 프랑스의 아비뇽 페스티벌과 시카고의 미국독립기념일 축제 정도이고 그 외 대다수는 여행하다 우연히 마주친 작은 축제들이었다.

　그럼에도 축제에 대한 비판적인 시각이 마음 한 켠에 계속 남아 있다는 것은 무언가 개선되어야 할 필요성이 있음을 의미한다. 고심 끝에 간략하게라도 다뤄야 이 책이 비로소 완성된다고 생각하였다. 대신 누구나 공감하는 문

광양 매화축제 홍보 포스터

제를 제기하고 새로운 변화를 가져왔을 때 관광객들이 체감할 수 있는 방안을 제시하고자 노력하였다. 국내 축제에 대해 그동안 여러 관점에서 비판이 제기되어왔기에 공통된 합의는 어느 정도 이루어졌다고 생각한다. 이러한 맥락에서 섬진강과 서지리산의 대표적인 축제들을 살펴보면서 문제점과 대안에 대해 함께 고민해 봤으면 한다.

지역 축제 이대로 괜찮을까?

서지리산과 섬진강 곳곳에서는 계절에 따라 다양한 축제가 열린다. 봄철에는 광양 매화문화축제와 구례 산수유축제를 시작으로 하동 벚꽃축제와 곡성 장미축제가 열리고, 가을에는 피아골 단풍축제가 열린다. 그리고 중간 중간에 메밀꽃축제, 양귀비축제, 야생차문화축제, 코스모스축제 등이 있다. 곡성 심청축제, 구례의 동편소리축제, 하동 토지문학제 등도 빠트릴 수 없다. 대부분은 자연이나 특산물을 중심 주제로 한다.

지역관광에서 축제는 과연 어떤 역할을 할까. 국내 관광지 어디나 비슷한 실정이겠지만, 꽃, 단풍, 제철 특산품이 주제라는 점을 고려하면 축제는 특정 기간 동안 사람들을 불러들이는 일종의 홍보 매개체 역할을 한다. 내세우는 주제가 연중 한창일 때 축제를 개최하기 때문에 해마다 날짜가 조금씩 바뀌기도 한다. 이런 것을 보면 자연을 주제로 한 축제는 문화예술 축제와는 확실히 성격이 다르다는 것을 알 수 있다. 다시 말해, 단오, 정월대보름처럼 우리나라의 전통 문화가 축제로 발전한 것과는 확실히 다르다.

자연을 주제로 한 축제가 의도성을 지닌다고 해서 전통적인 축제라고 하기 어렵다는 것은 아니다. 의도를 가지고 시작한 축제도 얼마든지 전통으로 발전시킬 수 있다. 다만, 목표를 명확히 해야 많은 축제가 서로 비슷해지는 우를 범하지 않을 수 있다. 개최 의도를 명확히 해야 현재 제기되는 축제에 대한 비판을 수용하여 개선 방향을 모색할 수 있다는 것이다.

서지리산 지역의 가장 대표적인 축제인 광양 매화축제, 구례 산수유축제, 하동 벚꽃축제, 피아골 단풍축제의 사례를 중심으로 이야기를 풀어가 보자. 전국의 다른 축제들도 가지고 있는 문제점을 반추해 보고 보다 넓은 시각으로 강점과 약점을 살펴보았다. 구체적으로는, 공통적으로 지적되는 교통 문제 그리고 프로그램 구성, 시설의 질, 작은 축제의 생존 방향에 대해서 다루고자 한다.

2. 축제를 망치는 교통 체증

요 몇 해 겨울이 유난히 추웠기 때문인지 몰라도 봄이 이토록 기다려진 적도 없었던 것 같다. 상춘의 대표격인 벚꽃을 기다리기에는 너무 멀게 느껴져 궁리를 하다가 매화를 떠올렸다. 학창시절 국어 교과서에서 자주 접한 매화는 그저 눈을 헤치고 피는 관상용 꽃인 줄로만 알았었다. 기개와 절개를 상징한다는 매화가 실은 과실수에 피는 꽃이라는 사실을 알았을 때 상당한 충격을 받았다. 이후 매실을 맛볼 때마다 기개와 절개는 신맛인가 보다고 생각해 보곤 했었다. 흰 꽃으로 온통 뒤덮인 산자락에 자리한 정자와 초가집을 찍은 사진 한 장은 나를 매화마을로 이끌기에 충분했다. 매화꽃에서 절개보다는 몽환을 느끼며 광양으로 향했다.

바람이 전하는 따스한 기운 속에 문득문득 묻어 있는 봄의 향기를 따라 섬

광양 매화마을의 전경. 봄의 시작을 알리는 매화축제는 섬진강과 서지리산 권역의 대표적인 축제 중 하나다.(출처: 광양시 홈페이지)

진강을 거슬러 올라갔다. 그러나 설레던 마음은 매화마을이 가까워질수록 탄식으로 변해가고 있었다. 차는 옴짝달싹 하지 못했고 기다림에 지친 사람들은 포기한 듯 갓길을 따라 걷기 시작했다. 어느새 나도 그 무리를 따르고 있었다. 도로 양 끝을 아슬아슬하게 걷던 상춘객들은 관광버스가 지나갈 때마다 행여 부딪히지나 않을까 움찔하며 하나같이 몸을 모로 돌렸다. 곡예 같은 발걸음 탓에 축제장까지 가는 길은 더욱 버거웠다. 결국 매화꽃에 뒤덮인 초가집을 보고 싶은 간절한 마음은 접기로 했다.

지천에 널린 흰 꽃 사이사이 피어 있는 홍매화를 따라 작은 언덕에 올랐다. 이제 막 물이 오르기 시작한 연둣빛 흙을 밟고 올라 내려다본 마을은 눈이 부셨다. 성미 급한 매화 가지는 잎이 나기도 전에 꽃을 먼저 피워냈다. 이곳에 장관을 선물한 매화는 몇 달 후면 풍성한 열매로 수확의 기쁨을 안겨 줄 것이다. 매화는 봄과 함께 사람들도 불러왔다. 지렁이처럼 뻗은 차량 행렬도 매화마을의 풍경으로 받아들여야 했다. 축제 기간에 찾아온 차들은 주차장과 골목을 모두 채우고 큰 도로까지 밀려나왔다. 안내 요원의 호루라기 소리도 교통 체증에 묻혔다. 곳곳에 마련된 임시 주차장은 역부족이어서 결국 많은 이들은 아쉬움을 뒤로한 채 근처만 서성거리다 다른 곳으로 떠났다. 참을성 있는 이들은 진입에만 몇 시간이 걸렸다며 무용담을 늘어놓았다.

그래도 매화를 온전히 즐기지 못한 아쉬움은 달래고 서울로 올라가야 할 것 같았다. 그래야 미련을 남기지 않고 봄을 맞을 수 있을 것 같았다. 전날의 실패를 거름 삼아 심기일전하며 이튿날 구례 산수유마을로 향했다. 이번에도 시작은 상쾌했으나 역시 같은 상황이 전개되었다. 진입로부터 꽉 찬 차들을 맞닥뜨리자 전날의 고생길이 떠올랐다. 출발할 때의 호기로움과는 다른 결단력으로 과감히 산수유 마을은 포기했다. 결국 다른 곳으로 차를 돌렸다.

봄 초입의 아쉬움이 가을까지 이어졌는지 어느새 나는 단풍철을 기다렸다. 단풍철 피아골로 오르는 골짜기는 차량 정체로 악명이 높았기에 축제 기간은 웬만하면 피하고 싶었다. 지난봄과 같은 실수를 반복하고 싶지 않았으나 그래도 축제 때가 가장 좋을 거라는 기대를 안고 피아골로 향했다. 길이 막히더라도 여유로운 마음으로 대처하기로 미리 각오를 다졌다.

그런데 예상과는 달리 피아골 축제장은 그리 붐비지 않았다. 우회도로를 일방통행로로 만들고 양 옆을 주차장으로 활용한 덕분이었다. 차량 운행이 통제된 도로는 넓은 인도가 되었다. 공원을 산책하는 기분으로 여유롭게 단풍을 감상할 수 있었다. 가을의 쌀쌀함이 담긴 푸른 하늘과 마지막을 향해 불타는 단풍이 만들어낸 강렬한 대비를 온몸으로 느끼며 가을을 만끽했다. 차량에 대한 압박이 없었던 피아골 축제 덕분에 쓸쓸한 겨울을 무사히 보낼 월동 준비 하나를 마칠 수 있었다.

피아골 단풍축제의 교통 대책. 우회도로를 일방통행 구간으로 정하고 길가를 임시 주차장으로 지정했다. 10분마다 운행되는 셔틀버스를 타고 주차장에서 축제장까지 이동할 수 있다.

축제 기간의 다양화

축제 기간의 교통 혼잡은 관광객이 일시에 몰리기 때문에 발생한다. 그러므로 일정을 다양화하는 것도 고려해볼 필요가 있다. 예를 들면, 본 축제 기간 전후로 약 3~4일을 사전 방문과 사후 방문 기간으로 정하는 것이다. 비록 꽃이 만발하지 않았더라도 복잡한 시기를 피해서 여유롭게 감상하려는 사람들을 배려하는 것이다. 사전, 사후 기간에는 체험 프로그램이나 공연 프로그램 없이 안내소와 간이화장실과 같은 편의시설만 제공하면 된다. 일정의 다양화는 서지리산 지역에서 개최되는 대표적인 축제들이 자연을 주제로 하기 때문에 가능하다.

예를 들어 두 차례의 주말이 낀 9일 동안 개최되는 산수유축제나 매화축제와 달리 구례 단풍축제와 하동 벚꽃축제는 주말 한 번만 열린다. 대규모 행사장이 꾸려지는 이틀 동안의 본 축제 기간 전후로 각각 3~4일의 사전 축제와 사후 축제 기간을 정한다면 관광객 분산 효과를 얻을 수 있다. 전후 기간은 특별한 행사 없이 임시 보행도로 마련, 간이 편의시설 설치, 안내요원 배치 정도만 제공한다. 이는 추가적인 프로그램이나 비용을 들이지 않고도 축제 기간을 연장할 수 있는 편리한 방법이다.

질서 있는 갓길 주차

주최 측 입장에서 교통 체증은 축제의 흥행과 성공을 의미할 수도 있다. 그러나 지나친 정체는 감동을 반감시키고 재방문을 방해한다. 그러므로 반드시 해결되어야 하며 누구나 인식하는 문제임에도 아직 만족스러운 해결책을 찾지 못한 문제다. 가장 큰 원인은 단기간 쓸 수 있는 충분한 유휴 부지를 확보하기 어렵다는 데 있다. 매화축제, 산수유축제, 벚꽃축제, 단풍축제는 특정 기간만 개최되므로 테마파크처럼 상시 이용할 수 있는 대규모 주차장을 마련하기는 어렵다. 이런 점에서 앞에서 본 피아골 단풍축제의 주차 대책은 가장 현실적이고 스마트한 방안이다. 우회도로를 일방통행으로 지정하고 갓길 주차를 허용한 다음 셔틀버스를 운행하여 축제장과 연결한다는 발상은 탁월한 선택이었다고 생각한다.

매화마을과 쌍계 벚꽃길은 각각 섬진교와 남도대교에 위치해 있다. 섬진강을 따라 놓인 두 길은 언급한 두 다리를 통해 이어져 'ㅁ 자' 형태의 순환 구조를 이룬다. 왕복 4차선인 하동 쪽 국도는 교통의 기능을 그대로 살리되 건너편의 광양 쪽 2차선 국도는 임시 일방통행로 정하여 노상 주차를 허용한다. 섬진교와 남도대교 사이가 20km 정도 되는 긴 구간이므로 일부 구간만 주차장으로 설정하고 셔틀버스를 운행하는 것이다. 매화축제가 열릴 때는 광양과 가까운 섬진교 쪽을 임시 주차장으로 이용하고 벚꽃축제 기간 동안에는 화개와 가까운 남도대교 쪽을 주차장으로 이용한다. 그리고 곳곳에 놓인 이 면도로를 활용하여 셔틀버스는 일방통행에서 자유롭게 운행하면 축제장과 갓길 주차장을 빠르게 연결할 수 있다.

이 방안은 산수유축제에도 적용이 가능하다. 산수유 축제장에 마련된 상설 주차시설은 단기간에 몰린 많은 차량을 수용하기에는 역부족이다. 다만, 이 지역은 마을과 지리산 온천단지가 있어 이면도로가 많이 개설되어 있다. 이 도로를 일방통행로로 지정하고 갓길 주차를 허용한다면 질서 있는 차량 통행을 유지할 수 있을 것이다.

광역 교통체계를 고려한 거점 주차시설

갓길 주차는 실현 가능성은 높지만 섬진강과 서지리산 지역이 보다 많은 사람들이 찾는 관광지로 거듭나기 위한 대책은 되지 못한다. 장기적으로는 광역 교통망과 연계된 상설 주차시설을 확보해야 한다. 축제 때만 고려한 교통 대책으로 접근해서는 안 된다. 곡성, 구례, 하동, 광양을 하나의 권역으로 묶고 앞에서 제안한 대중교통 체계와 연계해야 한다. 자가용 없이 도보, 자전거, 산악열차 등과 같은 이동수단을 통한 관광이 가능해야 궁극적으로 타 지역과의 차별성을 가질 수 있기 때문이다.

고속도로와 국도를 통해 섬진강과 서지리산 지역에 접근한 후 대중교통 체계와 연결된 거점 주차시설에 도착하면서 관광이 시작된다. 주차장 앞에서 버스나 산악열차, 전기자전거를 타고 원하는 목적지로 이동한다. 사계절 관광 수요에 대처할 수 있도록 설계된 주차장은 단기간 몰리는 축제 방문객들도 효과적으로 대처할 수 있다. 이런 대규모 시설은 주변 환경에 어울리는 건축이어야 하며 고속도로, 국도와 가까우면서 지역의 대표적인 축제장에 쉽게 접근할 수 있는 위치에 들어서야 한다.

이러한 관점에서 축제 차량 수용력 확대를 위한 주차시설 건립을 생각해보고자 한다. 화개 벚꽃축제와 광양 매화축제, 피아골 단풍축제는 하나로 묶어 접근할 수 있다. 이 중 사계절 관광객이 많이 찾고 숙박시설이 갖춰져 있으며 남도대교와 인접한 화개장터 근처가 가장 적합하다고 생각한다. 남도대교와 인접하여 섬진강 동쪽과 서쪽으로의 접근성도 뛰어나고 국도 19호선을 통해 구례나 하동으로 접근하기도 좋기 때문이다. 또한 하동 악양면의 관광 수요까지 수용할 수 있는 위치이다.

한편, 구례 산수유축제는 지리산 온천마을과 함께 다뤄져야 한다. 앞서 제시한 소규모 온천을 갖춘 숙박단지로 거듭나기 위해서는 온천관광단지에도 공용 주차시설이 필요하다. 체류여행이자 겨울을 포함한 사계절 산악관광을 가능케 할 핵심 지역이기 때문이다. 이곳의 시설은 결국 산수유축제 방문객까지 수용할 수 있을 것이다.

구례군청이 운영하는 축제 안내 사이트

거점 주차 시설은 대규모 예산 확보가 필요하며 위치 선정에도 많은 고민이 필요하다. 그러므로 쉽게 시작할 수 있는 갓길 주차 확대를 통해 교통 정체 없는 축제를 우선적으로 달성해야 한다. 자동차가 사라진 길은 사람들로 채워질 것이며 이는 축제 본연의 경쟁력을 높여줄 것이다. 증가된 관광객은 거점 주차장의 강력한 근거로 작용할 것이다. 다만 계획을 세울 때 광양시, 하동군, 구례군, 더 나아가 전라남도와 경상남도의 협력이 공동의 번영을 가져다주는 열쇠임을 유념해야 할 것이다.

3. 획일적인 축제에서 벗어나자

'띵동. 이번은 보석축제입니다.' 잊을 만하면 한 번씩 받는 문자가 있다. 국내 패키지여행 상품을 알리는 광고다. 지난봄, 단체 관광을 통해 태안 튤립축제를 다녀온 후로 새 상품이 출시될 때마다 연락이 오곤 한다. 문자를 받다 보면 전국 각지에 참으로 많은 행사가 열리고 있다는 사실에 새삼 놀란다. 주제는 다양하지만 가서 보면 거의 비슷한 구성인지라 크게 기대되지 않아 확인만 하고 지울 뿐이다.

사실 축제라고 하면 가장 먼저 떠오르는 모습은 노래 공연이다. 중앙 무대에 트로트 가수가 나와 노래를 부르고 나면 이후로는 노래자랑이 펼쳐진다. 주변에는 간이 부스들이 자라 잡고 이런저런 먹거리를 판다. 요란한 현수막에 적힌 메뉴는 대동소이하다. 최근에는 체험 코너들이 부쩍 늘어 다채로움을 갖춰가고 있으나 여전히 미흡한 것이 사실이다. 이는 피아골 단풍 축제도 크게 다르지 않았다.

어머니와 함께 찾은 지리산은 단풍으로 붉게 물들어 있었다. 염려했던 교통 체증을 무사히 통과하고 본격적인 관광을 시작하였다. 차가 사라진 도로 옆으로 소원 리본과 지리산의 가을을 담은 사진이 걸려 있었다. 아이들의 얼

피아골 단풍축제에서

굴에 오색을 그려 넣는 손길에는 단풍의 화려함과 낙엽의 아쉬움이 함께 담겨 있는 것 같았다. 어릴 적 할아버지 댁 창고에서 보았던 먼지 쌓인 홀테와 탈곡기도 체험장에 나와 있었다. 산을 오르다 말고 잠시 멈춰서 노랗게 익은 나락을 훑었다. 지나가던 아저씨는 왕년에 깨를 털어보았다며 힘껏 도리깨를 휘둘렀다. 피아골에는 저마다의 추억이 쌓이고 있었다.

산행을 마치고 축제장을 찾았다. 노래자랑이 펼쳐지고 지나가는 사람들의 관심을 끌려 사회자가 안간힘을 쓰고 있었다. 그러나 텅 빈 의자는 사회자의 목소리를 더욱 애달프게 할 뿐이었다. 먹거리 코너에서 요기를 하는 사람들도 있었지만 행사장 자체에 사람이 많지 않아 테이블은 꽤 비어 있었다. 행사 진행 요원에 따르면 오히려 축제 전 주에 사람들이 더 많았다고 한다. 당연한 사실이지만, 결국 사람들은 행사보다는 단풍 그 자체를 보고 싶어 온 것이다.

무대 앞 객석은 대부분 비어 있었다. 큰 흥미 없이 여기저기 둘러보다 꽃차가 눈에 들어왔다. 지리산에 핀 꽃을 따다 말려 예쁜 병에 담아 차로 만들어 팔고 있었다. 따뜻한 물에 우러나는 꽃은 은은한 향뿐만 아니라 화려한 색깔을 자랑했다. 국화차 정도만 겨우 마셔본 수준에서 갑작스레 새로운 세상을 만난 기분이었다. 구례에서 작은 펜션을 운영하며 꽃을 따서 손수 말려 만들었다는 차는 포장에도 간결한 아름다움이 담겨 있었다. 지역에서 생산되는 차별화된 제품. 지리산 단풍축제가 나아가야 할 방향을 발견한 것 같았다. 구레에서 펜션을 운영하는 주인이 직접 따다 말려 만든 꽃차는 지리산에서 생산된 특색 있는 제품으로 다른 지역 축제와 차별화하는 데 도움이 된다.

이번 가을 여행은 목적이 명확했다. 지역 현황을 파악하고 그동안 생각해왔던 축제에 대한 문제점을 재확인하는 것이 바로 그것이다. 42회째 맞는다는 단풍 축제는 많은 변화를 시도하

행사장 한쪽에 추수 체험장이 마련되어 있었다.

고 있었다. 행사장 위치를 옮겨가며 최적의 위치를 찾고자 했고 고질적인 주차 문제를 해결하기 위해 차량 통제 구간을 늘려가며 현재의 일방통행 구간을 완성할 수 있었다. 프로그램도 매해 개선하며 지금의 모습을 갖추었고 단풍길 힐링 트래킹이라는 행사도 시작할 수 있었다. 그렇기에 아쉬운 점이 더 와 닿았고 지금보다 발전하여 더 많은 관광객이 방문하기를 바라는 마음이었다. 이런저런 생각을 하면서 축제장을 뒤로하고 셔틀버스에 올랐다.

주제를 극대화하는 프로그램

축제가 비슷하게 느껴지는 가장 큰 이유는 프로그램 구성에 차별성이 떨어지고 공연에 방점이 찍혀 있기 때문이라고 생각한다. 매화, 산수유, 벚꽃, 단풍을 테마로 한 축제 행사 일정을 살펴보자. 공간 구성은 무대를 중심으로 행사장 주변에 마련된 체험 및 판매 부스들로 이뤄져 있다. 무대에서는 노래자

랑, 지역 문화공연, 축하공연이 열린다. 설사 주변 부스에 차별성이 있더라도 가요제와 초청가수 공연으로 채워지는 행사들이 대동소이하기 때문에 크게 부각되지 않는 것이다. 한편, 체험 부스는 통합성 없이 개별적으로 운영되고 참여 방식도 체계가 없어 사람들의 기억에 뚜렷이 남지 못하고 보조적인 역할만 하게 된다.

이쯤 되면 축제 공연이 제대로 역할을 하고 있는지 의문을 가져 보아야 하지 않을까. 지역 주민의 단합이 목적이 아니라면, 또 수 일간 머무르는 형태가 현재의 주된 여행 방식이 아니라면, 과연 반나절 정도 머물다 가는 사람들에게 공연이 얼마나 설득력 있게 다가올지, 그 답을 쉽게 예측할 수 있다. 엄청나게 유명한 가수의 공연이거나 행사 자체가 축제의 주제가 되지 않는 이상 관심을 끌 수 있는 여지는 크지 않다. 다시 말해 축제 차별화의 시작은 축제 프로그램의 중심을 어디에 둘 것인지에 대한 결정에 달려 있다고 해도 과언이 아니다.

그러므로 매시간 무대를 공연으로 채우기보다는 주제와 연관된 행사에 집중할 필요가 있다. 이러한 측면에서 광양 매화축제의 '매화 꽃길 런웨이'나 '매실 쿠킹 콘서트'는 좋은 프로그램이라고 할 수 있다. 시민들이 매화가 수놓인 한복을 입고 무대를 걷는 행사와 유명 요리사가 진행하는 매실을 소재로 한 음식 만들기 행사는 주제를 강조해 주는 순기능을 한다. 다만, 이런 행사를 한두 차례 열기보다는, 관광객이 산발적으로 방문하는 상황임을 고려하여 몇 차례 나누어 진행할 때 관광객들에게 매화축제의 차별성으로 각인될 수 있을 것이다.

체험 프로그램도 강약을 조절해야 한다. 모든 프로그램을 같은 크기로 같은 공간에서 동일한 방식으로 진행할 이유는 없다. 작은 프로그램들은 상시 운영하되, 공예품 만들기나 음식 만들기처럼 시간이 소요되는 프로그램은 시간대를 특정하여 규모 있게 진행하면 집중도를 높일 수 있다. 산수유축제의 경우, 족욕 체험, 놀이마당과 같은 행사와 달리 산수유 초콜릿 만들기와 수공예 체험, 압화 체험 등은 30분에서 1시간 정도의 프로그램으로 발전시킨 후 부스 크기를 키우고 중심에 배치하여 주목도를 높여야 한다. 또한 지정된 시각에 진행함으로써 기대감을 높이고 중요한 행사로 강조해야 한다. 몰입도가 높고 시간이 소요되는 체험은 행사의 차별성을 높일 수 있는 요소이며 참여자의 만족도를 극대화할 수 있기 때문이다.

무엇보다도 축제의 주제를 강조할 수 있는 프로그램을 개발하고 지속시켜 전통으로 발전시키는 것이 중요하다. 단풍축제를 예로 들어보자. 주제와 연관된 프로그램은 힐링 트래킹을 제외하면 단풍 부채 만들기, 국화 전시회, 농

피아골 축제장. 여느 축제처럼 노래자랑 무대와 음식 코너가 중심을 차지하고 있다.

촌 추수체험, 구례 전통차 시음회 등이 있다. 관련 기관의 홍보관과 페이스페인팅, 족욕 체험, 타로점 보기 등은 부수적인 역할만 할 뿐이다. 따라서 단풍과 연관된 기획을 강화해야 한다. 축제 기간에만 개방되는 특별 산책로를 개설하여 낙엽 밟기 행사 등을 진행할 수 있다. 가을 시 낭송, 전시 등도 가능하다. 주제의 범주를 넓히면 구례의 가을 농특산물, 가을철 풍습까지도 다룰 수 있다. 지역 대표 상품인 밤과 감도 좋은 소재가 된다. 감식초, 곶감 만들기를 통해 각 단계를 직접 마친 후 집으로 가져가는 체험 프로그램도 시도해 볼 수 있다. 또한 행사장 한 켠에 모닥불을 피우고 특산물 판매 장터에서 구입한 밤을 구워 먹는 체험도 가능하다. 도시에서 경험하기 힘든 가을철의 즐거움이라는 소재는 단풍축제의 주제를 강조할 뿐 아니라 다채로운 경험을 선사할 것이다.

통일성 있는 디자인과 체계적인 시설관리

프로그램의 내용 말고도 행사장 전반에 대한 관리도 필요하다. 주관하는 측에서 설치한 부스는 통일된 디자인과 특색 있는 서체를 사용하여 정돈된 모습을 갖추었으나 개별적으로 설치된 먹거리 장터는 여전히 미흡한 것 같다. 현수막에 요란하게 적힌 메뉴와 음식 사진은 시인성이 떨어질 뿐 아니라 행사장 분위기를 어지럽힌다. 그러므로 축제에서 사용하는 고유 디자인을 모든 행사 시설물로 확대해야 한다.

예를 들어, 매화축제의 경우 중심 색인 파스텔 톤의 분홍과 보라색을 활용하여 먹거리 부스의 현수막 메뉴 디자인을 새로 고안하는 노력이 필요하다. 한 발 더 나아가 간이식당과 특산품 판매 자체도 관리할 필요가 있다. 기본적인 위생관리와 음식물을 전시, 조리하고 담아내는 과정까지 관광객의 눈높이에 맞춰 깔끔함을 유지하도록 점검하고, 우수 상인은 다음해 우선적으로 자리를 선택할 수 있는 특전을 부여하는 방식으로 유인책을 제시하는 것도 생각해 볼 수 있다. 농특산품의 경우, 전시와 포장에 활용할 수 있는 본보기를 제시해야 한다. 예를 들어 매화축제에서 공동으로 사용하는 종이백을 만들어 공급하는 것도 하나의 방법이다.

행사장의 위치도 변화를 줘야 한다. 동선의 조화라는 측면에서 접근할 수 있는데, 사람들이 이동하는 경로를 따라 주무대와 중심 부스를 설치하는 것이다. 하동 벚꽃축제의 경우 주행사장은 화개장터 옆 공터이자 십리 벚꽃길의 시작점에 위치하고 있다. 화개장터와 기능이 겹칠 뿐 아니라 벚꽃길과 행

매화축제의 행사 부스. 요란한 현수막과 행사용 설치물이 매화마을의 아름다운 풍경을 망가뜨리고 있다. 먹거리 부스도 요란한 색과 디자인으로 주위 풍경과 어울리지 않는다.

사장이 분리되어 있는 것이다. 그러므로 행사장에서 먹거리 부분은 화개장터로 모두 넘기고 동선에 따라 주무대와 작은 부스들을 벚꽃길 중간에 배치한다. 화개천변을 중심으로 나 있는 도로 중 한쪽을 보행 전용 공간으로 지정하면 충분히 가능하다.

행사 없는 축제의 장점

지금까지 살펴본 매화, 산수유, 벚꽃, 단풍 축제는 섬진강 지역의 대표적인 축제들이다. 이외에도 규모가 작은 다양한 축제들이 열리고 있다. 하동에서만 딸기체험축제, 야생차문화제, 양귀비메밀꽃축제, 재첩축제, 호박축제, 은행나무축제 등이 열린다. 축제의 독창성이 떨어지는 이유 중 하나는 이런 작은 축제마저도 천편일률적으로 행사를 진행하기 때문이다. 결국 구색을 갖추기 위한 손쉬운 방법인 가요무대, 노래자랑으로 채워지기 때문에 축제들이 모두 비슷비슷해지는 것이다.

축제의 주된 목적이 관광객 유치를 통한 지역 경제 활성화에 있고 이미 훌륭한 소재가 갖춰져 있다면, 구태여 행사를 진행할 이유가 있을까. 사람들이 원하는 것은 핵심 주제이지 이에 부수적인 공연이나 행사가 아니기 때문이다. 프로그램으로 가득 찬 축제라는 강박감을 버리고 방문객이 주제를 충분히 즐길 수 있도록 배려하는 것이 인력과 예산의 제약이 큰 작은 축제들을 지속할 수 있는 방법일 수 있다.

하동 북천 양귀비축제를 살펴보자. 이곳은 가을에 코스모스와 메밀꽃 축제를 열던 지역이었는데 3년 전부터 5월에 양귀비축제를 시작하였다. 꽃만 달라졌을 뿐 구성은 거의 같다. 그러므로 반복되는 무대, 체험부스를 모두 없애고 기초 편의시설인 안내소, 휴게소, 간이 화장실, 간식 코너 정도만 배치하는 것이다. 대신 꽃밭 자체와 동선 관리에 더 많은 예산과 인력을 투입하면 주제를 더욱 강조할 수 있다.

관광객이 물건을 사고 식사를 해결하는 상점은 지역 상인이나 주민들 중 참여자를 모집함으로써 해결할 수 있다. 축제를 상징하는 표식을 부착하거나 개최기간 동안 가게 앞에 매화, 벚꽃, 양귀비 등 축제 주제와 연관된 화분 놓아두기와 같은 개성 있는 방법을 통해 축제에 참여하는 상점임을 드러내도록 유도한다. 그리고 이 기간에만 판매하는 특별 메뉴를 준비하도록 하여 식당별, 상점별로 중복되지 않도록 한다. 이는 축제와 관광객이 지역사회로 스며들도록 하는 방안이기도 하다.

이 모든 제안 중 가장 중요한 것은 교통의 관리이다. 이는 관련된 지방정부가 함께 고민해야 할 문제다. 먼 미래를 생각하여 광역 교통망과 연계된 거점 주차장을 확충하여 보조 이동수단을 도입하여 축제 교통 혼란을 방지하는 동시에 산재된 관광지를 하나로 엮는 구심점 역할을 해야 한다. 주관 단체는 중복되고 호응도가 떨어지는 행사를 정리하고 성공적인 프로그램만 남겨 확대 재생산해야 한다. 모든 시설물에 통일된 디자인을 강화하여 심미적인 만족감도 제공해야 한다.

지금까지 언급한 문제들은 비단 섬진강 지역의 축제만의 것은 아니다. 이 지역이 먼저 모범적인 축제를 만들어낸다면 더 많은 관광객을 끌어들일 수 있기 때문에 함께 고민해보고자 한 것이다. 관광객이 아쉬움을 토로하면서도 다시 축제장을 찾는 이유는 그만큼 매력이 있기 때문이다. 지리산과 섬진강에 피어나는 꽃 군락은 다른 지역에서는 쉽게 따라할 수 없는 요소이다. 대표 축제를 더욱 발전시켜 나가고 작은 축제들을 지속시킬 수 있는 방안을 찾아야 한다.

2

관광산업 선진화 방안

9장 지역 특산품과 기념품 개발

1. 여행과 기념품

내 손으로 여행 기념품을 산 가장 오래된 기억은 초등학교 6학년 때로 거슬러 올라간다. 경주 세계문화 엑스포가 열리던 해, 수학여행을 경주로 떠나게 되었다. 첫 수학여행을 축하하며 부모님과 할머니, 할아버지께서 용돈을 주셨다. 용돈을 받은 기쁨도 잠시, 설레는 마음으로 떠난 여행 중간 중간에 선물을 사야 한다는 압박감에 시달렸다. 전시장을 둘러보며 무엇을 살지 고민하던 순간이 아직도 생생하다. 망설임 끝에 할머니, 할아버지를 위해서는 '새천년의 미소'를 샀다. 사람 얼굴이 새겨진 깨진 수막새(기왓골 끝에 사용된 기와)의 온화한 미소는 어린 마음을 사로잡았고 당시 만원이 넘는 꽤나 비싼 가격이었음에도 눈을 질끈 감고 집었다. 내 것으로는 저금통을 샀고 꽤나 오랫동안 간직했다.

중고등학교 시절에도 수학여행 때마다 부모님을 위한 선물을 산 기억이 있지만 이후로 여행을 다니면서 딱히 기념품을 사야 한다는 생각은 없었다. 첫 배낭여행으로 한 달 간 미국을 여행했을 때도 기념품을 사지 않았다. 지금은 우리나라에서도 보편적인 방식으로 자리 잡았지만, 당시 미국은 박물관이나 관광지마다 마지막에는 기념품점에 들르도록 되어 있었다. 제발 아무 기념품이라도 사달라고 노골적으로 유혹하는 듯한 분위기에도 아랑곳하지 않고 도도하게 걸어 나왔다. 아르바이트로 번 돈을 아껴서 갔기 때문에 빠듯하기도 했지만 무거운 가방을 보노라면 제 아무리 탐나는 물건이라도 짐에 불과했기 때문이다.

여행 막바지, 7월의 샌프란시스코 금문교에서 난데없는 추위를 만나 어쩔 수 없이 바람막이 점퍼를 하나 사게 되었다. 여름 감기에 걸렸던 터라 살기 위해 산 셈이지만, 막상 집에 돌아와 금문교가 그려진 점퍼를 입을 때면 미국 여행의 순간들이 떠오르곤 했다. 점퍼가 선물한 의외의 경험이었으나 기념품을 챙기기에는 이 정도로는 충분치 않았던 것 같다. 이후로도 여행지에서 딱히 기념품을 사야겠다는 생각은 들지 않았다.

추억을 떠올리게 하는 기념품

두 번째 배낭여행은 유럽이었다. 스위스에서 3주를 보내고 프랑스로 넘어갔다. 낭만과 예술의 도시라던 프랑스는 명성대로 아름다웠다. 에펠탑에서의 감동을 주체하지 못하고 나답지 않게 길거리 노점상에서 에펠탑 모형을 하나 샀다. 짐에 대한 압박이 있었지만 왠지 모르게 가장 큰 것으로 골랐고 역시나 남은 3주 동안 여행을 다니며 괜히 큰 것을 샀다며 후회했다. 고생 끝에 낙이 있다고 하지 않던가. 지친 일상 사이사이 방에 놓인 늠름한 에펠탑을 볼 때마다 당시의 감동이 다시 느껴지는 것만 같았다. 여행의 추억을 떠올리는 방법은 사진이 최고라고 굳게 믿고 있었지만 에펠탑 모형을 산 이후로 나는 여행을 할 때마다 기념품을 사는 습관이 생겼다. 당시의 순간을 압축해서 기억할 수 있는 것. 주변 사람들과 여행의 즐거움을 함께 나눌 수 있는 것. 이때 만들어진 기념품을 고르는 기준이다.

화개장터의 기념품 가게. 장난감, 캐릭터 풍선, 모형 칼, 구두주걱, 효자손 등이 보인다. 기념이 될 만한 상품 개발이 부족함을 보여준다.

이후 해외여행을 갈 때마다 기념품을 하나씩 모으기 시작했다. 열쇠고리부터 엽서, 자석까지 종류는 다양했지만 가장 좋아하는 것은 건물 모형이었다. 집에 장식해 놓고 보면 사진을 볼 때처럼 당시의 기억이 떠오르기 때문이다. 그러나 국내 여행에서는 딱히 기념품을 사지 않았다. 아마도 마음만 먹으면 언제든 갈 수 있다는 생각 때문이었을 것이다. 섬진강과 지리산도 마찬가지였다. 그동안 여러 번 이곳을 왔음에도 딱히 무언가를 사야겠다는 생각은 들지 않았다. 그리고 책을 쓰기 위해 다시 답사를 다니면서 이 일을 기억하고 싶다는 생각을 했다. 내가 언제 한 곳을 이렇게 집중적으로 다닌 적이 있었던가. 방문할 때마다 무엇을 사갈지 유심히 살펴보기 시작했다. 제2의 에펠탑이 필요했다.

섬진강과 지리산에서 찾지 못한 것

화개장터로 향했다. 상징적인 곳답게 많은 가게들이 있었다. 어린이용 밀대 장난감, 캐릭터 헬륨 풍선, 모형 칼 등이 있었고, 구두주걱과 효자손도 보였다. 실용적인 상품이기는 했지만 굳이 하동까지 와서 사고 싶지는 않았다. 먹을 것은 없는지 기웃거려 보았다. 말린 산나물, 꿀, 감식초 등이 있었다. 산나물은 이름이 적힌 종이와 함께 투명 비닐에 포장되어 있었다. 꿀은 흔한 유리병에 담겨 있었다. 좀 더 특별하고 예쁘게 담긴 선물이 될 만한 것을 기대했기에 쉽게 손이 가지 않았다. 어쩔 수 없이 지리산과는 관계없는 쥐포만 질

경질겅 씹으며 빈손으로 돌아서야 했다.

여름이 되어 이번에는 사찰을 중점적으로 찾았다. 쌍계사로 올라가는 입구에는 여전히 파란 천막 아래 물건을 파는 상인들이 보였다. 화개장터에서 보았던 말린 산나물, 약초들이 있었다. 화개장터와 비슷하게 투명 비닐봉지와 이름이 적힌 종이가 유일한 포장이었다. 매번 쌍계사에 갈 때마다 노점에서 물건을 사는 사람을 거의 보지 못했기에 그냥 지나치는 것이 미안하면서도 재고 관리는 잘되는지 걱정이 되었다.

쌍계사로 들어갔다. 기념품 가게가 보여 찬찬히 살펴보았다. 효자손과 구둣주걱이 있고 나무로 만든 안마 도구와 식기 도구들이 보였다. 강남고속버스터미널 지하상가에서 본 다양하고 화려한 목재 식기류가 생각나는 건 어쩔 수 없었다. 화엄사로 향했다. 화엄사는 유서 깊은 대규모 사찰이기에 기대가 컸다. 그러나 여기도 비슷했다. 야외 매대를 채우고 있는 것은 화개장터나 쌍계사에서 보았던 말린 약초와 산나물이었다. 종류별로 일목요연하게 정리되어 눈에는 잘 들어왔으나 차별성은 없었다. 역시 이번 답사도 허탕이었다.

쌍계사 경내 기념품 판매소. 우리나라의 일반적인 사찰처럼 나무로 만든 물건들을 주로 팔고 있었다. 그러나 쌍계사를 기념할 만한 물건들은 마련되어 있지 않았다.

천은사를 찾은 날은 비가 많이 내렸다. 처마에 앉아 빗소리를 들으며 고즈넉함에 감탄하고 있었다. 우산에 떨어지는 빗소리와 물에 젖은 경내를 걸을 때마다 나는 사그락거리는 소리에 천은사가 더욱 좋아졌다. 제2의 에펠탑은 이곳에 있어야 하고 찾을 수 있을 것만 같았다. 입구에 자리 잡은 상점에 들어갔다. 주인이 건네준 따뜻한 국화차를 마시며 좁은 가게 안을 뒤져 보았다. 역시 구둣주걱과 효자손은 여기에도 있었다. 더 안쪽으로 들어가자 원목 바구니와 나무 밑동으로 만든 작은 탁자가 쌓여 있었다. 원목 바구니를 몇 번 집어 들었으나 결국 빈손으로 돌아왔다.

얼마 후 미국 서부로 여행을 갔다. 비현실적인 바위산이 조각처럼 줄지어 서 있는 모뉴먼트 밸리는 화성을 걸으면 이런 느낌이지 아닐까 하는 생각이 들었다. 오프로드 드라이브를 마치고 어떤 기념품이 있을지 기대하며 가게로 향했다. 너무 인상 깊었기에 열쇠고리나 자석, 티셔츠로는 이곳을 마무리할 수 없었다. 가게 깊숙한 곳으로 들어갔다. 그리고 돌덩이를 발견했다. 이곳에서 채집된 사암 중 무늬가 아름다운 것을 탁상형 액자나 돌기둥처럼 다듬어 팔고 있었다. 하나에 8만 원이 넘는 비싼 값이었지만 적갈색 사암의 물결치는 선에 모뉴먼트 밸리의 신비함이 그대로 담겨 있는 것 같았다. 무게와 가격의 모두 부담이 되었지만 만사 제쳐두고 행여나 깨어질까 돌아오는 날까지 가방에 넣어 조심조심 메고 다녔다. 거실에 앉아 돌의 무늬를 보면서 여행의 추억을 반추하다 그들의 아이디어에 새삼 놀랐다. 그 흔한 돌덩이를 다듬어 판매하고 있다니. 섬진강과 지리산을 여행하며 기념품을 찾아 헤맸던 날들이 떠올랐다.

가을이 오고 다시 섬진강을 찾았다. 화개장터는 여전히 같은 모습이었고 하늘만 청명해져 있었다. 근처 쌍계 명차를 찾았다. 그동안 무심코 지나치던 곳이었다. 문을 열고 들어가자 따뜻한 녹차향이 풍겨왔다. 한쪽 벽면에는 세작에서 전통차와 다양한 허브티까지 수십 종의 차가 정갈하게 담겨 색깔별로

진열되어 있었다. 한 켠에 마
련된 박물관을 둘러보며 그들
이 추구하는 가치와 품질에 대
한 자부심을 느낄 수 있었다.
결국 에펠탑을 찾지는 못했지
만 차를 몇 개 사서 돌아왔다.
주변 사람들에게도 나눠주고
섬진강과 지리산이 생각날 때
마다 마시곤 했다.

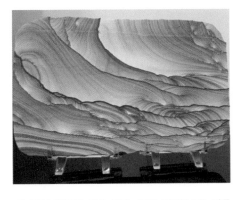

모뉴먼트 밸리의 사암 조각. 돌을 기념품으로 가공
한 아이디어가 돋보인다.

　거실에 앉아 그때 사온 녹차를 마시며 지난날의 답사를 다시금 떠올려 보
았다. 그리고 거실 한 켠에 놓인 사암 조각을 보며 생각했다. 이 녹차가 다 마
시고 나면, 무엇으로 나는 섬진강과 지리산을 떠올리게 될까.

2. 일본의 다채로운 여행 기념품

　2010년대 초반 우리나라를 방문한 외국인 관광객이 1,000만 명을 돌파했
을 때 일본은 800만 명 수준이었다. 하지만 2017년 일본이 2,600만 명의 관
광객을 맞이할 때 우리는 여전히 1,400만 명 근처에 머물고 있다. 우리나라
를 찾는 관광객 수가 제자리걸음을 하게 된 데는 사드 배치 등 외부 요인이
있었음을 감안하더라도, 단기간에 일본이 우리를 앞설 수 있었던 것은 내수
관광 수요를 바탕으로 한 탄탄한 경쟁력이 뒷받침되었기 때문이다. 서울, 제
주도, 부산 등에 집중되는 우리와 달리 일본은 도쿄, 오사카, 교토, 삿포로 같
은 대도시 외에도 지방 소도시에도 많은 관광객이 찾는다.

　이러한 일본 관광산업의 경쟁력 중 하나로 지목되는 것이 기념품과 특산품
이다. 단적인 예로, 일본을 다녀온 관광객들의 손에는 도쿄 바나나(바나나 크

림 빵), 삿포로 키노토야(쿠키), 후쿠오카 히요코 만주(병아리 모양의 빵) 같은 선물이 들려 있다. 상품 자체로 보면 특별할 것이 없지만, 일본 여행을 특별하게 해주는 인기 품목임에는 틀림없다.

일본에서 지역별 특산품과 기념품이 발달하게 된 데는 '오미야게(お土産)'라 불리는 독특한 문화적 전통이 자리하고 있다. 오미야게는 기념품과 비슷한 것이다. 일반적으로 기념품이라고 하면 열쇠고리, 엽서, 그림, 모형 등 여행을 추억하게 만드는 물건의 의미가 강한데, 오미야게는 음식에 더 가깝다. 그리고 주변 사람들에게 나눠주는 것을 목적으로 한다. 일종의 선물용 특산품인 셈이다. 오미야게 문화가 언제부터 시작되었는지는 명확하지 않다. 오래전, 신사 순례를 무사히 마칠 수 있도록 도와준 신의 가호를 함께 나누고자 특산품을 구입하던 것에서 유래했다고 전한다. 지금도 일본인들은 여행을 갈 때마다 어떤 오미야게를 사서 돌아가야 할지 항상 고민할 정도라고 한다.

지역마다 기념품과 특산품을 취급하는 전문 매장을 쉽게 찾을 수 있는 것

일본의 선물용 기념품들

도 이런 자체 수요가 바탕이 되었기 때문이다. 오랜 시간에 걸쳐 형성된 문화 덕에 고품질의 다양한 상품을 갖출 수 있었고 외국 관광이 보편화되어가는 지금, 일본 관광산업 경쟁력의 한 축을 담당하게 되었다. 여기서는 특산품과 기념품을 만들고 관리하는 방식에 대해 알아보고자 한다.

한 마을 한 상품 개발 운동

1979년 오이타현에서는 일촌일품(一村一品) 운동이 시작되었다. 많은 인구가 수도권과 대도시로 빠져나가는 지역 소멸 상황에서 새로운 산업을 통해 지역 경제를 일으키려는 노력이 시초였다. '가장 지역적인 상품을 세계화하기, 주민이 주도적인 역할을 하기, 인적자원의 수준 높이기'라는 세 가지 원칙하에 지역 특산품을 발굴해 나가기 시작하였다. 일촌일품 운동의 가장 성공적인 사례로 평가받는 오마야 마을을 살펴보자.

오야마 마을의 특산품은 매실과 밤이다. 그러나 이것이 예로부터 생산되던 토착 상품은 아니었다. 새로운 상품을 발굴하기 위해 일본인의 취향과 시장 수요를 면밀하게 분석한 뒤, 그 지역에서 생산할 수 있는 작물을 선택한 것이 바로 매실과 밤이었다. 매실과 밤이 성공적으로 안착하여 소득 증대를 이룬 후에도 지속적인 발전을 위한 인재 양성이 중요하다는 생각으로 국내와

지역 특산품 판매점
과 식당을 겸한 가게
인 고노하나 상점

해외의 우수한 농장 견학을 통해 주민들의 역량을 높여갔다. 이후 단순한 작물 재배에서 벗어나 가공식품을 만들어 판매하고 농장 안뜰에서 직접 운영하는 식당 겸 식료품 가게인 고노하나 상점(Konohana Garten) 사업을 통해서 판로를 개척하였다. 이 모든 과정의 초기에는 쌀농사를 포기하지 못했던 기성세대와 유지들의 격렬한 반대에 부딪히기도 했지만, 지방의회와 주민들의 적극적인 설득으로 사업을 성공시켰고 현재는 전 세계에서 벤치마킹을 하는 대상이 되었다.

일품일촌 운동은 농촌 개발 사업으로 출발했지만 특산품을 키워나가는 방법을 제시한다는 점에서 주목할 만하다. 철저한 시장 분석을 통한 대상 선정, 주민들의 적극적인 참여, 지속적인 교육은 일촌일품 운동의 핵심이며, 국내에서도 지역 특산품의 경쟁력을 키우기 위해 벤치마킹할 부분이 많다고 생각한다.

지역 특별판 개발

다국적 식품회사인 네슬레에서 판매하는 킷캣(KitKat)은 인기 있는 초콜릿 과자다. 일반 초콜릿 상품으로 전 세계에서 팔리고 있는데 일본에서는 다른 나라에서 볼 수 없는 다양한 맛을 경험할 수 있다. 2004년 출시된 녹차맛 킷캣을 시작으로 이후 계절별, 지역별로 다양한 맛이 개발되었다. 홋카이도의 단팥 킷캣, 시즈오카의 와사비 킷캣, 요코하마의 딸기 킷캣, 오키나와의 고구마 킷캣, 나가노의 사과 킷캣 등 지역 특산품을 활용한 특별판을 만들어 판매하는 것이다. 앞서 언급한 오미야게 문화의 영향으로 탄생한 300여 종이 넘는 다양한 특별판 킷캣은 외국인 관광객들이 기념품으로 사갈 정도로 큰 인기를 얻고 있다.

일본의 대표적인 캐릭터 상품 중 하나인 '헬로 키티'도 전국의 관광지에 맞춰 지역 한정 상품을 만들어 판매하고 있다. 필기구, 열쇠고리, 스티커 등의

삿포로의 킷캣 매장. 지역에서 나는 다양한 재료를 가미한 초콜릿을 판매한다.

제품을 각 지역 인기 관광지와 특산품을 소재로 다양화하여 해당 지역에서만 구매할 수 있게 했다. 시즈오카의 후지산 키티, 도쿄의 도쿄타워 키티, 홋카이도의 성게 키티, 교토의 기모노 키티 등은 지역관광의 특별함을 더해준다. 다양한 상품 덕에 지역관광을 하며 특별판 키티 상품을 모으는 사람들이 있을 정도다.

특산품이라고 하면 반드시 그 지역에서 나는 고유한 상품이라고 생각하기 마련이다. 그러나 특산품이 지역성과 희귀성이 극대화된 것이라는 점에 주목한다면, 일반적인 상품에 지역색을 담아내는 것도 하나의 방법이 될 수 있다. 위에서 살펴본 킷캣과 헬로 키티의 사례를 참고하면 매력적인 기념품을 고안하는 다양한 방법을 찾을 수 있다.

오이타 메이드의 실험

2005년 오이타현 벳부 시에서는 예술을 매개로 한 매력적인 지역 만들기 운동의 일환으로 벳부 프로젝트(Beppu Project)라는 단체가 설립되었다. 지역 예술가의 활동을 지원하고 다양한 전시와 이벤트를 개최하여 지역에 활력을 불어넣는 이 시민운동은 2013년 10월부터 예술을 활용한 브랜드 창출 사업인 오이타 메이드(Oita made) 사업을 기획했다. 오이타현의 예술가가 만드는 공예품과 문화상품의 판매를 증진하여 지역의 전통을 보존하려는 노력이었다. 숙련된 기술을 보유하고 있는 영세한 지역 예술가와 장인들이 생산에만 신경 쓸 수밖에 없는 한계를 극복하고자 한 것이다.

のし ¥108	ギフトBOX ¥324	個性的な竹ペンと素材そのまま濃縮フ ルーツのセット ¥1,998

Oita Made晩御飯にどうぞ♪大分のおい
しいセット
¥2,063

| 手軽に味わえる原生ほうじ茶とお菓子
のギフトセット
¥2,808 | 元気が出る！！ギフトセット
¥2,848 | Oita Madeお酒3種セット
¥2,916 | Oita Madeリラックスセット
¥3,036 |

오이타 메이드 온라인 상점에서 판매하는 다양한 제품. 전용 포장을 활용하여 온라인 홈페이지와 오프라인 상점 등을 통하여 판매된다.

　그래서 단순히 보조금을 지원하는 사업이 아닌 상품의 기획, 개발, 마케팅, 포장, 유통까지 모든 면을 지원하고 있다. 이를 통해 새로운 제품이 개발되고 기존 상품의 디자인이 개선되어 상품성을 높일 수 있었고, 결과적으로 지역 공방의 수준과 자생력을 향상시킬 수 있었다. 공예품 같은 문화상품부터 농수산 가공품, 술, 음료까지 오이타 메이드 브랜드가 부착된 다양한 상품은 온라인 쇼핑몰과 오프라인 전용 상점, 대도시의 백화점을 통해 판매되고 있다.

　오이타 메이드 사업은 지역 문화 보존과 소득 향상이 주된 목표이다. 그러나 이 사업을 통해 지역 상품을 발굴하고 육성하는 전략을 배울 수 있다. 특산품 개발이라는 단순한 목적에서 한 걸음 더 나아가 지역에서 생산된 제품을 상품화한다는 보다 상업적인 관점에서 접근한다면, 관광산업 진흥만이 아닌 지역 제조업 활성화라는 성과까지 얻어낼 수 있다.

고베비프의 철저한 품질 관리

고베비프(Kobe beef)는 영국의 백화점에서 1킬로에 100만 원에 팔릴 만큼 비싼 일본의 고급 소고기 브랜드다. 1868년 메이지유신과 함께 일본이 처음 개방되었을 때만 해도 소고기를 먹는 것은 일본의 일반적인 식문화는 아니었다. 개항을 거치며 고기를 즐기는 서양인들을 통해서 고베의 소고기의 맛이 점차 알려지기 시작하며 고베비프라는 말이 쓰이게 되었다.

1980년대를 거치며 인기를 끌게 되었으나 그동안 고베비프에 대한 정확한 기준이나 품질 관리가 이뤄지지는 않았다. 그러다 1983년 생산자와 유통자가 함께 모여 고베비프협회를 결성하여 고베비프를 정의하고 품질을 표준화하여 관리하기 시작하였다. 효고현에서 태어나고 길러진 소들 중에서 까다로운 품질 기준을 충족시킨 소고기에만 고베비프라는 명칭을 부여한다. 철저한 품질 관리 때문에 한 해 총 58,000마리의 소를 기르는 효고현에서도 약 5,000마리만 고베비프라는 이름을 달고 출하된다고 한다.

이런 철저한 품질 관리는 사육 농가 관리에서부터 시작된다. 1년에 3마리 이상을 출하할 수 있어야 하며, 그중에서도 매년 최고 품질의 소고기를 생산하는 농가에 대한 시상을 통해 사육 기술 향상을 도모하고 있다. 유통 단계도

고베비프는 브랜드 고급화를 통해 높은 부가가치를 올리고 있다. 고베비프의 트레이드 마크인 노지기쿠 도장은 엄격한 품질 검사를 통과했음을 증명하는 표시이다.

모니터링 시스템을 통해 관리하고 있다. 이러한 위생적 공급체계를 통해 연간 12마리 이상을 판매할 수 있는 소매점과 720킬로 이상을 소화할 구매력이 있는 식당에만 지정 증명서와 함께 고베비프 취급 자격을 부여한다.

특산품을 만들었다고 해도 상품성이 뒷받침되지 않으면 대중적인 경쟁 상품에 밀려 선택받지 못하게 된다. 상품성이라면 기본적인 품질부터 포장, 전시, 브랜드 마케팅까지 모든 부분이 완벽해야 한다는 의미다. 고베비프의 사례는 특산품도 제조부터 유통까지 품질에 대한 확고한 믿음을 쌓아가는 것이 중요함을 다시 한 번 일깨워 준다.

지금까지 살펴본 사례를 통해 다음과 같은 질문들에 대한 답을 얻을 수 있었다. 내세울 만한 특별한 상품이 없다면 어떻게 해야 할까, 기념품과 특산품을 개발하는 비교적 쉬운 방법은 없을까, 기존 제품의 경쟁력을 높일 수 있는 방법은 무엇일까, 특산품이 시장에서 살아남아 스스로 존속할 수 있으려면 어떻게 해야 할까 등등. 관광지라면 한 번쯤 고민했을 법한 이상의 질문들에 대한 답은 단 하나로 요약할 수 있다. 바로 상품성 강화다.

기업이 새로운 상품을 개발하는 데 각고의 노력을 기울이는 것처럼 관광지나 지역사회에서 개발하는 상품도 상업적인 관점 없이는 성공하기 어렵다. "우리가 기념품과 특산품을 만들었으니 관광객이 사주겠지"라는 생각은 순진한 접근 방식이다. 기념품과 특산품이라는 성격 자체가 구매의 결정적인 기준이 되지 않는다는 것이다. 기존에 판매중인 일반 상품을 넘어서는 비교 우위가 있거나 적어도 비슷한 수준이어야 관광객의 선택을 받을 수 있다. 기념품과 특산품도 결국 하나의 상품이고 궁극적으로 시장의 경쟁에서 살아남아야 한다.

그렇다면 지역에서 생산된 기념품과 특산품은 결국 대규모로 생산되어 시장을 장악한 기존 상품에 밀릴 수밖에 없는 것일까. 지역색은 기념품과 특산품이 반드시 지니기 마련인 특성이다. 동시에 이 특별함은 여행이라는 상황과 지역이라는 공간을 만나 다른 상품은 가질 수 없는 경쟁력으로 작용할 수 있다. 그러므로 품질과 생산, 포장, 유통, 판매 등 상품이 갖춰야 할 필수적인 요소를 보강한다면 관광객의 선택을 충분히 받을 수 있다. 오랜 관광 역사를 지닌 일본은 일찍부터 이를 체득하여 다양한 기념품과 특산품을 만들 수 있게 되었다. 정책적 지원도 상품성 강화와 인적 자원 육성이라는 원칙을 따르고 있다. 우리도 그들의 경험에서 교훈을 얻고 실천한다면 경쟁력 있는 기념품과 특산품을 만들어낼 수 있을 것이다.

3. 지역을 대표하는 관광 기념품 만들기

우리나라 관광산업에서 기념품이나 특산품이 취약하다는 문제제기는 오래 전부터 있어 왔다. 이에 따라 한국관광공사나 지자체를 중심으로 관광 기념품 공모전을 개최하고 있다. 공모전은 신상품을 발굴하는 좋은 방법이지만 이후 상품화를 거쳐 지역의 대표 기념품으로 자리매김하는 것은 또 다른 문제이다. 또한 지역별로 농수산 식품에 공동 브랜드를 도입하여 홍보를 강화하고 있으나 수많은 지역 브랜드 중 매출과 판매량에서 성공한 사례는 극히 드문 형편이다. 공모전 개최와 시상, 지역 특산품 홍보는 누구나 할 수 있으나 그것을 성공시키는 것은 쉬운 일이 아니다.

서지리산과 섬진강 권역도 같은 문제를 안고 있다. 지역 경제의 대부분을 농업에 의존하기 때문에 이곳의 대표 상품은 자연히 농산품이다. 각 지자체에서는 홈페이지를 통해 홍보하고 전통시장이나 관광지에 특산품 가게를 만들어 판매를 돕고 있다. 그러나 포장, 매장 구성, 판매 방식은 여전히 일반 소매점에 뒤진다. 꼭 사가야 하는 대표 제품도 부재하다. 하동군은 특별히 온라인 포털사이트 및 소셜미디어 업체와 협력하여 하동장터, 하동 알프스푸드마

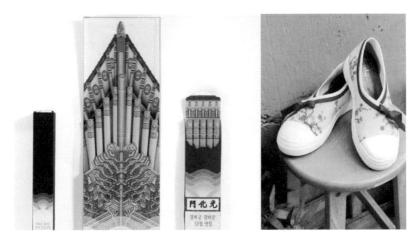

제21회 대한민국 관광기념품 공모전 수상작들

켓을 운영하고 있다. 하지만 출범한 지 오래 되지 않아 초기 단계이며 상품
구성도 공예품과 같은 문화상품은 아직 빈약한 실정이다.

앞서 언급한 문제는 국내 대다수 관광지가 직면한 현실이지만 서지리산과
섬진강 지역이 거듭나기 위해 반드시 극복해야 할 과제이다. 이를 위해 행정
구역을 구분하지 않고 지리산과 섬진강이라는 전체적인 시각으로 접근해보
자. 식품과 공예품을 대상으로, 상품 기획 및 개발 아이디어부터 품질 관리,
포장, 유통, 판매까지 전 과정의 중요성을 강조하고자 하였다. 기념품과 특산
품에 대한 우리의 제안이 기존 상품을 되돌아보고 재평가하는 기회가 되었으
면 하는 바람으로 본격적인 논의를 시작하고자 한다.

기업과의 협력

지역을 대표하는 상품을 만드는 가장 손쉬운 방법은 기업과 협력하는 것이
다. 기업들은 콜라보레이션(Collaboration)이라 불리는 협업을 통해서 새로
운 제품을 만들어내고 있다. 이것을 지역 특산품에도 적용한다면 다양한 상

품을 기획할 수 있다.

우선 먹거리를 살펴보자. 구례, 광양, 하동의 공통적인 특산품은 매실, 밤, 녹차다. 식품업체와 협업하여 이 지역에서만 파는 매실 제품을 만들 수 있다. 예를 들어, 오리온 마이구미 젤리, 크라운 마이쮸와 공동 작업을 통해 마이구미, 마이쮸 매실 맛을 만드는 것이다. 또한 하이트 진로의 매실주 브랜드인 매화수, 롯데음료의 설중매, 보해 매취순 등과 협업하여 이 지역에서 나는 매실을 사용하고 포장과 용기 디자인을 특화하여 특별판으로 제작하면 기념품으로도 손색이 없을 것이다. 밤의 경우, 중국산이 장악한 가공밤 시장을 공략하는 방법이 있다. 그중 잘 알려진 CJ 맛밤 브랜드와 협업하여 지리산 맛밤을 만들고 지역 특화 상품으로 키우는 것이다. 마지막으로 롯데 크런키 초콜릿과 함께 지리산 녹차 크런키 초콜릿을 만들 수도 있다.

커피 프랜차이즈와의 협력도 가능하다. 최근 봄철 한정 상품으로 벚꽃을 활용한 음료가 출시되고 있다. 전국적인 커피 브랜드와 함께 섬진강 체리블러썸 음료를 만들어 전국에서 판매하되 섬진강 지역에서만큼은 디자인을 차별화하여 판매한다면 봄철 벚꽃축제 때 다른 지역보다 우위를 점할 수 있을 것이다. 이처럼 식품업체와의 협업을 통해 새로운 상품을 만들고 지역 한정판으로 지정하여 해당 지역에서만 판매하거나, 전국적으로 판매하되 산지에서는 디자인과 패키징을 달리하여 기념품으로 활용할 수 있다.

공예품 같은 문화상품으로는 목제 모형을 생각해볼 수 있다. 전통 목재 모형키트 전문업체와 협력하여 화엄사, 쌍계사, 사성암, 운조루, 최참판댁 등 지역 문화재를 모형 제품으로 만드는 것이다. 예를 들면, 화엄사의 각황

경복궁 근정전 모형 제품

전, 석등 등 사찰의 일부만을 모형으로 제작할 수도 있다. 그리고 디오라마를 활용하여 운조루나 구례 사포마을 다랭이논 모형을 만들어 풍경을 전체적으로 담아내는 방법도 있다. 디오라마는 자연 속에 녹아든 우리 건축의 아름다움을 표현할 수 있는 방식이기에 교육적인 효과도 기대할 수 있다. 이처럼 실제 건물의 모형을 제작하여 각 관광지의 기념품점에서 판매한다면 훌륭한 상품이 될 수 있다.

경쟁력 있는 지역 상품 지원

특산품을 육성하는 또 다른 방법은 기존 상품 중 시장성이 있는 것을 집중 지원하는 것이다. 현재 각 지자체에서는 지역 농수산물을 이용한 먹거리 상품 개발사업을 통해 다양한 상품을 만들어 내고 있다. 이를 통해 산나물, 각종 건강 즙 음료, 장아찌, 된장, 식초, 엑기스, 과자, 막걸리 등이 출시되었다. 그러나 출시된 제품이 유의미한 매출을 올리고 있는지는 또 다른 문제이다. 즉, 다양한 상품을 개발하고는 있으나 상업적 성공이라는 다음 단계를 넘어서지 못하고 있는 것이다. 개별 특산품이 유의미한 규모로 판매될 때 비로소 지역을 대표하는 특산품이 될 수 있으며 지역 제조업을 활성화시킬 수 있다. 그러므로 정책의 초점을 개발에서 잠재력 있는 상품 육성으로 옮겨야 한다. 시장 분석 업체에 의뢰하거나 제품별 판매 동향을 분석하여 적절한 가격대, 인기 품목 등을 파악하고 기존 상품 중 성장 가능성 있는 것을 선별하여 대표 상품으로 키워야 한다.

지리산 치즈랜드의 요거트, 곡성의 토란빵, 하동 녹차 등은 온라인상에서 다른 제품에 비해 비교적 많이 언급되는 지역 특산품이다. 이런 제품들이 시장성이 있다고 판단된다면 상품성을 강화하거나 집중 지원하여 대표 상품으로 키워야 한다.

지역 예술인과의 협력

식품을 활용한 특산품 사업에 비하면, 공예품 같은 문화상품 개발은 어려운 과제이다. 꾸준한 수요가 있어야 하고 예술적 저변이 탄탄해야 하기 때문이다. 우리나라의 문화 중심인 수도 서울도 부진한 문화상품 경쟁력을 향상시키기 위해 다양한 연구와 정책적 노력을 기울이고 있다는 사실은 지방 도시가 공예 상품을 다루는 것이 쉬운 일이 아님을 일깨워준다. 그러나 문화예술 사업은 지역사회에 활기를 불어넣어 주고 지역 전통을 보존하는 수단이며 관광산업 측면에서도 공방 체험이나 견학 등 프로그램 다양성 확보라는 차원에서도 중요하다.

서지리산과 섬진강 지역에서 공예품을 개발하는 방법은 지역 예술인과 협력하는 방법이 있다. 구례에는 수도권에서 활동하던 예술인들이 자연 속에 작업 공간을 만들고자 자발적으로 시작한 예술인 마을이 있다. 여기에서 도예공예, 금속공예, 조각, 서양화 등 다양한 분야의 전문가들이 활동하고 있

구례 예술인 마을 안내지도(출처: 맛조이코리아)

다. 뿐만 아니라 구례의 부채공예, 하동의 관솔공예 등 소규모로 운영되는 공방도 있다. 이들의 작품 활동을 지원하여 지역 공예의 기반을 다질 수 있다.

예를 들어, 빈 집을 활용하여 작업장을 제공한다든지, 관광지 주변의 빈 공간을 개조하여 개인 전시회 등을 위한 공간을 제공하는 사업을 시행할 수 있다. 관광객이 방문하고 자연스럽게 구입까지 이뤄지도록 유도하는 것이다. 결국, 지역 예술인의 참여를 바탕으로 실용성과 심미성이 뛰어난 작품은 시간이 지남에 따라 지역의 대표 기념품으로 자리 잡을 것이다.

통합 브랜드 도입

기념품, 특산품과 관련하여 일본 사례에서 배울 수 있는 교훈은 상품성이다. 철저한 품질 관리, 포장, 유통, 매장 구성에 이르기까지 모든 측면에서 경쟁력을 갖춰야 한다. 서지리산과 섬진강 지역에서 생산되는 모든 특산품을 포괄하는 통합 브랜드를 도입하고 이를 통해 관리하는 것도 생각해 볼 수 있다. 우선, 통합 브랜드의 성공을 위해서는 개별 상품의 품질 관리가 필수적이다. 검증된 품질을 통해서 소비자 신뢰를 쌓아야 하기 때문이다. 하동 화개장터, 구례 5일장, 화엄사 특산품 가게에서 공통적으로 취급하는 약초와 말린 산나물을 예로 들어보자. 이들을 '지리산 산나물'이라는 통합 브랜드로 관리하여 원산지를 마을별로 세분화하고 유기농, 친환경 가공 인증을 해야 한다. 매실, 밤, 감 등 과실류와 밀, 녹차 같은 농작물도 유기농, 친환경 인증을 받은 최상품에만 통합 브랜드를 허용한다. 농수산물 가공식품도 수요가 있는 제품을 선정하여 우선적으로 품질을 관리한다.

다음 단계로 통합 브랜드의 모든 상품에는 지역적 특성을 가미한 통일성 있는 디자인을 도입한다. 매력적인 포장만으로도 구매력이 커질 수 있다. 조리법, 보관 방법 등을 담은 상품 안내서까지 꼼꼼하게 준비하여 선물용으로도 손색이 없도록 한다. 유통과 판매는 온라인과 오프라인을 적절히 활용한다. 오프라인에서는 많은 사람들이 찾는 유명 관광지에 두 개 정도의 플래그십 스토어(Flagship store, 브랜드의 성격과 이미지를 극대화한 매장)를 운영한다. 매장 인테리어와 진열에 공을 들이고 카페와 결합하여 휴식도 취하고 상품도 구입할 수 있는 복합 공간으로 구성한다. 온라인에서는 소셜네트워크 서비스나 포털사이트와 연계하여 전국적인 유통망을 확보한다. 더 나아가 수익금의 일부로 우수 제조자를 시상하거나 국내외 견학을 지원하여 스스로 경쟁력을 높일 수 있도록 지원한다.

　이번 주제를 다루면서 겉모습과 실제 현실은 다르다는 것을 다시 한 번 깨달았다. 지자체에서 만든 홍보물에는 하나같이 지역 특산품과 공예품을 소개하고 있다. 특산품만 해도 지역별로 최소 열 개 이상이며 대부분 지역 브랜드 하나쯤은 가지고 있었다. 가공식품도 다양하게 개발되어 관광지의 특산품 코너에서 판매되고 있다. 여기까지 보면 모든 것이 다 잘되고 있는 것처럼 보인다. 그런데 왜 사람들은 우리나라 관광지에는 살게 없다며 빈손으로 돌아오는 것일까.

　기념품과 특산품 육성은 비단 관광산업만 연관되는 것은 아니다. 지역에서 생산된 제품을 어떻게 팔지 고민하는 과정에서 새로운 제품이 탄생하고 품질 향상을 위해 노력하는 과정에서 농업기술의 발전을 도모할 수 있다. 판매량 증가는 농업과 제조업의 규모를 키운다. 이 모든 과정은 지역 경제 활성화로 이어진다. 기념품과 특산품 사업을 통해 관광산업을 선진화하는 동시에 지역 제조업 생태계를 구축해갈 수 있기를 희망한다.

10장 여행의 즐거움을 더하는 음식들

1. 금강산도 식후경, 무엇을 먹고 마실까?

여행 만족도에 큰 영향을 끼치는 요소 중 하나가 음식이라는 글을 읽은 적이 있다. 날씨나 볼거리에 대한 만족도가 떨어지더라도 먹는 게 마음에 들면 다른 불만은 묻힌다는 이야기다. 더운 날씨에 관광지를 돌아다니느라 지칠 대로 지친 여행자들에게 편안한 곳에서 즐기는 맛있는 한 끼 식사는 그날의 불운과 고생을 깨끗이 잊게 해줄 만큼 큰 기쁨이리라.

나에게는 여수가 그런 곳이었다. 몇 년 전 휴가차 몇 주 귀국했다가 어머니를 모시고 처음 가보았던 여수는 우리 모녀에게 정말 힐링의 시간을 선물해 주었다. 바닷가에서 나고 자라 해산물을 좋아하시는 어머니는 싸고 신선한 해산물 요리가 어릴 적 추억을 떠올려 주었다며 무척 좋아하셨다. 결국 그때 맛본 갈치조림과 장어구이, 돌게장을 잊지 못해 몇 년 뒤 다시 찾게 되었다. 맛있게 먹은 음식을 잊지 못해 다시 방문하게 되었다니 여수의 아름다운 풍경에게는 미안한 일이지만, 나뿐만 아니라 많은 관광객들도 비슷한 경험이 있으리라 믿는다.

미국에서 5년, 또 캐나다에서 5년이라는 세월을 보내는 동안 줄곧 대도시에 거주했지만, 시간이 날 때마다 가까운 소도시나 시골 마을을 여행하곤 했다. 작은 마을의 읍내에는 비록 몇 집 안 되는 가게들이지만 그래도 있을 건 다 있어서 그다지 불편함을 느끼지 못했다. 세련되지는 않지만 시골 식당이라고 해도 방금 내린 원두커피는 구수했고, 달걀프라이와 토스트만으로 때우는 아침식사도 푸짐해서 더욱 좋았기에 늘 기억에 남아 다시 가고 싶은 마음이 들게 하였다.

그에 비하면 섬진강과 서지리산 지역을 여행하면서 처음 마주한 음식들은 사실 실망스러웠다. 기대가 너무 컸기 때문일까. 큰 산이 있고 풍요로운 강을 곁에 둔 천혜의 환경이니 무엇을 먹어도 맛있을 거라는 기대감은 그다지 다양한 선택지가 없는 단조로운 식단과 익숙하지 않은 먹거리에 금세 사그라들었다. 아침 산책길에 향긋한 커피 한 잔 마실 수 있었으면 하는 바람이 절로 들었다. 그러나 며칠 머물면서 여기저기 기웃거리며 그곳 특산물을 재료로 한 음식을 먹다보니 투박하고 소박한 한 상 차림에 나도 모르게 정이 들었다.

하동과 구례의 식당들은 대부분 그 지역에서 나는 것들을 재료로 만든 소박한 식사를 제공한다. 지리산에서 나는 산나물로 만든 산나물비빔밥이나 섬진강에서 잡은 재첩국 등이 그것이다. 벚꽃이 한창인 4월에 방문하면, 길가 곳곳에 하얗게 쌓여 있는 벚굴 껍질의 언덕(?)을 발견할 수도 있을 것이다. 섬진강에서 잡은 각종 민물고기로 끓인 매운탕이나 참게장 같은 요리도 만나볼 수 있다.

처음 쌍계사를 찾았을 때, 저녁식사를 위해 입구에 있는 가정식 식당을 찾았다. 단아한 가정집을 개조한 식당이었는데, 제법 큰 마당에 각종 나무와 꽃들이 정겹게 심어져 있었다. 느릿느릿 넘어가는 햇살만큼이나 차분하게 한

쌍계사 입구 식당에서 받은 상차림

가지 한 가지 찬을 내어 오시는데 뭔가 시간이 달리 흐르는 이상한 나라에 온 듯한 착각마저 들었다. 생존을 위한 도시의 빠른 식사와 구별되는 느림의 식사는 기분 좋은 낯설음을 느끼게 해주었다. 처마 밑에 자리한 야외 식탁에서 받은 밥상은 그날의 피로를 씻어내고 재충전하기에 모자람이 없었다. 자극적인 맛은 없지만, 몸도 마음도 건강해질 것만 같은 찬으로 꽉 채워진 풍성한 한 끼였다.

화개장터 인근 식당에서 지리산 산나물 비빔밥도 먹고 각종 말린 산나물도 구입할 수 있다. 방문했던 또 다른 식당에는 세월의 때가 묻은 방명록이 벽을 빼곡히 채우고 있었는데, 오랜 세월 이 식당이 비빔밥도 먹고 재첩전을 안주 삼아 막걸리도 마시면서 여행의 피로도 풀고 같이 산행을 한 지인들 간에 우정도 다지는 아지트 같은 역할을 해왔음을 말해주는 것 같았다.

처음 하동을 방문했을 때는 점심으로 무얼 먹을까 고민한 끝에 하동재첩특화마을에 위치한 식당을 찾았다. 재첩모둠정식을 주문하니 재첩국, 재첩회,

재첩전, 참게장 등이 나오는데 시원한 국물이 일품이었다. 어릴 적 골목길에서 듣던 "재첩국 사이소!"라는 외침은 더는 들리지 않는다. 그만큼 출하량이 줄었다고 하는데, 귀한 섬진강 재첩을 섬진강이 내려다보이는 곳에서 먹으니 감회가 새로웠다. 다만 하동역이나 버스터미널에서 꽤 떨어져 있어 대중교통으로는 접근이 불가능한 점이 아쉬웠다. 결국, 택시 호출도 어려워 어머니와 함께 하동 기차역까지 걸어서 나와 택시를 타고 쌍계사로 갈 수 있었다.

쌍계사 인근에서 하룻밤을 지내고 이른 아침 인근 산비탈에 위치한 차밭을 산책하고 돌아오는 길에 먹었던 팥칼국수도 별미였다. 아침 이른 시간이었지만 따끈하게 팥죽과 팥칼국수를 끓여 주신 식당 주인은 인근에서 재배한 팥이라며 자부심이 대단하셨다. 맛나게 팥칼국수를 먹고 나서는데 가게에 정갈하게 진열된 말린 대추와 나물류가 눈에 띄었다. 직접 따서 말린 거라서 그런지 깨끗하고 믿음이 갔다. 집으로 돌아오는 길에 우리는 지리산 마을의 인심이 듬뿍 담긴 말린 대추와 산나물을 사올 수 있어 두고두고 지리산 여행 이야기를 할 수 있었다.

그럼에도 불구하고 하동, 구례 등 섬진강과 서지리산 지역의 음식점들의 경우 메뉴의 다양성이 다소 아쉬웠다. 관광객 입장에서 생각해 보면 하루나 이틀 정도는 산나물비빔밥과 재첩국이 귀하고 맛있게 느껴지겠지만, 며칠씩 머물거나 요즘 유행하는 소위 한 달 살기라도 할라치면 사실 옵션이 별로 없다. 예를 들어, 역 근처나 버스터미널에서도 도시에서는 흔한 제대로 내린 에스프레소 한 잔을 마시기 힘든 경우가 많았다. 도시의 일상에서 벗어나고 싶어 여행을 왔지만, 버스를 기다리는 동안 제대로 된 커피 한 잔을 마시면서 여유를 만끽하고 싶은 마음도 들기 마련인지라 버스를 기다리는 시간이 더욱 길게 느껴졌다.

답사를 위해 다시 하동과 구례를 찾았을 때는 조리가 가능한 곳을 숙소로 정한 터라 김치 등 간단한 식재료를 챙겨갔었다. 그러나 숙소 인근뿐만 아니라 화개 버스터미널 근처에도 신선한 식재료나 과일은 거의 찾아볼 수 없었다. 아무래도 시골이다 보니, 서울 같은 대도시에 비해 운송비가 비싸고 찾는 소비자가 적어서 신선한 식자재를 별로 갖다놓지 않는 것 같았다.

지역에서 생산된 신선한 재료로 만든 음식을 먹고 그 기억을 잊지 못해 관광지를 다시 찾는 관광객들이 많아지고 있다. 맛집과 식도락이 우수 관광지의 필수 요건이 되어버린 시대에 맞게 먹거리의 다양화를 위해 새로운 메뉴를 개발하고 소자본 창업을 지원하는 등의 노력이 필요하다. 또한 지역에서 생산되는 농산물을 직접 수확하는 체험을 제공하거나 그렇게 수확한 농산물을 저렴하게 구입할 수 있는 관광 상품을 개발하면 재미도 있고 우리 농산물에 대한 신뢰도 높일 수 있는 기회가 될 것이라 기대한다.

하동 재첩특화마을에서 맛본 재첩국과 재첩회 무침. 풍요로운 섬진강이 주는 남도의 대표 음식이다.

2. 미국과 에티오피아의 음식문화 관광

미국에서 직장생활을 할 때 제철 과일이나 채소에 민감했던 기억이 있다. 퇴근길에 회사 건너편 공원에서 목요일마다 서는 자그마한 농산물 마켓에 들르곤 했었다. 인근 농장의 농부들이 직접 수확한 야채와 과일 그리고 그것을 재료로 직접 만든 각종 오이지, 치즈, 빵, 쨈 등을 사면서 계절의 변화를 느끼곤 했다. 농부들이 직접 재배한 각종 채소를 넣어 만든 피자도 한쪽에서 굽고 있었는데, 항상 아이들이 길게 줄을 서 있어 마치 작은 마을 축제를 연상케 했다. 가격은 대형마트에 비해 조금 비쌌지만, 지역 농부들이 재배한 신선한 농작물이라 많은 사람들이 목요일 파머스 마켓을 기다리곤 했었다.

시골 여행의 묘미: 지역 음식 맛보기

도시인에게 시골은 신선한 과일과 채소가 풍부하고 건강에 좋은 음식들이 많은 곳이라는 로망이 있는 것 같다. 그래서인지 미국인들은 아이들이 어릴 때부터 시골 농장을 방문하여 직접 수확도 하고 구매도 하는 가족 체험 프로그램을 잘 이용하고 있었다. 특히, 가을이 오면 사과 따기 체험 등 다양한 농장 체험 프로그램으로 시골은 바빠진다. 일정한 금액을 내면 나눠주는 규격 봉투에 마음껏 채워갈 수 있어 여러 종류의 사과를 맛보기도 하고 트랙터에 타고 농장을 둘러보기도 하는 등 즐거운 하루를 보냈던 기억이 난다. 할로윈 축제가 가까워오면 호박 농장에서는 각종 호박을 전시하고 판매하기도 하는데, 시골길을 지날 때면 그것을 구경하는 재미가 쏠쏠했다. 호박을 넣은 사탕이나 파이 등 각종 디저트를 파는 작은 가게라도 발견하면 꼭 들러서 맛을 보곤 하였다.

이렇듯 내가 잠시 살아보았던 캐나다나 미국의 시골은 여유가 넘치고 정겨

지역에서 생산되는 우유와 낙농식품을 홍보하는 조형물

운 분위기를 연출하고 있어 기회가 되면 자주 찾게 되었던 것 같다. 지역에서
나는 농산물로 만든 요리도 많아, 어느 지역에 가면 어떤 요리를 꼭 먹어봐야
한다고 소개하여 더욱 기억에 남았다. 예를 들어 캐나다의 프린스 에드워드
아일랜드(Prince Edward Island)라는 섬에 갔을 때는 모두들 감자 요리를
꼭 먹어봐야 한다고 해서 이것저것 맛보았는데, 나중에 들른 기념품 가게에
서 초콜릿을 잔뜩 바른 감자칩을 보고 깜짝 놀라기도 했다. 어떻게 그런 생각
을 했을까 하면서 여행길에 만난 친구와 함께 먹으며 웃은 기억도 난다.

한적한 시골길을 혼자 운전하면서 조금도 심심하거나 외로움을 느끼지 못
했던 것은 아름다운 자연 속에서 만나는 지역 특산물을 재료로 한 음식 덕분
이었다. 고소한 감자튀김의 향기가 멀리까지 날아와 무언가에 이끌리듯 찾아
간 곳은 다양한 감자튀김 요리를 판매하고 있었다. 가게 안에는 그 지역에서
생산된 감자라는 것을 증명하듯 감자를 가득 담은 부대자루를 잔뜩 쌓아놓은

것이 신기했다.

한번은 지나가다가 특이하게 생겨서 우연히 들어간 아이스크림 가게에서 그 지역 우유를 사용하여 만든 각종 아이스크림과 디저트뿐만 아니라 젖소 인형 등 기념품도 판매하고 있어서 구경도 하고 즐거운 시간을 보냈던 기억 이 난다. 이렇듯 특산물을 이용한 각종 요리와 먹거리들은 특별한 추억과 함 께 다시 찾고 싶은 동기를 만들어 준다.

대서양 연안 어촌 마을의 해산물 요리

미국에서 다녀본 여러 지역들 중에서 가장 기억에 남는 곳 중 하나는 동부 부유층이 여름휴가 때 자주 찾는다는 케이프 코드(Cape Cod)라는 곳과 락 포트(Rockport)라 불리는 어촌 마을이었다. 두 곳 모두 동북부에 위치한 어 촌이라서 그런지 분위기도 비슷하고 신선한 해산물을 저렴한 가격에 마음껏 먹을 수 있어서 시간이 날 때마다 자주 찾곤 했었다. 시골 마을이라 세련되지 는 않았지만 차분하고 소박한 분위기가 특별한 즐거움을 주었다.

보스턴에서 기차를 타고 40분이면 도착하는 작은 어촌 마을인 락포트에는 작은 피자가게, 아이스크림 가게, 골동품 가게, 기념품 가게 등 오래된 목조 건물과 볼거리들이 가득했다. 그렇게 구경을 하며 거리를 걷다 보면, 현지에 서 잡은 랍스터를 파는 가게도 있고 어부들이 맥주도 한 잔 하면서 랍스터를 쪄먹곤 했다는 창고형 식당도 있었다. 독특한 분위기의 이 창고형 식당에서 는 저렴한 가격에 랍스터를 사먹을 수 있다.

먼저 원하는 크기의 바닷가재를 고르면 직접 쪄서 보여주는데 가게 내부에 는 각종 소스와 음료수를 판매하고 있어 입맛에 맞게 골라서 먹을 수 있다. 비록 허름한 매점 같은 인테리어의 식당이지만, 작은 바닷가 마을의 정취를 느낄 수 있는 곳이라 잊혀지지 않는 곳이다.

항구 근처 어류 창고에서 어부들이 직접 잡은 해산물을 즉석에서 요리해서

락포트의 창고형 식당과 작은 가게들

먹던 것에서 기원한 이러한 식당들은 해산물이 많이 잡히고 관광객들이 붐비는 철에만 여는 경우도 있다. 그밖에도 인근 바다에서 잡히는 생선과 새우, 굴 등을 튀겨서 감자튀김과 함께 내놓는 피쉬 앤 칩스도 맛있었다.

또 하나의 인상적인 바닷가 소도시는 워싱턴디씨에서 차로 두 시간 정도 거리에 있는 메릴랜드 주의 아나폴리스(Annapolis)라는 곳이다. 세일링을 좋아하는 회사 동료가 주말마다 왕복 4시간의 운전을 마다하지 않는 동네였다. 동료의 차를 얻어 타고 다녀왔던 아나폴리스는 세일링의 천국이자 아름다운 작은 바닷가 마을이었다. 이곳에서는 근처 해협에서 주로 잡히는 게로 만든 다양한 요리를 맛볼 수 있었는데, 매일 무엇을 먹을지 고민이 될 정도였다. 아침에는 삶은 게살이 잔뜩 들어간 오믈렛 요리를 먹고 점심에는 소프트

크랩 샌드위치를 먹고 저녁에는
블루크랩 찜요리 전문점에 가는
식이었다. 다른 지역에서는 맛볼
수 없는 신선한 해산물 요리를 맛
있게 먹은 기억에 그 뒤 동생이
한국에서 놀러오자마자 그곳을
가자고 졸랐었다.

아나폴리스에서 맛보았던 소프트크랩 샌드위치

이렇듯 어떤 지역을 여행하는 것은 단순히 보는 것에 그치지 않고 미각까지 만족시켜 주는 소위 오감 여행이 트렌드가 되고 있다.

에티오피아의 커피 문화

국제보건 정책과 관련된 일을 하는 나는 아프리카의 많은 나라에 가볼 기회가 있었다. 에티오피아는 그중 자주 방문하는 곳이었다. 커피의 원산지답게 에티오피아 국민들은 정말 커피를 애호하고 자주 마셔서 놀랐던 기억이 있다. 회의 차 어느 곳을 방문하더라도 전통 방식으로 만든 커피를 내어주어 더욱 신기했다.

내가 머물던 한 호텔에는 전통 방식으로 커피를 내려주고 도란도란 앉아서 얘기하는 전통 커피숍이 있었다. 자주 이용하던 공항의 라운지에도 그렇게 커피를 내려주는 곳이 있어서 커피를 마시며 시간을 보내곤 했었다. 커피를 직접 볶아서 빻은 뒤에 진하게 내린 커피와 함께 보리와 땅콩 등을 볶아서 만든 콜로(Kolo)라는 전통 스낵과 함께 내어 주는데 무척 신기했다.

에티오피아는 두 번에 걸친 이탈리아의 침략을 받아 이탈리아의 영향을 곳곳에서 찾아 볼 수 있는데, 예를 들면 어디를 가나 볼 수 있는 피자와 파스타 등을 파는 이태리 음식점이 그것이다. 그럼에도 이태리식 커피숍을 찾기는 매우 힘든데 여기에서 에티오피아인들의 커피에 대한 자부심을 엿볼 수 있

에티오피아의 전통 커피숍

다. 자국의 커피 산업을 보호하기 위한 노력과 전통을 중시하는 노력은 가히 높이 살만 하였다. 이후에 나는 에티오피아 항공을 이용할 때면 콜로와 함께 에티오피아 커피를 주문하곤 했는데 에티오피아 승무원들이 그런 나를 신기한 듯 쳐다보곤 하였다. 이렇듯 한 나라의 음료 문화도 좋은 관광 상품이 될 수 있다는 생각이 든다.

3. 음식 마케팅으로 승부하자

우리나라의 도시 번화가는 어디를 가나 정신없는 간판이 눈을 피로하게 한다. 한 식당에서 크고 화려한 LED 간판을 사용하면, 옆 가게도 질세라 크고 화려한 간판을 내걸다보니, 소비자 입장에서는 간판 공해에 시달리게 된다. 깊은 산속이라고 해서 사정은 크게 다르지 않다. 아름다운 숲이 펼쳐진 조용한 산사로 가는 입구에도 여기가 속세라는 걸 각인이라도 시켜주려는 듯 간판이 화려하고 정신이 없다. 자연 속에서 조용히 쉬러 온 관광객 입장에서는 당혹스럽다. 본능적으로 조금이라도 덜 시끄럽고 단아한 간판의 식당을 찾게 된다. 하동에서는 간판 개선 사업이라도 한 듯 깔끔하고 통일된 간판이 눈에 띄기는 했지만, 끊임없이 깜빡거리며 글이 흐르는 LED 간판은 도시 한복판에 온 듯한 착각마저 불러일으킨다.

휴식에 어울리는 식당과 카페

간판 공해를 없애고 휴식과 힐링에 어울리는 소박하고 차분한 간판으로 교체하는 것만으로도 섬진강과 서지리산 지역을 차별화하는 효과가 매우 클 것이라 생각한다. 호객 행위도 없고, 조용한 음악이 흐르는 식당이나 카페에서 계곡 물소리를 듣고 새소리를 경청할 수 있다면 이보다 좋은 휴식이 어디 있을까 싶다.

도시에서는 카페나 레스토랑에 인위적으로라도 자연을 끌어들이기 위해 나무를 심거나 다양한 화분을 놓아 도심 속의 자연을 느낄 수 있도록 하는 인테리어를 종종 볼 수 있는데, 그냥 두어도 아름다운 자연을 제대로 느낄 수 없게 만드는 인테리어가 안타깝다. 내가 찾았던 지리산과 섬진강 주변의 많은 카페나 식당들이 그랬다. 강이 옆으로 흐르고 있는데도 언제 닦았는지 알 수 없을 정도로 탁한 유리창이 당혹스러울 정도였다.

간판 공해를 줄이고 자연 속에 어우러지는 공간을 만들려는 노력이 자율적으로 이루어진다면 좋겠지만, 현실적으로 기대하기 힘들다면 지자체가 주도하여 우수 간판 식당에 대한 시상과 홍보 등을 통해 지원하는 사업도 생각해 볼 수 있다. 간판을 교체하고 인테리어를 개선하길 바라는 식당에게는 해당 지역의 디자인 업체나 인테리어 업체와 연계하여 저렴한 비용에 할 수 있도록 지원하는 것도 좋은 방법이다.

사후 관리가 부실한 간판 정비 사업

식당 위생 관리의 강화

깊은 산속 계곡에 자리 잡은 식당이나 강변에 있는 식당에서 아무렇게나 집기를 근처에 쌓아놓고 음식물 찌꺼기를 주변에 흘려보내는 등 눈살을 찌푸리게 하는 모습을 종종 목격하게 된다. 물론, 소수겠지만 전체 이미지를 망치는 데는 한 곳으로도 충분하다.

섬진강과 서지리산 지역의 식당에서 놀랐던 것 중 하나는 하얀 비닐을 식탁 위에 덮어 놓고 쓴다는 것이다. 한 테이블의 손님들이 가고 나면 지저분해진 비닐을 걷어내는 식으로 정리를 하는데 그다지 위생적으로 느껴지지도 않고 제대로 대접받는 느낌도 들지 않는다. 테이블보를 사용하는 게 부담스럽다면, 깨끗한 행주로 잘 닦은 후에 수저를 놓을 수 있는 수저받침 종이 한 장만 깔면 해결될 일이다.

구례역 근처에서 SNS에 나름 소문이 난 식당을 방문했을 때의 일이다. 어김없이 하얀 비닐이 깔린 테이블 위에 화장실용 휴지가 놓여 있고 바닥은 제대로 마감이 되지 않았는지 먼지가 폴폴 날리고 있었다. 제대로 정리가 되지 않은 주방의 지저분한 모습을 보고서도 그대로 나가지 못하고 당황했던 기억이 있다. 이러한 문제는 관광지에 대한 인상을 결정하는 데 엄청난 영향을 미치기에 결코 가볍게 생각해서는 안 된다. 다시 찾고 싶은 식당, 나아가 다시 찾고 싶은 관광지 만들기의 시작은 위생 관리라고 믿는다.

1988년 우리나라가 올림픽을 준비할 때 공중 화장실을 새로 짓고 수세식 화장실로 교체하는 업장에 정부가 지원을 해주었다는 이야기를 들은 적이 있다. 버스터미널만이라도 깨끗한 수세식 화장실을 갖출 수 있도록 지원해주면 어떨까. 음식점이나 카페 등 관광객들이 많이 이용하는 시설을 깨끗하게 정비하는 사업에 지역의 인테리어 업자와 연계하여 저렴하게 수리할 수 있는 프로그램을 운영해도 좋을 것이다.

온라인 마케팅의 가능성

인터넷과 스마트폰의 발달은 관광지에서 식당을 찾고 음식을 즐기는 방법을 크게 바꾸어 놓았다. 예전에 갔던 곳이 좋아서 다시 가는 경우도 있지만, 새로 생긴 좋은 곳이 없나 검색하는 것이 일상이 되었다. 먼저 다녀간 사람들의 평가나 리뷰도 꼼꼼히 챙겨 보고 나서야 한 끼 식사를 선택하는 것이 당연시 되자, 식당 주인들이 돈을 주고 좋은 리뷰를 쓰도록 고용하는 경우까지 생겨나고 있다고 한다.

블로그 리뷰와 별점의 위력은 처음 가는 낯선 지역일수록 크게 느껴진다.

지리산에서 생산된 녹차로 만든 녹차아이스크림

스마트폰에 길들여진 스마트한 컨슈머들에게 해외도 예외가 아니다. 세계 곳곳의 여행지에도 먹을 만한 식당에 대한 정보가 넘쳐난다. 위생 상태부터 맛, 인테리어, 심지어 서비스 수준에 대한 멘트도 잊지 않는다.

내가 처음 서지리산과 섬진강 지역을 여행하면서 느낀 점은 이러한 정보가 이상하리만치 적다는 사실이었다. 이는 이 지역을 찾는 관광객이 상대적으로 적거나 주 연령층이 다소 높다는 것을 반증한다고 할 수 있다. 빅데이터 분석을 통해 보다 정확한 자료를 얻을 수 있을 것이다. 어쨌든 요즈음은 SNS에 방문한 음식점이나 카페 사진을 찍어 올리면 무료로 음료를 주는 등 다양한 마케팅 기법을 통하여 잠재 고객에게 정보를 제공하기도 한다. 음식점이나 카페에서 적극적으로 정보를 제공하고 보다 많은 고객을 유치하는 데도 도움이 될 것이다.

지리산 계곡의 물소리를 들으며 지역에서 생산된 녹차아이스크림과 차를 마실 수 있다면 다시 가고 싶지 않은가? SNS에서 이 지역 식당과 카페 중 가장 많은 리뷰를 받은 녹차 전문점을 찾았을 때, 새로운 가능성을 확인할 수 있었다. 다시 찾고 싶은 섬진강과 서지리산 만들기 프로젝트는 바로 오감이 행복해지는 곳에서 시작된다고 믿는다.

특산품 체험

가을에 하동을 방문하면 산과 들에 주렁주렁 매달려 있는 감과 밤을 쉽게 볼 수 있다. 하동과 구례 등에서 생산되는 밤은 전국 생산량의 40%에 달한다고 한다. 그래서인지 가을에 서지리산 지역을 찾았을 때 곳곳에 주렁주렁 달린 잘 익은 밤알이 침샘을 자극했다. 여기저기 굴러다니는 알밤을 보면서 밤을 따는 체험을 해볼 수 있었으면 하는 생각이 들었다. 예를 들면, 두 시간 밤 따기 체험을 하고 한 봉지 가져가는 데 2만 원 정도의 비용이라면 해보고 싶을 것 같다는 생각이 들었다. 시골에서 사람이 귀하다 보니 일할 사람을 구하기도 힘들다고 하는데, 수확철에 밤 따기 체험 같은 프로그램을 운영한다면 괜찮지 않을까 하는 생각이 든다.

그밖에도 가을에 주렁주렁 매달린 단감이라든지 밭에서 자라는 신선한 채소를 직접 수확하는 체험 학습도 하고 신선한 식재료를 바로 구입해서 캠핑 요리도 할 수 있으면 좋을 것 같다. 도시에서 자란 아이들에게 각종 채소들이 어떻게 재배되고 어떤 모양인지 배울 수 있는 학습 겸 즐거운 체험 활동이 될 수 있으리라 믿는다.

또한 그렇게 수확한 과일이나 채소를 이용하여 바로 음식을 만들어 파는 곳이 있으면 금상첨화일 것 같다. 예를 들어, 멋진 음식점이 아니더라도 막 수확한 밤을 쪄 먹거나 구워 먹을 수 있다든지, 직접 수확한 복숭아로 잼을 만들어 식빵과 함께 먹을 수 있는 가게가 있다면 더욱 뜻 깊은 추억을 만들어 주리라 생각된다.

특산품을 활용한 메뉴 개발

무언가를 먹고 싶은 마음에 어떤 지역이나 나라를 여행한 경험이 있는가? 여행을 떠나기 전 자료를 조사할 때 생각보다 많은 사람들이 방문 지역의 맛집이나 먹고 싶은 음식을 검색해 본다고 한다. 예를 들면, 벨기에 여행 계획을 세우면서 홍합 요리와 감자 그리고 와플 가게 등을 검색하는 것이다. 국내에서도 제주도 하면 옥돔, 갈치, 전복죽 등 지역에서 나는 다양한 음식을 떠올리고 여행 일정에 넣고 예산을 짜기도 한다.

아쉽게도 섬진강과 서지리산 지역은 떠올릴 수 있는 먹거리 아이템이 좀 부족하다는 느낌이다. 실제로 쌍계사 가는 길에 위치한 천년이나 된 차나무로 유명한 다원이나 인근 식당에는 지역 명물인 녹차 아이스크림조차 쉽게 찾아보기 힘들었다. 아름다운 녹차밭을 감상하면서 인근에서 생산된 녹차를 이용한 음식을 맛볼 수 있다면 금상첨화일 것이다.

숙성 단계에 따른 다양한 맛의 녹차를 테이스팅해 보거나 자기 입맛에 맞

하동의 녹차밭

는 녹차를 찾는다든지 할 수 있는, 뭔가 차별화된 고급스러운 녹차 전문점을 만들어 봐도 좋을 것 같다. 사실 녹차는 즐기지 않는 사람들에게는 그다지 관심이 가는 음료가 아닐 수 있으므로 다양한 체험 프로그램을 개발하여 쉽게 즐길 수 있도록 하는 노력이 필요하다. 쌍계사 가는 길에 위치한 하동 야생차 박물관도 방문해 보았지만, 다양한 녹차를 시음해 보는 프로그램이 부족하여 실망스러웠다.

기존 시설을 이용한 시음 행사뿐만 아니라 지리산 녹차와 야생차에 대해 다양하게 체험해 볼 수 있는 프로그램이 더 개발되었으면 하는 바람이다. 관광객들이 찾지 않는다고 해서 프로그램 개발을 망설일 것이 아니라, 실속 있는 프로그램을 꾸준히 개발, 운영하여 녹차나 국산 야생차에 대해 더 많은 사람들에게 알리고 체험해 볼 수 있는 기회를 제공할 필요가 있다는 생각이다.

음식과 먹거리를 대중화하고 관광 상품화하는 데는 마케팅의 역할이 매우 중요하다. 국민소득이 증가하고 우리나라를 방문하는 해외 여행객들이 증가함에 따라 대도시를 중심으로 이국적인 먹거리를 파는 음식점들이 점점 더 많아지고 있다. 예를 들면, 이십여 년 전만 해도 우리나라에서 베트남 포 국수를 파는 음식점은 서울에 한두 군데밖에 없었던 것으로 기억한다. 이러한 다변화와 저변 확대에는 많은 시간과 경험의 축적이 필요하다. 이제부터라도 우리나라의 야생차와 다도 전통을 널리 알리고 많은 사람들이 즐기고 음미할 수 있도록 각고의 노력을 기울여야 할 이유가 여기에 있다.

11장 섬진강과 서지리산의 브랜딩 전략

1. 섬진강과 서지리산 하면 떠오르는 것

해외 출장이 잦은 국제보건 관련 일을 하다 보니 휴가 때는 자연스레 외국 여행을 꺼리게 된다. 그러다가 지난겨울에 어머니 칠순을 맞아 괌으로 효도 관광을 떠났다. 오랜만에 가는 외국 자유여행인데다 어머니를 모시고 가다 보니 먹는 것 등 걱정거리가 많았다. 하지만 막상 괌에 도착하니 나의 걱정이 무색하게 한국사람 반, 외국인 반이라 해도 될 만큼 어디를 가나 한국인 관광객으로 붐볐다. 호텔에는 김치와 불고기 등 각종 한국 음식이 구비되어 있었으며, 구경삼아 들른 특급호텔마다 컵라면이나 즉석밥 등 한국인을 위한 서비스가 잘 갖춰져 있었다. 서툰 한국어로 인사하는 호텔 직원과 인근 쇼핑센터까지 운행하는 무료 차량 서비스 등을 보면서 한국인을 사로잡은 괌 관광산업의 경쟁력을 실감할 수 있었다.

지인들에게 듣는 평이나 인터넷 카페에 실린 여행 후기를 보아도 한국에서

곰이라고 하면 부모님을 모시고 가든 어린아이를 동반하든 안전하고 편하게 쉴 수 있는 곳으로 자리를 잡은 느낌이다. 주변에 곰에 다녀왔다고 얘기했더니 대다수의 반응이 "응, 거기 좋지? 나도 또 가고 싶어." 내지는 "태교 여행에 딱인 거 같아." 등 즉각적이고도 긍정적인 답이 돌아온다. 해외로 나가는 연간 관광객이 3천 만 명에 육박한다더니 정말 곰 정도는 가볍게 다녀오는 휴가지 수준으로 느껴지는 모양새다.

그런데 정작 섬진강과 지리산을 다녀와서 얘기했을 때는 반응들이 미적지근하다. 우선 어디 다녀왔는지 설명하는 것도 간단하지 않다. 예를 들면, "이번에 섬진강을 따라 지리산 서쪽 자락에 있는 하동이랑 구례를 다녀왔어."라고 말해도 어디서 어떤 여행을 했는지 확실히 떠오르는 이미지가 없는지 뚜렷한 반응이 나오지 않는다. 대부분은 "음, 그래서 어디를 여행한 거야?", "그래? 거기 좋아?", "어디에 묵었어?", "갈만 해?" 정도의 답이 돌아온다.

지리산이 워낙 경상남도와 전라남북도에 걸친 큰 산이다 보니 그냥 지리산 다녀왔다고 하면 애매한 구석이 있다. 게다가 산청에서 출발하여 중산리를 거쳐 천왕봉을 오르는 코스와는 전혀 다르기에 구별할 필요도 있다. 전라도 구례와 그 아래 경남 하동까지 이어지는 섬진강과 인근 지리산 자락을 한데 묶어 여행하는 코스를 지칭하는 특별한 브랜드 개발이 필요하다고 생각된다. 사실 곡성에서 구례, 화개장터, 하동으로 이어지는 서지리산 여행은 굳이 등반을 하지 않더라도 자연의 아름다움을 만끽하며 휴식을 취

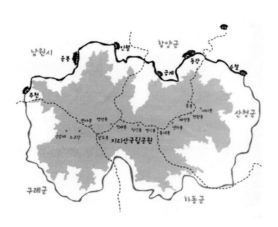

지리산 국립공원의 행정 경계

할 수 있는 뛰어난 관광 코스이다. 그럼에도 외국 여행을 대체할 수 있는 수준의 관광지로 개발되지 않은 이유는 무엇일까?

어릴 때 주말이나 연휴에 부모님과 함께 여행을 떠나면 꽉 막힌 도로에서 차 안에 갇혀 시간을 보내기가 일쑤였다. 그러나 요즘은 그러한 현상을 수도권 인근 지역을 제외하고는 찾아보기 힘들다. 연휴에는 다들 외국으로 떠나기 때문에 오히려 도로가 한산한 경우도 많다. 어쩌다가 여행이라고 하면 곧 해외여행을 떠올리는 관념이 생겨난 것인지 궁금할 정도다.

미국에서 지낼 때의 일이다. 같은 사무실에서 일하는 미국인 동료가 연휴에 국립공원에 다녀왔다며 달력을 보여주었다. 미국 전역의 국립공원을 찍은 달력 사진이었는데, 국립공원 연간 이용권을 구입한 사람들에게만 한정 판매를 한다는 것이었다. 너무나 자랑스러워하며 달력을 보여주는데 자기 나라의 국토에 대한 애정이 듬뿍 묻어나는 것이 인상 깊었다. 내심 우리나라 국립공원의 사진을 담은 달력을 만들어 판매하더라도 내셔널지오그래픽 수준의 사진이 아니면 그다지 호응이 없을 것 같다는 생각이 들었다. 우리나라 관광산업에 대한 투자는 도대체 어떻게 이루어지고 있는 것일까 하는 의구심마저 들었다.

이제는 1인당 국민소득이 3만 불이 넘고 해외로 나가는 여행객이 연간 3천만 명에 달할 정도로 생활수준과 눈높이가 높아졌다. 하지만 아쉽게도 우리나라의 관광 인프라와 서비스는 아직 갈 길이 먼 것 같다. 예를 들어 서지리산과 섬진강 지역을 막상 찾아보면 아름다운 자연 경관을 만끽하며 편안하게 쉴 수 있는 숙박시설과 편의시설이 매우 부족한 것을 알 수 있다. 그 결과 해외여행으로 눈이 잔뜩 높아진 관광객들의 외면을 받고 있는 것이 현실인 것 같다.

소위 호캉스라고 하여 호텔에서만 3박 4일 휴가를 즐기며 사우나, 수영, 마사지 등 서비스를 즐기고 쉬다 가는 것이 트렌드가 되었음에도 불구하고 섬진강과 지리산을 찾는 관광객은 딱히 그러한 선택의 여지가 없다. 알프스에 버금가는 지리산의 산세와 아름다운 섬진강을 보고 있노라면, 이런 곳에서 느긋하게 특급 호텔 서비스를 즐길 수 있는 숙박시설이 있으면 하는 아쉬움이 남는다.

또 하나의 이유로는 서지리산과 섬진강 지역에 대한 홍보가 부족한 점, 그것도 지자체 별로 분산되어 지역 전체의 매력을 보여주지 못하고 있다는 점을 꼽을 수 있다. 예를 들어, 섬진강을 따라 지리산 사찰을 둘러보고 둘레길을 걸으며 쌍계사 인근 다원을 방문하는 힐링을 테마로 하는 여행을 한다고 했을 때, 이를 지칭할 수 있는 여행 브랜드가 딱히 없는 것이다. 방문 지역의 공식 명칭을 따라 구례와 하동을 여행한다고 하면 섬진강과 지리산이 빠져 몹시 허전하다.

실제로 여행을 하다 보면 행정구역에 따라 제공하는 여행 정보도 나뉘어 있어 불편할 때가 많았다. 하동의 안내지도나 구례의 안내지도는 따로 보면 모두 정보도 우수하고 잘 만들어져 있는 것 같지만, 두 곳을 모두 여행하는 관광객에게는 불편한 점이 있다. 예를 들면, 지도상의 둘레길의 표기가 다르고 두 지역이 만나는 접경지대는 거의 생략되어 있어 교통이나 이동 경로를 쉽게 알 수 없다. 행정구역이 나뉘어 있다고 해서 서지리산을 공유하는 하나의 권역이 이렇게 따로따로 움직여야 한다는 것은 참으로 불합리하고 아쉬운 일이다.

지리산은 전라도와 경상도에 넓게 걸쳐 있다. 지리산을 여행하는 사람들은 경상도 쪽에서 함양이나 산청을 거쳐 동쪽으로 오르는 경로와 구례나 하동을 거쳐 서쪽을 여행하는 경로를 선택할 수 있다. 동쪽 지리산과 달리 서쪽 지리산은 섬진강 따라 발달한 여러 마을이 아름다운 경관과 어우러져 독특한 분위기를 자아낸다. 따라서 이 지역이 가진 장점을 살려 새롭게 브랜딩하면, 외국의 유명 관광지 못지않게 많은 관광객이 찾는 지역이 될 수 있다고 생각한다. 이 책을 쓰기 위해 답사하는 동안 만났던 외국인 관광객들도 국내 어느 관광지 못지않게 아름답다고 만족한 반응을 보였던 걸 보면, 우리나라를 찾는 외국인들에게도 충분히 경쟁력 있는 관광지가 될 수 있다고 본다.

2. 외국의 성공적인 브랜딩 사례

관광지 개발과 지역 경제 활성화를 위한 마케팅 전략 중 하나로 지역 브랜딩(place branding)이라는 게 있다. 사전적으로는 일관된 브랜드 요소를 선택하여 긍정적인 이미지를 구축하고 그 지역을 다른 지역과 구분하고자 하는 활동을 뜻한다. 특정 도시나 지역에 대한 브랜딩 전략이 본격적으로 도입된 것은 1990년대부터라고 하는데, 뉴욕시는 비교적 이른 1970년대 말에 시작하여 지역 브랜딩에 성공한 사례로 꼽힌다.

뉴욕시의 도시 브랜드 'I Love New York'

1930년대 마천루가 만들어지고 제2차 세계대전 이후 전 세계에서 많은 예술가들과 자산가들이 몰려든 뉴욕시는 미국을 대표하는 도시가 되었다. 하지만 몇 십 년이 흘러 1970년대가 되자 뉴욕시는 지저분한 지하철과 쥐가 들끓는 도시로 전락했다. 우리가 흔히 기억하는 당시의 뉴욕은 할리우드 영화 속에서 위험하고 지저분하고 냄새나는 곳으로 묘사되었다.

뉴욕시의 'I Love New York' 로고

그러나 1970년대 말부터 'I Love New York'이라는 슬로건으로 내걸고 각고의 노력을 기울인 끝에 오늘날 뉴욕시는 누구나 방문하고 싶은 관광지가 되었다. 'I Love New York'이라는 문구와 도시 브랜드는 1977년 뉴욕시 상무부의 부행정관인 윌리엄 도일(William S. Doyle)이 마케팅 전략을 세우기 위해 고용한 광고에이전시가 처음 제안한 것이다. 이후 'I Love New York'은 뉴욕시 어디에서나 볼 수 있는 상징이 되었고, 홍보용으로 제작된 동명의 팝송은 아직도 많은 사랑을 받고 있다. 이 문구는 티셔츠나 머그컵 같은 뉴욕시 기념품에도 수십 년째 등장하고 있으며 여전히 많은 관광객들의 구입하고 있다.

이러한 뉴욕의 성공에 자극받아 홍콩, 스페인, 호주 등 세계 여러 나라에서도 지역 브랜딩 전략을 도입하여 대대적인 홍보 활동을 시작했고 그 결과는 매우 성공적이었다.

일본의 '북알프스' 도야마시의 지역 브랜딩

일본의 북알프스라 불리는 도야마는 자연 환경을 보존하면서도 관광지로 잘 개발된 사례로 꼽는다. 십여 년 전 나가노를 거쳐 일본의 지붕이라 불리는 타테야마를 여행했던 기억이 아직도 생생하다. 도야마를 찾았던 날은 엄청나게 눈이 퍼붓던 겨울이었다. 버스를 타고 꼬불꼬불한 산길을 달려 케이블카와 로프웨이, 지하케이블을 갈아타고 산허리에 올랐다. 일본에 알프스와 비

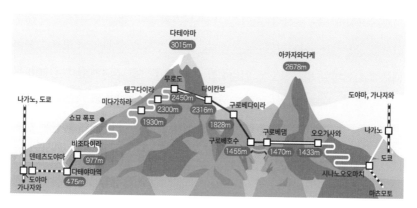

다테야마 알펜 루트

도야마시의 지역 브랜드 특산품들

견할 만한 산악지대가 있다는 것도 놀라웠지만, 더욱 충격적이었던 것은 스위스의 체르마트나 인터라켄에서나 있을 법한 각종 케이블카와 로프웨이 등의 시설이었다. 3,000미터가 넘는 봉우리만 9개 이상 되는 도야마 산맥을 쉽게 관광할 수 있도록 하면서도 전기차 등 친환경 설비를 사용하여 환경을 보존하면서도 아름다운 경관을 쉽게 볼 수 있도록 만들어 놓았다. 일본의 체계적이고도 친환경적인 관광지 개발이 부러웠다.

도야마시에서는 도야마 지역의 브랜딩을 위하여 많은 노력을 기울였다. 일본을 방문하는 관광객들이 주로 도쿄, 교토, 오사카 등 대도시 위주로 찾기 때문에 도야마를 방문하도록 미디어를 이용한 홍보를 강화하였으며, 팸투어 등을 통하여 관광산업 전문가들을 초대하는 등의 마케팅을 하였다.

도야마 지역을 찾는 관광객들을 위한 관광 기념품이나 지역 특산품 등을 개발하는 것에도 브랜딩을 적극 활용하였다. 또한 도야마 지역 지자체에서는 지역 특산물의 패키지 디자인 공모를 통하여 도야마 지역의 관광 브랜드를 더욱 통일성 있게 하였으며 이후 매출도 증가하였다고 한다.

프랑스의 프로방스 지역

스위스 제네바에 위치한 세계보건기구에서 인턴을 하던 시절, 주말에는 항상 여행을 떠났다. 그중 인상 깊었던 여행지는 태양이 눈부시던 프로방스 지역이었다. 연극 축제로 유명한 아비뇽, 세잔느의 고향 엑상프로방스(Aix-en-Provence), 아름다운 지중해 항구도시 마르세유, 영화의 전당 칸 등 프랑스 인구 5백만 정도가 사는 지방에 우리가 익히 들어 아는 소도시들이 빽빽이 자리 잡고 있어 놀랐던 기억이 있다. 주도인 마르세유를 제외하면 인구 몇 십만에 불과한 소도시인데도 어디를 가든 그 지역의 특색 있는 문화를 잘 부각시켜서 훌륭한 관광 상품으로 개발해 놓은 모습이 인상적이었다. 각 소도시들의 특징을 잘 부각시키면서도 프로방스 지역 전체에 대한 브랜딩도 인상적이었는데 가는 곳마다 같은 테마의 깃발들이 나부끼고 있어서 마치 운동회나 카니발을 연상시키는 즐거움도 있었다.

프로방스 여행 계획을 세울 때도 주요 도시들과 기차 경로, 시간표 등이 잘 소개되어 있어 수월했던 기억이 있다. 프로방스 지방의 도시들은 사실 개별 도시들의 특징이나 볼거리가 저마다 달라 따로 홍보하고 싶을 법도 한데, 통일성 있는 틀을 유지하면서 홍보하는 모습이 이채로웠다. 예를 들면, '프로방스에서 반드시 가봐야 할 25곳' 식으로 홍보를 하니, 지역 내 유명 관광지뿐만 아니라 그다지 유명하지 않은 소도시에도 관광객의 발길을 끌 수 있는 장점이 있는 것 같았다.

우리가 흔히 프로방스라고 부르는 지역은 프랑스의 18개 행정구역 중 하나로 프로방스-알프-코트-다쥐르(Provence-Alpes-Côte d'Azur) 주를 줄인 명칭이다. 프로방스 행정지구에 소속된 도시들은 반 고흐가 살았던 곳으로 알려진 아를(Arles)과 칸 영화제로 유명한 칸(Cannes) 등 20여 개의 도시가 있다. 주도인 마르세유(Marseille)는 프랑스에서 두 번째로 큰 도시로 인구

프랑스 관광 안내 사이트의 프로방스 소개

는 약 86만 명으로 파리, 리옹 다음으로 인구가 많은 도시이다.

　프로방스 지방을 여행하는 사람들은 강렬한 햇빛과 보라색의 아름다운 라벤더 꽃, 에메랄드빛 지중해 바다를 떠올릴 뿐 마르세유를 특별히 기억하지 않는다. 그만큼 프로방스 지방의 통합 브랜딩과 관광 마케팅이 잘 되어 있기 때문이 아닐까 한다. 큰 도시나 유명 관광지 위주의 관광 마케팅이 아니기에 오히려 프로방스의 다른 소도시나 지방에 골고루 관광객을 유치할 수 있는 것이다.

　이러한 사례를 보면서 부족한 예산으로 지역별로 홍보하기보다는 좀 더 큰 단위로 묶어 홍보하는 것이 유리하지 않을까 하는 생각을 해보았다. 서지리산과 섬진강 지역도 마찬가지다. 작은 도시들이 저마다 경쟁하듯 홍보물을 쏟아내고 마케팅을 할 것이 아니라, 지역 전체를 묶어 함께 홍보하고 브랜딩을 강화한다면 더 효과적일 것으로 기대된다.

　외국인 관광객 입장에서 볼 때도 프랑스 남부 지역을 여행하면서 인구

4~5만 명에 불과한 소도시들까지 기억하게 만드는 힘은 무엇일까 하는 궁금증이 들었다. 물론 그 작은 도시에서 배출한 세계적인 예술가들도 있지만, 그 문화를 지키고 관광 상품으로 개발한 것은 후세의 노력이 아닐까 한다. 프랑스를 여행할 때, 파리 등 대도시만 보고 오는 것이 아니라 남부의 소도시들까지 여행하고 싶게끔 만드는 것은 브랜딩의 힘이 크다고 생각된다. 프로방스 지방의 소도시들이 경쟁적으로 관광객을 유치하기보다는 지역을 묶어서 함께 홍보함으로써 관광객의 기호에 맞게 선택할 수 있는 폭도 넓히고 상생하는 전략을 구사하는 것이 매우 인상적이다.

3. 섬진강과 서지리산 지역 브랜딩

섬진강과 서지리산 지역을 여행하려는 사람들에게 이 지역의 특징과 방문할 만한 곳을 쉽게 알 수 있도록 하고 지역 자체의 인지도를 높이기 위한 지역 브랜딩이 필요하다. 이 지역을 여행하기로 마음먹은 결정적인 계기나 이유가 무엇인지 분석하여 비교 우위를 갖는 강점을 마케팅의 중심에 둔 브랜딩이어야지 지역 특화가 가능할 것이다. 예를 들어, 한국의 많은 관광지 중에서 서지리산과 섬진강 지역하면 떠올리는 이미지를 부각시키거나, 딱히 없다면 새롭게 만들어 어필하는 전략이 필요하다.

통합된 브랜딩의 필요성

지역 브랜딩 전략에는 홍보하고자 하는 이미지를 강화하기 위한 이름 짓기 (naming)나 로고, 상징, 문자그래픽, 캐릭터 디자인 작업 등이 포함된다. 이러한 작업들은 그 도시 혹은 지역을 다른 곳과 차별화하고 방문했을 때 충족되리라 기대하게 되는 포인트를 각인시키는 역할을 한다. 요즈음은 관광과 방문을 유도하는 마케팅을 넘어 그 지역이 가진 철학과 이야기를 공유하고 그곳에 거주하는 사람들과 감정적 유대를 함께 나누는 것까지 포함하는 것이 추세이다. 이렇게 강화된 지역 이미지와 정보는 관광객이 그 지역 방문을 결정하는 중요한 요소가 된다. 섬진강을 품은 서지리산 지역의 독특한 자연과 문화, 그리고 역사를 통합적 이미지로 새롭게 브랜딩하는 작업이 반드시 필요한 이유이다.

일관된 마케팅 전략

우리나라 여러 지역을 여행하면서 일관된 마케팅 전략이 부재하여 지역 브랜드가 제대로 정착되지 못하는 사례를 종종 목격한다. 예를 들어, "대한민국 알프스 하동"이라는 로고가 언제부터 사용되었는지 모르겠지만, 하동 이곳저곳을 여행하면서 본 기억이 거의 없다. 그러다가 얼마 전 화개천을 가로지르는 남도대교 밑 콘크리트 벽에 그려진 벽화(?)에서 "대한민국 알프스 하동"이라는 글귀와 로고를 볼 수 있었다. 하지만 몹시 낡아 페인트도 벗겨진 채 방치된 이 벽화는 오히려 "대한민국 알프스 하동"이라는 브랜드가 예전 것이라 이제는 없어진 것인가 하는 의문만 안겨주었다.

홍보에는 물론 많은 예산이 소요된다. 그러나 전 국민, 나아가 우리나라를 찾는 외국인 관광객에게까지 지역 이미지를 각인시키려면 지속적인 홍보 작업이 필요하다. 물론 이에 걸맞은 사진이나 이미지를 활용하여 인터넷 검색에도 노출될 수 있도록 해야 한다. 예를 들어, "대한민국 알프스 하동"이라는 주제로 '여행 사진 공모전'을 열면 그 지역을 여행한 사진동호회나 애호가들의 좋은 사진들을 확보할 수 있을 것이다. 이런 식으로 많은 예산을 들이지 않더라도 지역 브랜드를 알리는 방법을 개발해야 한다.

섬진강과 서지리산에 대한 브랜딩도 마찬가지다. 대한민국의 알프스가 하동이라면 지리산과 섬진강을 공유하는 구례나 인근 지역들도 그 알프스에 포함되는 것이 맞을 것이다. 따라서 "대한민국 알프스 하동"이라는 브랜딩은 오

화개천변에 세워져 있는 하동 지역 브랜드 광고판

히려 지리산 자락의 다른 도시와 지역을 소외시키는 듯한 이미지를 준다. 따라서 통합적인 브랜드를 개발하되 지속적인 홍보를 통해 관광객들에게 서지리산과 섬진강 지역의 이미지를 각인시켜 세대를 이어 찾아오는 관광지로 거듭나야 한다.

국내 어느 지역을 가더라도 등산이나 맛집 순례, 산악 활동 같은 다양한 관광 상품은 널려 있다. 특화된 마케팅 없는 지역관광 개발이나 상품 개발은 꾸준한 관광객을 유치하기 어려운 실정이다. '서지리산과 섬진강' 하면 깨끗한 강에서 래프팅도 할 수 있고, 아이들과 손잡고 강에서 사는 물고기들과 수생 식물들을 직접 보고 체험할 수 있으며, 아름다운 지리산에서 하이킹을 하고 나서 편안하게 쉴 수 있는 온천이 개발되어 있는 곳이라는 식의 일관성 있는 마케팅이 중요하다. 우리 지역에도 다른 지역에 있는 거 다 있다는 식은 곤란하다. 왜냐하면 동일한 관광 상품이라면 대도시나 기존의 유명 관광지들이 훨씬 뛰어나기 마련이기 때문이다. 따라서 복잡한 도시에서 벗어나 자연에서 힐링을 할 수 있되, 다른 지역과 차별화할 수 있는 고유 상품을 개발하고 일관된 이미지와 브랜딩을 통한 마케팅 전략이 필요한 것이다.

마케팅 대상도 차별화가 필요하다. 대학생이나 청년층을 타깃으로 하는 마케팅과 가족 단위의 관광객, 조용히 호캉스를 떠나기를 원하는 대도시 직장인층 등 다양한 니즈에 맞는 마케팅 전략이 필요하다. 요즘 지방자치단체에서 앞다투어 지역관광 마케팅을 강화하는 움직임을 볼 수 있다. 하지만 아쉽게도 홍보 영상이나 잡지 광고를 보고 '아, 정말 가보고 싶다.'라고 느낀 적은 매우 드물다. 많은 경우, 블로그나 입소문을 통해 찾는 것이 현실이다. 스마트해진 관광객들의 눈높이에 맞는 발 빠른 대응이 없다면, 국내 관광지의 미래는 암울할 수밖에 없다. 해외 관광지와 경쟁해야 하는 국내 관광지의 경우, 2박 3일 이상의 장기 휴가를 계획하더라도 알차게 여행할 수 있는 다양한 관광 상품의 개발과 마케팅 전략이 없으면 경쟁력을 회복하는 것은 더욱 어려울 것이다.

우리나라 대도시의 지역 브랜딩 로고

브랜딩 전략에 맞는 홍보

지역관광 마케팅에서 가장 시급한 것 중 하나는 홍보이다. 요즘 TV를 보면, 국내 관광지를 소개하는 프로그램을 찾아보기가 힘들다. 대부분의 예능 프로그램이나 다큐 형식의 프로그램은 해외 여행지와 문화를 소개하기에 바쁘다. 불과 5~6년 전만 해도 국내 여행지를 소개하는 프로그램이 인기를 얻어 많은 내국인들이 국내 여행지를 찾아 떠나는 것이 유행이었다. 자가용이 대중적으로 보급되기 시작한 1980년대 이후 주말이면 나들이객들로 도로가 몸살을 앓았던 적도 있었다. 그러나 언젠가부터 연휴에는 공항으로 가는 도로가 몸살을 앓게 되었다. 차갑게 식은 국내 관광산업에 대한 정책 당국자를 비롯한 관련 종사자들의 발상 전환이 절실한 이유이다.

가장 먼저 지역관광지의 브랜딩 전략에 따른 일관된 홍보를 통하여 민관이 같은 목소리를 내는 것이 시급하다. 예를 들어, 서지리산과 섬진강 지역을 홍보하는 데 방송이나 잡지, 인터넷 홈페이지 등 다양한 매체 광고를 통해서 같은 목소리를 내도록 함으로써 일관된 지역 홍보를 할 수 있을 것이다. 이런 홍보는 민관에서 함께 진행할 수 있도록 이미지와 문구, 로고 등은 지방자치단체에서 개발하여 사기업이나 단체에서도 자유롭게 사용할 수 있도록 보급하는 것이 필요하다. 다른 선진국의 사례에서도 살펴본 것처럼, 지방자치단체에서 운영하는 관광홍보 홈페이지에도 다양한 관광 상품과 프로그램을 홍보하되 일관된 마케팅 및 홍보 전략을 통하여 시너지 효과를 낼 수 있도록 지원하는 것이 성공의 열쇠라고 생각한다.

12장 공공디자인과 지역 이미지

1. 도시 이미지와 공공디자인

한 도시를 여행하고 나면 머릿속에 남는 색깔이 있다. 예를 들면, 스위스의 관광지마다 볼 수 있는 밝은 빨간색이나 독일의 짙은 노란색 같은 것이다. 그러한 색깔들은 도시 이미지를 결정하는 공공디자인의 일환으로 채택된 것이다. 스위스를 여행하다 보면, 안내 표지판이나 거리의 벤치까지도 밝고 산뜻한 색으로 되어 있어 어디서나 경쾌한 기분이 들게 한다. 이처럼 공공시설에서 통일성 있게 사용된 색상과 디자인은 일관되고 세련된 도시 이미지를 만들어 준다.

2005년 필자가 과천 국립현대미술관에서 도슨트로 자원봉사를 할 때의 일이다. 프랑스의 미술가 제라르 프로망제(Gerard Fromanger) 씨의 특별전시회를 맞아 화가가 우리나라에 방문하였는데, 도슨트로서 강연에 참가할 기회가 있었다. 그때 프로망제 씨가 한국에 대한 자신의 첫인상을 이야기한 것

스위스 체르마트 지역의 공공디자인. 높은 시인성과 함께 경관에 악센트를 만들어 준다.

이 아직도 생생히 기억이 난다.

"나는 한국에 오게 되어 설레었다. 과연 한국의 도시들은 어떤 색깔을 띠고 있을지, 교통 표지판에는 어떤 색을 사용하는지 정말 궁금했다. 그러나 실망스럽게도 한국의 교통 표지판은 너무 심심한 초록색을 사용하고 있었고 다른 표지판들도 별반 다르지 않았다. 그럼에도 나는 한국의 아름다운 색을 거리의 가로수 단풍에서 찾았다. 너무나 아름다운 한국의 가을을 다음에도 느껴보고 싶다."

그의 대답에 나는 얼굴이 붉어졌다. 내가 평소 느꼈던 점을 처음 방문한 외국인이 꼭 집어내는 것이 놀랍기도 했다. 아무튼 노화가의 한국에 대한 첫인상은 내 기억 속에 오래도록 남았다.

미술을 직업으로 삼는 전문가가 아니더라도 공공디자인이 만들어내는 도시 이미지는 일상생활에서 쉽게 찾아낼 수 있다. 얼마 전 수년 만에 서울을 방문한 미국인 친구가 서울의 발전상이 놀랍다고 했다. 베이징처럼 자고 일어나면 새 빌딩이 들어서 랜드마크가 바뀌는 것도 아니고 그다지 변화가 없는 것 같은데 뭐가 놀랍냐고 물으니 도시가 정돈되고 세련되게 바뀌는 게 느껴진다면서 특히 공공 교통시스템의 발전은 정말 놀랍고 부럽다고 했다. 예전에 비해 지하철을 찾기도 쉽고 표지판을 읽기도 수월해졌다는 말에 수긍이 갔다. 사실 도시 이미지를 결정하고 바꾸는 것은 시내에 늘어선 고층건물이나 대단지 아파트가 아니라 통일된 색상의 표지판이나 정돈된 공원과 가로수일지도 모르겠다. 적어도 나에게는 그렇다.

섬진강을 따라 구례, 하동, 화개장터 인근 마을을 여행하면서 눈여겨보았던 것 중 하나는 각종 안내 표지판이었다. 특히 하동의 경우, 주변 경관과도 잘 어울리는 통일성 있는 안내 표지판이 시선을 끌었다. 심지어 음식점 등 가게도 통일되고 깔끔한 디자인의 간판이 걸려 있어 찾기도 쉽고 보기에도 좋았다. 지자체에서 지원한 것으로 보이는 통일된 디자인의 간판은 지역 이미지를 좀 더 깨끗하고 세련되게 만들어 주었다.

아쉬운 점은 그 간판에 만족하지 못한 음식점에서 저마다 추가로 설치한 간판들이 단정하고 세련된 전체 이미지를 망쳐버린 것이었다. 번쩍이는 네온사인으로 상호를 광고하는 곳부터 음식점 전면을 뒤덮어버린 간판까지 정갈하고 아름다운 지리산과 섬진강 풍경에 어울리지 않는 간판들이 절로 눈살을 찌푸리게 했다.

그 외 간판이나 표지판들은 지방이라 그런지 서울에 비하면 한참 뒤떨어진

쌍계사 인근의 음식점 간판

게 느껴졌다. 섬진강을 따라 하동과 구례 지역을 여행하면서 또 하나 아쉬웠던 점은 버스정류소의 안내 표지판이었다. 색상과 규격이 제각각인 표지판과 심지어 손으로 쓴 배차 안내는 정보의 신뢰성도 떨어뜨려서 주민들에게 몇 번이나 물어보고 확인해야 했다.

도시에서 스마트폰 앱과 거리의 버스 안내 알림판을 통해 실시간으로 도착 시간을 확인하는 데 익숙한 사람들에게는 손으로 쓴 버스시간표는 낯설기도 하지만, 정보를 찾고 받아들이는 일이 쉽지 않은 것 같다. 버스 스케줄이 자주 바뀌더라도 컴퓨터 시스템을 도입하면 쉽게 업데이트를 할 수 있을 텐데 하는 생각이 들어 아쉬웠다. 쌍계사 버스정류소는 길가에서 안쪽으로 들어가 있는데다가 표지판이 제대로 되어 있지 않아 찾는 데 애를 먹었다. 인근 리조트에서 며칠 머무는 동안 자주 이용하여 친근한 느낌이 들었지만, 이른 더위에 유리통처럼 생긴 버스정류소 휴게 공간에는 감히 발을 들여놓지 못하고 밖에 서서 언제 올지 모르는 버스를 기다렸다. 버스정류소에서 만난 외국인들을 보면서 용케 찾아다니는 모습이 대단해 보였다.

이튿날 아침, 쌍계사 녹차를 마시며 하루를 시작하고 싶어서 인터넷으로 다원을 검색해 보았다. 인근에 다원은 많은 것 같은데 어디서 녹차를 마실 수 있는지 몰라 동네를 한참이나 헤매었다. 인터넷에서 적당한 곳을 찾아 지도를 검색해 봐도 구불구불한 시골길이라 찾기가 쉽지 않았다. 몇 번을 헤맨 끝에 내가 찾던 차밭으로 가는 표지판을 발견하고는 유레카를 외쳤다. 한편으로는 표지판을 왜 이렇게 눈에 띄지 않게 만들었을까 하는 아쉬운 생각이 들

하동 천년차나무 후계목 표지판

시인성이 떨어지는 안내 표지판

었다. 표지판이라는 게 그 동네 지리를 잘 아는 현지인들을 위한 것이 아닌데, 숨바꼭질하듯 찾아야 할 만큼 주위 나무나 흙 색깔과 비슷한 색을 쓴 것이 아쉽게 느껴졌다.

어렵게 찾아간 다원은 주변의 산과 앞을 흐르는 개울이 한데 어우러져 싱그러운 아침 정취를 자아내고 있었다. 막 떠오르는 햇살이 차나무에 비쳐 만들어내는 풍경은 차라리 한 폭의 그림에 가까웠다. 이렇게 싱그러운 자연의 연녹빛을 제대로 구현할 물감이나 화가가 있을까 싶은 마음이 들 정도였다. 차밭 인근에는 차를 덖는 곳이 있어서 차향이 나는 것도 같았다. 우리나라에서 가장 오래된 차나무도 둘러보고, 임금님께 진상하던 최상의 품질의 차를 생산하던 곳도 둘러보면서 역사 여행도 해보았다.

천년차나무 보전관리지역은 우리나라에서 가장 오래된 차나무와 차나무 후계목들이 보존되어 있었다. 천년차나무에 대한 역사도 소개되어 있어 궁금증도 풀고 정말 많은 도움이 되었다. 그런데 여러 언어로 표기하려다 보니 정보의 양은 줄고 글씨는 작아져 안내판으로서의 기능이 조금 아쉬웠다. 눈에 잘 띄게 정보를 전달하는 안내판이라기보다는 사진과 그림 그리고 정보를 억지로 우겨 넣은 듯한 인상이 주었다.

구례와 하동 지역을 둘러보면서 만난 표지판들은 같은 듯 다른 색깔이었다. 황토색부터 짙은 고동색까지 나무색이나 흙색을 닮아 겨울이나 초봄에는 눈에 잘 띄지 않을 것 같았다. 물론, 자연을 거스르지 않고 잘 녹아들어 산속 풍경에 어울리는 색깔을 선택한 것일 수도 있다. 하지만 외지인이나 관광객들에게 위치 정보를 제공하는 표지판이라면 기능이 더 고려된 색과 디자인이 필요하다고 생각한다. 게다가 같은 듯 비슷한 색깔이 사용된 표지판은 공공 디자인적인 측면에서 매우 아쉬웠다.

2. 외국의 공공디자인

근대 산업 디자인을 이끈 독일 바우하우스(Bauhaus)에서 시작된 타이포 그래피와 글자 디자인의 발전으로 서양의 공공디자인은 비약적인 발전을 보였다. 그래서인지 독일이나 인근 스위스, 오스트리아 등 유럽 국가의 공공디자인은 매우 인상적이다.

원색을 사용한 스위스의 공공디자인

앞서 언급했듯이 스위스의 경우, 초록의 들판과 알프스 그리고 흰 만년설과도 대비되는 밝고 경쾌한 빨간색을 공공디자인에 사용하고 있다. 이것은 스위스 국기에 쓰인 색깔이기도 하여 국가 이미지를 더욱 강조하는 느낌을 주기도 한다. 밝은 빨간색을 주 색상으로 사용하고 위치 표기는 밝은 노란색을 쓰니, 산속에서도 표지판을 찾는 것이 매우 쉽고 편리하다. 공원벤치를 비롯하여 등산을 하다 쉴 수 있게 배치한 벤치에도 모두 같은 색을 사용함으로써 강렬하면서도 통일된 디자인으로 보기에도 편안하고 초록과 파란색 일색의 자연에서 악센트를 주는 듯하다. 또한 확실한 대비를 이루는 흰색을 빨강색과 같이 사용함으로써 멀리서도 눈에 잘 띄게 디자인되었음을 알 수 있다. 그리고 많은 정보를 넣으려고 하지 않고 주요 정보만을 넣어서 글씨를 크게 함으로써 세련된 느낌을 준다.

2011년 여름 스위스 제네바의 국제보건기구에서 3개월간 인턴을 할 때 인근 알프스로 트레킹을 떠난 적이 있다. 제네바 인근의 유명 관광 도시인 몽트뢰에서 출발하여 레만호의 와인 농장을 여행하면서 정확하고 자세한 정보의 표지판을 따라가는 동안 언제쯤 우리나라 표지판도 이렇게 좋아질 수 있을까 하는 대화를 나눴던 기억이 난다.

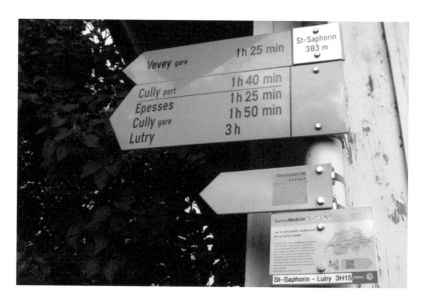

스위스의 트레킹 안내 표지판

일과를 마치고 오후 5시쯤 출발했기 때문에 해가 뉘엿뉘엿 넘어가는 포도밭 풍경이 너무나 아름답기도 했지만, 지나가는 사람이 거의 없어서 불안하기도 한 곳이었다. 그러나 우리가 어디쯤 와 있고, 어디까지 가면 기차나 배를 탈 수 있는지 잘 안내가 되어 있는 표지판 덕분에 내 인생에서 가장 기억에 남는 멋진 트레킹을 할 수 있었다. 내구성을 고려한 자재의 사용도 돋보였다. 시골길 같은 좁은 포도밭을 걸으면서도 세련된 스위스의 공공디자인에 놀랐다.

디지털 안내판으로 앞서가는 프랑스

얼마 전 출장길에 들른 프랑스 파리의 샤를르 드골 공항에서 보았던 디지털 안내판은 깊은 인상을 남겼다. 디자인도 매우 세련되고 정지된 표지판의 단점을 보완하여 어느 쪽으로 가면 되는지를 사람의 이미지를 통하여 구현한 것이다. 단순한 표지판에도 세련된 디자인을 입힌 디지털 안내판이 놀라울 정도였다. 도시의 이미지를 바꾸고 인상을 결정하는 데 엄청난 영향을 끼친다는 것을 새삼 깨닫고 감탄했었다. '역시 프랑스는 다르구나!'라는 감탄이 절로 나왔다.

프랑스 남부의 관광 도시인 니스에서는 최근 디지털 관광 안내도가 시내 곳곳에 등장했다고 한다. 아무리 스마트폰이 발달하고 여행자들이 지도 대신 스마트폰의 지도앱을 많이 사용한다고 하더라도 로밍 등의 비용 부담으로 여전히 디지털 관광 안내판은 도움이 될 것이라 생각된다. 프랑스 니스의 경우, 디지털 안내 표지판의 콘텐츠를 주기적으로 업데이트하고 관리하는 전문업체가 있어서 관광객들이 각종 이벤트나 행사 등 최신 관광 정보를 쉽게 얻을 수 있도록 서비스한다고 전한다.

우리나라에서도 백화점이나 큰 쇼핑몰에 가면 디지털 표지판을 찾아 볼 수 있지만, 대부분의 경우 매장 안내도 등 단순 정보만을 제공하는 경우가 많다.

프랑스 니스 거리의 디지털 안내판

얼마 전까지 서울 지하철역에도 인근 지도를 찾아볼 수 있도록 디지털 안내판을 설치한 적이 있다. 어느 순간 고장이 나 흉물로 변해버린 디지털 안내판은 대부분 철거되어 요즘은 찾아보기 힘들어졌다. 세금 등 공적 기금을 사용하여 설치하는 표지판을 이렇게 비효율적으로 설치할 것이 아니라, 지속적으로 사용할 수 있는 인프라를 구축하고 체계적으로 관리하는 노력이 아쉬운 부분이다.

3. 공공디자인 개선을 위한 제안

우선, 통일된 색상의 표지판을 사용하여 세련된 지역 이미지를 만들 것을 제안하고자 한다. 단순히 도로나 길가 표지판뿐만 아니라 웹사이트, 공원 벤치 등에도 통일된 색상을 사용하여 스위스의 사례에서 보듯 지역 이미지를 산뜻하고 세련되게 바꿀 수 있다.

표지판과 공공시설의 디자인 통일

예를 들어 통일된 색상과 디자인을 널리 사용할 수 있도록 공공 표지판에 사용되는 서체와 디자인 및 색상 등을 공개함으로써 일반인들도 공공시설물에 사용하기 쉽게 하는 방법이 있다. 마을의 공공시설물에도 통일된 글씨체와 색상을 사용하도록 장려하면 정돈된 이미지를 구축하는 데 도움이 된다.

이를 위해서는 디자인업체에 의뢰하여 세련된 로고와 글씨체를 일관성 있게 사용해야 한다. 표지판마다 다른 글씨체와 색상, 산만한 로고를 사용하면 통일성 있는 지역 이미지를 구축하기 어렵다. 정확하고 눈에 잘 띄는 표지판 디자인을 사용함으로써 관광객들의 겪는 불편도 개선하고 세련된 지역 이미지로 업그레이드 할 수 있다.

손님을 맞기 위해 집 안을 청소하는 것처럼 관광지는 항상 쾌적하고 아름다운 환경을 조성하기 위해 다양한 노력을 기울여야 한다.

통일성 없는 간판 정리

지자체에서 각종 편의시설의 간판을 개선하는 사업을 지원하는 것도 생각해 볼 수 있다. 단순히 새로운 간판을 설치하는 업체에 재정적 도움을 주는 것만으로는 아름답고 통일성 있는 간판을 기대할 수 없기에 권장하는 디자인을 제안한다든지, 지역 대학 등 전문 연구소나 업체와 연계하여 우수한 디자인을 발굴하고 장려하는 사업도 고려할 수 있다. 예쁜 간판을 도입한 업소를 선정하여 포상하는 것도 지역 소상공인들로 하여금 적극적으로 간판 개선에 나서도록 하는 데 도움이 된다.

또한 디지털 안내판을 지리산 음식점 거리 입구에 설치하여 어느 음식점에서 어떤 음식을 판매하는지 자세히 안내하면 관광객과 이용자들에게 도움이 될 것이다. 자신이 운영하는 식당만을 위해 요란스러운 간판을 걸어 주변 환경을 어지럽히기보다는 함께 상생할 수 있는 지혜가 아쉬운 대목이다.

이와 동시에 공해성 간판을 줄이기 위해 관련 법규 개정 및 단속을 강화할 필요성도 있다. 낡은 간판을 아무렇게나 방치하면 강풍 등 자연재해에 무방비로 노출되어 흉기가 될 수도 있는 만큼, 이에 대한 관리 책임을 분명히 하고 단속을 강화하여 제대로 관리될 수 있도록 계도해야 한다.

지저분한 건물과 공공시설물 정비

지저분한 시설이나 아무렇게나 방치된 농기계를 보관할 수 있는 공동 창고를 만들어 지원하는 것도 농촌 및 산촌 마을의 환경을 개선하는 데 도움이 된다. 스위스나 오스트리아의 예에서 보듯, 잘 정돈된 평화로운 풍경이 주는 매력은 무궁무진하다. 하지만 우리나라의 경우 부족한 일손과 농촌 인구 고령화로 인하여 시골 환경의 개선이 쉽지 않은 것이 현실이다. 이를 타개하기 위해 지자체가 보다 적극적으로 나서 길가를 정비하고 오래되어 사용하지 않는 방치된 건물을 개선하여 걷고 싶은 시골길 만들기에 앞장설 필요가 있다.

"예쁜 마을 만들기"와 같은 사업을 벌여 사진을 찍고 이를 전시한다든지, 일손이 부족한 시골 형편을 고려하여 도시 학교 등과 연계하여 자원봉사 활동을 벌이는 등의 방법도 생각해 볼 수 있다. 마을을 깨끗하고 아름답게 가꾸고 관리하도록 장려하는 캠페인의 일환으로 비포 앤 애프터(전후 비교) 사진 콘테스트 같은 것을 시행하면 자원봉사에 참여한 이들에게 동기부여도 되고 지역 주민의 주인 의식도 높이는 동시에 아름다운 마을로 널리 홍보할 수도 있을 것이다.

13장 보존과 개발 사이에서

1. 아름다운 자연이 주는 선물

2019년 여름휴가는 가족과 함께 하동 쌍계사 근처 계곡에서 보냈다. 자연 속에서 휴식을 취하며 펜션에서 대부분의 시간을 보내는 여행은 정말 오랜만이었다. 식사도 거르고 바쁘게 돌아다녔던 지난날의 여행에 대한 반작용인지 이번 여름휴가가 더욱 기대되었다. 갑작스러운 태풍으로 전날까지도 비바람이 몰아쳤던 하늘은 목적지에 다다르자 뭉게구름만 남긴 채 파랗게 갰다.

날씨의 환영을 받으며 즐거운 여름휴가가 시작되었다. 책을 쓰기 위해 이미 여러 번 답사를 했던 곳이라 여러 모로 자신이 있었다. 계곡을 따라 마을 길을 걷고 녹차밭이 펼쳐진 산비탈에 올랐다. 화개천을 따라 깊은 산골까지 거슬러 오르며 늦여름의 상쾌함을 만끽했다. 계곡은 시원한 물소리를 내뿜고 길가 밤나무에서는 초록의 밤송이가 여물고 있었다. 석류도, 참다래도, 대추도, 감도 이에 질세라 한창 무르익었다. 9월을 앞둔 지리산의 풍경은 가을을 맞이할 채비를 서두르고 있었다.

하지만 우리가 이곳에 빠져들수록 아쉬운 점도 하나둘 눈에 띄기 시작했다. 계곡에는 여름 휴가철 장사의 잔해가 남아 있었다. 평상은 계곡 여기저기에 펼쳐져 있었고 비닐 천막을 두른 간이 건물은 주변 풍경과 어울리지 않았다. 화개천 근처의 건물도 마찬가지였다. 요란한 입간판들이 눈길을 사로잡았지만 딱히 들어가고 싶은 마음은 들지 않았고 정돈되지 않은 건물은 아름다운 주위 경관을 손상시킬 뿐이었다.

봄철 방문 때 인상 깊었던 녹차 시배지를 찾았다. 정자 아래 줄지어 선 녹차나무를 기대했으나 덩굴 식물과 잡초에 뒤덮여 형체를 알아볼 수 없었다. 긴 여름동안 무성하게 자라난 잡초의 공격이 거셌다고는 하지만, 관광지에서 기대하는 장면은 아니었다. 강가에는 장마철 동안 쌓인 쓰레기와 부유물로 가득했고 산비탈에 자리한 스무 개가 넘는 대규모 펜션 시설은 주변 경관과 조화를 이루지 못하고 있었다.

피아골 탐방이 시작되는 입구에는 민박과 산장들이 우후죽순으로 들어서 있어 이곳이 산이 맞나 싶을 정도였다. 물론 지리산과 섬진강만으로도 이번 여행 또한 전반적으로 만족스러웠지만 이런 모습을 접할 때마다 나도 모르게 그동안 가보았던 해외 관광지와 비교해보는 건 어쩔 수 없었다. 그중에서도 모든 것이 깔끔하게 정돈되어 있는 스위스가 자꾸 떠올랐다.

나의 첫 번째 스위스 여행은 놀라움의 연속이었다. 달력에서만 보았던 눈 덮인 산봉우리 아래로 펼쳐진 녹지와 갈색 통나무집이 어우러진 풍경을 걷는 것 자체가 비현실적이었다. 바닥이 보일 것만 같은 투명한 호수와 아기자기한 마을은 상상했던 것보다 더 아름다웠다. 낙농업이 발달하여 녹초지가 많고 목가적인 느낌을 주는구나 하고 생각했다.

그런데 여행이 계속될수록 놀라움은 의심스러움으로 바뀌었다. 마을은 구석구석 깨끗했고 자연은 원형 그대로 잘 보존되어 있었다. 집 앞마당의 잔디

1. 지리산 계곡의 식당. 비닐을 둘러친 가건물이 경관을 해치고 있다.
2. 쌍계사로 향하는 길목의 건물. 난개발로 골짜기의 경관을 해치고 있다.
3. 녹차 시배지. 관리가 되지 않아 잡풀과 덩굴 식물만 가득하다.

는 하나같이 깨끗이 정돈되어 있었고 집기는 한 구석에 가지런히 놓여 있었다. 텃밭에도 흔한 비닐 하나 볼 수 없었다. 기차를 타고 인적이 드문 곳을 지날 때도 기찻길에 쓰레기 하나 없었고 무성한 잡초도 없었다. 사람의 왕래가 드문 곳마저도 관리가 잘 되어 있었다. 누군가 관리하고 치우기에는 너무나 방대한 공간임을 생각하면 신기할 따름이었다. 이쯤 되자 거대한 세트장을 다니는 것 같은 느낌을 떨칠 수 없었다.

5년이 지나고 다시 스위스를 찾게 되었다. 스위스의 봄은 여전히 특유의 아름다운 풍경과 깔끔함을 자랑하고 있었다. 융프라우로 향하는 기찻길은 여전히 깨끗했으며 사람들의 왕래가 많은 역에도 쓰레기 하나 찾아 볼 수 없었다. 숙박시설을 신축하는 산 중턱의 공사 현장도 환경의 피해를 줄이기 위해 절개지를 최소화하고 주변 완충지도 풀로 덮여 있어 맨땅이 그대로 드러나지 않았다. 모든 것이 완벽하기만 한 이 거대한 세트장 같은 자연은 분명 누군가에 의해 철저히 관리되고 있을 거라는 의심이 더 강해졌다.

잘 보존된 자연, 조화로운 자연 경관은 비단 스위스만이 아니었다. 스위스는 극단적인 사례지만 선진국이라고 불리는 나라들은 대체로 비슷했다. 오스트리아를 여행할 때도 그랬고, 일본과 영국의 시골을 갔을 때도 그랬다. 이런 경험이 반복될수록 선진국은 정부에서 관리를 잘하기 때문일 거라고 생각하였다. 그리고 이후 여러 자료를 찾아보고는 내 생각은 거의 맞았음을 알게 되었다. 산업화를 일찍 거친 그들은 이미 심각한 자연의 훼손를 경험하였고 그 피해가 어땠는지 알고 있었기에 지금처럼 보존할 수 있게 된 것이었다. 그러나 정부의 규제가 다는 아니었다.

지난해 여름 미국 자이언캐니언 국립공원을 방문했을 때의 일이다. '신들의 정원'이라 불리는 곳을 감상하며 등산을 마치고 내려오는 길에 우리와 비슷하게 하산하던 현지인에게 가족사진을 부탁했고 감사의 표시로 사과 하나를 건넸다. 긴 산행이 힘들었는데 감사하다며 인사를 하고 사과를 먹으며 먼저 내려갔다. 우리는 사진을 더 찍고 경치를 감상하다 뒤늦게 길을 내려갔다. 등산로 입구에 다다를 무렵 그 현지인과 다시 마주치게 되었는데 놀라지 않을 수 없었다. 그녀의 손에는 다 먹은 사과 찌꺼기가 들려 있었고 버스정류장 옆 휴지통에 다다라서야 마침내 그것을 버렸다. 우리에게 사진을 찍어주고 30분이 넘는 길을 내려가는 동안 다 먹은 사과를 그대로 들고 내려왔던 것이다. 매우 인상 깊었다. 그토록 깨끗하게 자연이 보존될 수 있었던 건 정부의 관리만이 아니라 시민 의식에도 있다는 것을 알게 된 날이었다.

여행을 다니며 겪은 이런 경험 때문인지 언젠가부터 당연했던 것들이 달라 보이기 시작했다. 옴짝달싹 못할 정도로 차들이 가득한 벚꽃 길, 여름 계곡에 자리한 너저분한 평상과 버려진 음식물들, 단풍철 등산길 초입에 펼쳐진 요란한 가게들. 이것들은 내가 어릴 적부터 보았던 너무나 익숙한 모습이다. 좋게 보이지는 않았지만 그렇다고 심각하게 거슬리지도 않았다. 어쩌면 이번 여름휴가 때 저런 모습이 유독 눈에 들어왔던 건 나도 모르게 높아진 눈높이 때문이었을지도 모른다.

아마도 이것은 나만 느낀 문제의식은 아닐 것이다. 매년 기록을 갱신한다는 해외 관광객 숫자와 채널을 돌릴 때마다 만나는 온갖 해외여행 프로그램을 보면, 주말에는 가까운 국내 여행지를 찾더라도 휴가만 생기면 경쟁적으로 해외로 향하는 원인이 여기에도 있는 것은 아닐까 생각하니 씁쓸한 기분이 들었다.

섬진강과 지리산은 언제나 내게 힘을 불어넣어주는 곳이다. 힘들고 지칠 때 찾아오면 기운을 얻고 가고 즐거울 때 찾아오면 행복한 기억을 만들고 돌아가는 곳. 나만의 비밀 공간 같았던 이곳이 더 많은 사람들에게 더 알려졌으면 하는 바람으로 이 책을 쓰기 시작했다. 하지만 한 장 한 장 써내려 갈수록 뭔가 허전한 느낌이 있었다. 산악열차와 유람선을 개설하고, 온천마을을 만들고, 장터를 활성화하고…. 점점 더 많은 아이디어가 떠올랐지만 왠지 뭔가

가 빠진 듯한 느낌을 지울 수 없었다. 그리고 또 한 번의 여행 끝에 깨닫게 되었다. 내가 이곳을 좋아하는 근본적인 이유는 자연 그 자체 때문이라는 것을. 억겁의 세월 동안 시나브로 형성된 자연과 생태계, 사람들의 발자취야말로 가장 아름다운 자원이며, 그것을 함부로 해치지 않는 현명한 개발이 중요하다는 것을. 언젠가 섬진강과 서지리산에 많은 사람들이 찾아와 기운을 얻고 행복한 추억을 만들어 가는 날이 온다면, 그건 화려한 개발 때문이 아니라 아마도 잘 보존되고 관리된 자연 덕분일 것이다.

2. 관광 선진국의 자연 보존

스위스는 잘 보존된 자연을 바탕으로 전 세계 관광객을 끌어 들이는 관광 선진국이다. 스위스 관광의 핵심은 청정자연이다. 아름다운 자연을 잘 보존하는 것이 갈수록 치열해지는 관광산업에서 경쟁력을 유지하는 원천이라는 것을 잘 알고 있다. 그러므로 지난 100년이 넘는 세월 동안 어떻게 관광산업을 발전시켜 왔는지 살펴보는 것은 우리에게도 많은 시사점을 줄 수 있다.

스위스 체르마트는 마테호른 봉우리 아래에 있는 주민 6,000여 명이 사는 작은 산골마을이자 일종의 리조트이다. 이곳은 마을 규모에 비해 매우 많은 연간 130만 명 이상이 찾는 지역이나 여전히 깨끗한 자연을 자랑하고 있다. 체르마트의 가장 큰 특징은 휘발유나 디젤 같은 내연기관으로 작동하는 차량이 전혀 다니지 않는다는 점이다. 1947년 원시적인 전기차가 도입된 이후 1966년 주민 투표를 통해 예외적인 경우를 제외하고는 모든 내연기관 자동차의 운행을 금지하였다. 1970년대 체르마트에 특화된 전기버스가 도입되기 전까지 이곳을 여행하는 주된 수단은 도보와 말이었다. 현재 이곳을 찾는 개인 차량은 근처 마테호른 터미널에 주차한 뒤 셔틀 열차나 택시, 버스를 타고 체르마트로 들어와야 한다. 이러한 노력 덕분에 깨끗한 공기를 지킬 수 있었

스키 리조트와 산악관광으로 유명한 체르마트 관광지도

고 교통 체증 문제도 해결할 수 있었다.

체르마트의 노력은 비단 전기차만이 아니다. 곤돌라나 케이블카는 주기적으로 선로 재설치가 필요한데, 이때 생태학적으로 가치가 있는 지역을 피해 노선을 개설한다. 또한 깎여 나간 산의 경사면은 전문가의 도움을 받아 기존 생태계를 분석하여 적합한 식물을 심는 방식으로 재생시키고 있다. 신규 건축물을 설계할 때도 친환경성을 최우선 순위에 두고 있다. 실제로 해발 4,000미터가 넘는 곳에 건설된 몬테로사 산장은 태양열 시스템을 이용하여 에너지의 90%를 자체 충당하고 있으며 빙하가 녹아 만들어진 물을 암석 동굴에 저장하여 사용한다.

체르마트는 하나의 예일 뿐이다. 스위스가 지속적으로 관광산업을 발전시킬 수 있었던 것은 크게는 연방정부의 법률적, 행정적 지원부터 작게는 친환경적인 여행 문화를 안착시키고자 하는 지역사회의 오랜 노력이 있었기 때문이다. 여기에서는 스위스 산악관광의 근간인 자연 보존의 법률적 근거에서부터 구체적인 실천 방법과 시민사회 활동을 살펴보고자 한다.

보존의 기본 — 세심한 법률과 계획

스위스는 1966년 제정된 '자연과 문화재 보호법(Federal Act on the Protection of Nature and Cultural Heritage, NCHA)'에 근거하여 환경을 보존하고 있다. 이 중 자연을 중심으로 살펴보면, 초기 법에서는 개발계획 수립과 허가 등을 통해 자연과 생태계를 보호하였다. 이후 여러 차례의 개정을 통해 습지도 보존 대상으로 포함시켰고 국립공원, 지역공원, 도시공원을 지정하여 이를 구체화하였다.

여기서 주목할 점은 공원 지정과 관련된 것이다. 스위스는 공원을 국립공원(National parks), 지역공원(Regional nature parks), 도시공원(Natural discovery park)으로 구분하고 있다. 국립공원은 온전히 잘 보전된 자연을 대상으로 하고, 지역공원은 인구가 많지 않은 시골마을을 포함하여 지정하며, 도시공원은 인구가 많은 지역에서 사람들이 자연을 접할 수 있는 공간을 대상으로 하고 있다. 각 공원은 핵심 및 완충 지역으로 구분되는데, 이를 통해 반드시 보호해야 할 곳과 개발이 가능한 곳을 명확히 구분하고 있다.

지역공원 조항에서 눈에 띄는 것은 '이곳의 건물과 설치물은 지형과 지역적 특성과 조화를 이루어야 한다'는 것과 '지속가능한 사업 활동을 위해서 해당 지역의 상품과 서비스의 향상을 장려해야 한다'고 명시한 점이다. 자연은 물론 인간 활동의 산물인 마을을 함께 묶어 지정한 지역공원의 성격을 고려하면, 산업 활동의 불가피성을 인정하고 조화와 지속성에 초점을 맞춘 현실적이고 융통성 있는 시각이라고 할 수 있다. 특히 건축물에 대한 규정을 따로 언급했다는 점은 눈여겨볼 만하다. 또한 '주민들이 자연을 보존하는 데 적합한 역할을 하도록 돕는다'는 조항을 통해 지역사회의 참여를 장려하고 있다.

스위스는 법령을 통해 자연을 보호하고, 동시에 거주지와 관광레저 구역의 조화를 바탕으로 한 융통성 있는 개발 방향을 제시하고 있다. 이처럼 세밀한 규제를 통해서 탄소배출 제한, 하수 및 쓰레기 처리뿐 아니라 상품과 서비스 품질까지 철저하게 관리하고 있다. 200년이 넘는 시간 동안 스위스가 세계적인 관광지로 명성을 유지할 수 있었던 데에는 거시적이지만 세심함을 담은 정부의 노력이 있었기 때문이다.

지속가능한 관광산업을 위한 노력

법률을 통해 자연 보존과 지속가능한 개발이라는 방향이 제시되었더라도 효과적인 방법이 없다면 그 뜻을 이루기 힘들다. 스위스는 산악관광을 장려하면서도 자연을 보존하고 가꾸는 구체적인 방법을 찾아내고 있다. 친환경 숙소와 친환경 먹거리, 친환경 교통수단, 액티비티까지 그들이 실천하고 있는 것들 중 우리에게 적합한 세 가지 수단에 대해 자세히 알아보자.

(1) 자연 관리원 제도

스위스 루체른 호수 근처에는 슈탄저호른(Stanserhorn) 산이 있다. 매년 5월부터 10월까지 슈탄저호른 관리원(rangers)은 이곳을 순찰하며 자연과 시설물들이 훼손된 것은 없는지 끊임없이 확인한다. 동시에 이곳의 보호 식물종과 아름다운 꽃들이 자생하는 장소를 비롯하여 산봉우리들을 알려주면서 이곳을 찾는 사람들이 자연을 깊이 있게 알 수 있도록 돕고 있다. 이 슈탄저호른 관리원은 스위스 관리원(Swiss rangers)의 일부이다.

스위스 관리원은 자연을 보호하고 감시하는 전문가를 양성하고 유지하는 단체로 2008년 설립되어 스위스 전역에서 활동하고 있다. 이곳에서 양성하는 관리원은 자연과 시설물이 최상의 상태로 유지되도록 관리하는 것에서부터 생태탐방 프로그램을 통해 여행객들이 자연의 중요성을 깨닫도록 하고,

생태계 연구를 위한 데이터 수집 역할까지 맡고 있다. 어린이와 청소년을 위한 프로그램을 통해 자연을 알고 보호할 수 있도록 교육하고 있다.

(2) 친환경 교통수단의 확충

스위스에서 기본이 되는 대중교통 수단은 촘촘한 철도 시스템이다. 대신 철도가 닿지 않는 산악 마을은 알프스 버스(Alpine bus)를 이용하여 연결하고 있다. 미니밴 크기의 버스를 통해 자가용 없이도 관광객이 스위스 구석구석을 다닐 수 있도록 하였다. 정책 평가에 따르면, 이 새로운 방식 덕분에 신규 관광객이 유입되어 20억 스위스 프랑 이상의 부가가치가 창출되었고 방문객의 30%는 대중교통을 이용하기 위해 자가용을 두고 왔음이 확인되었다.

또한 알프스 버스의 운행으로 약 100톤 이상의 이산화탄소 배출이 감소되어 환경 보호에도 기여했다는 평가는 주목할 만하다. 이외에도 태양열을 이용한 케이블카와 유람선 같이 친환경 기술이 적용된 신규 운송수단을 적극 확충하고 있다. 그리고 차량 공유서비스를 확대하여 개인 차량 통행을 제한함으로써 자연을 보존하는 데 앞장서고 있다.

(3) 전기자전거 서비스

여행객이 대중교통을 이용하여 목적지에 도착한 후 관광지 내부에서 이동이 불편하지 않도록 친환경인 방법을 적극적으로 도입하고 있다. 다양한 하이킹 코스를 개발하여 도보 여행을 장려하고 근거리 이동수단으로 24시간 자전거 대여 서비스를 제공한다. 스위스 전역을 아우르는 자전거 렌트 업체와 공공 자전거 서비스를 통해 어디서든 자전거를 쉽게 빌릴 수 있다. 특히 기차역 같은 대중교통 중심 지역에 대여소가 있으며, 빌린 곳이 아닌 다른 대여소에 반납이 가능하여 자전거가 보조적인 이동수단으로 자리 잡는 데 큰 역할을 하였다.

최근에는 전기자전거 서비스를 도입하여 보다 많은 이용자를 끌어 들이고 있다. 600개가 넘는 배터리 교환소를 통해 편의성을 확보한 덕분에 경치가 아름다운 산길과 계곡으로 편하게 여행할 수 있게 되었다.

적극적인 시민 참여

선진국들이 깨끗한 자연 환경을 보존할 수 있었던 데는 시민사회의 적극적인 참여도 중요한 역할을 하였다. 환경 보호를 위한 정기적인 활동과 지역사회 교육, 정책 감시로 요약되는 시민 참여는 이미 미국과 유럽에서는 보편화되어 있다. 자연보호 활동을 통해 깨달은 환경의 소중함이 다시 환경 보호에 대한 동기 부여가 되는 선순환을 통해 지금의 결과가 가능했다. 여기서는 스위스와 미국의 환경 보호 활동을 다루고자 한다.

(1) 프로나투라

프로나투라(Pro Natura)는 1909년 시작된 스위스에서 가장 오래된 환경 보호 단체이다. 현재는 무분별한 개발을 감시하고 보존 가치가 있는 지역을 지속적으로 발굴하며 친환경적인 농업을 장려하는 일까지 한다. 2007년 자연과 문화재 보호법(Nature and Cultural Heritage, NCHA) 개정에 국립공원 조항을 담아내는 데도 영향을 미쳤다. 이와 같은 거시적인 활동 외에도 시민들의 자발적인 참여를 바탕으로 스위스 내 700개 이상의 자연보호 지역을 직접 관리하고 있다.

사례를 통해 이들이 하는 일을 알아보자. 목초지는 스위스의 아름다운 자연의 상징이자 다양한 동식물들의 서식지이다. 그러나 지난 수십 년 동안 이곳의 생물 다양성이 훼손되고 있었다. 프로나투라는 규명 활동을 통해 지나친 농업 활동이 원인임이 확인하였다. 이후 무분별한 농업을 제한하고 스위스 전역을 대상으로 목초지의 위치와 가치를 목록화하는 작업을 하고 있다.

프로나투라의 소생물권 살리기 활동. 무분별하게 자라는 나무와 덤불들은 생태계 다양성을 저해한다. 그래서 자원 봉사자들과 함께하는 소생물권 살리기 활동을 통해 가지치기, 덤불제 거 작업을 진행한다.

또 다른 예는 소생물권 살리기(Pro Biotope) 활동이다. 무분별하게 자란 나무와 덤불은 생태계의 다양성을 저해하기 때문에 그런 곳에서 가지치기를 하고 잡목을 제거하는 일을 하고 있다. 이 활동의 일환으로 경사지의 잡목을 제거하고 산책길과 오래된 돌담을 재정비하는 작업까지 병행하고 있다.

마지막으로 눈에 띄는 활동은 자연 경관을 보존하는 활동이다. 1977년부 터 이미 스위스는 자연 풍광이 빼어난 곳을 목록화하여 관리하기 시작하였 다. 그러나 개발 압력이 높아지며 이들이 사라질 위기에 처하는 상황이 빈번 해지자 프로나투라는 법률 강화 캠페인과 대국민 의식 개선을 통해서 가치 있는 자연 경관을 보호하고자 노력하고 있다.

(2) 체서피크만 연합

체서피크만(Chesapeake Bay)은 미국 동부 메릴랜드 주와 버지니아 주에

프로나투라의 자연 경관 보호 활동. 국가적으로 관리되는 빼어난 경관이 개발 위기에 처했던 사실을 바탕으로 실제 개발이 이루어졌다면 이렇게 변했을 거라고 가상의 사진을 만들어 자연 경관 보호에 중요성을 알리고 있다.

걸쳐 있는 바다로 한반도 면적의 2/3가 넘는 광활한 공간이다. 산업화가 진행됨에 따라 이곳은 점점 오염되고 있었다. 악화되는 상황에도 정부의 적절한 조치가 취해지지 않자 1971년 시민들이 자발적으로 문제 해결을 위해 모인 것이 체서피크만 연합의 시초가 되었다. 현재는 그 규모가 커져 지역 환경 정책 수립에 참여하고 감시하는 한편, 시민 교육 프로그램도 운영하고 있지만 여전히 주된 사업은 체서피크만을 지키는 작은 활동들이다.

태풍이 이 지역을 휩쓸고 가면 빗물을 타고 내려온 온갖 쓰레기와 오염물질들이 강으로 흘러들어 체서피크만을 오염시킨다. 그래서 매년 봄이 되면 수만 명의 자원봉사자들이 모여 지천과 강을 청소한다. 지역 주민들은 3월부터 6월까지 지속되는 깨끗한 강 만들기 프로젝트(Project Clean Stream)에 참여하여 쓰레기를 치우며 일상의 무의식적이고 사소한 활동들이 어떻게 자

깨끗한 강 만들기 프로젝트. 태풍이 지나가면 체서피크만은 강을 통해 흘러든 쓰레기로 오염된다. 그래서 매년 봄 수만 명의 자원 봉사자와 함께 정기적으로 강 주변 쓰레기를 청소하는 활동을 펼치고 있다.

연을 오염시키는지 알게 된다. 홍수와 산사태를 방지하기 위해서 습지를 보호하고 산과 도시 공터에도 나무를 심는 활동을 한다. 심지어 주거지와 도로의 오염 물질들이 빗물을 타고 무분별하게 강으로 흘러드는 것이 얼마나 환경에 악영향을 미치는지에 대해 교육한다. 이를 해결하기 위해 많은 빗물을 축적할 수 있는 특별한 정원 가꾸기 방법을 교육하고 빗물 통 갖추기 운동 등 가정에서 할 수 있는 활동을 장려하고 있다.

스위스가 깨끗한 자연을 유지하며 관광산업을 발달시킬 수 있었던 것은 앞서 살펴본 것처럼 연방정부의 체계적인 관리와 노력이 있었기 때문이다. 이런 법률적인 시스템과 활동이 비단 스위스에만 있는 것은 아니다. 우리나라 역시 산림보호법, 습지보존법, 자연공원법 등을 통해서 자연을 보호하고 있으며 법률로 관련 협회의 설립과 활동을 지원하고 있다. 예를 들어, 산림교육의 활성화에 관한 법률에 의해 숲 해설가, 유아 숲지도사, 숲길 체험지도사 제도가 시행되고 있다. 또한 유네스코 생물권 보전지역으로 지정되기 위한 지자체의 노력도 계속되고 있다.

그러나 전체적으로는 개발사업과 환경보존 사이에서 여전히 타협점을 찾지 못하고 있으며 개별 지역에서는 주변 풍경과 조화되지 않는 시설물의 난립으로 눈살을 찌푸리게 한다. 그렇다고 모든 개발 행위를 중단하는 것은 현실성이 없으며 경제 발전을 앞세워 자연 훼손을 정당화하는 것도 옳지 못하다. 그렇기 때문에 관광산업의 성공적인 모델을 보여주는 스위스 사례는 많은 시사점을 준다. 개발 행위 자체를 인정하되 조화를 추구하도록 유도하며 자연을 적극적으로 관리하고 보존하여 유려한 경관을 지켜나가는 것이다.

제도적인 측면만이 아닌 적극적인 시민 활동도 중요한 요소이다. 스위스의 프로나투라와 미국의 체서피크만 연합은 하나의 사례에 불과하다. 전문적인 환경 보호 활동가가 아닌 생업에 종사하는 일반 주민이 나서 쓰레기 줍기에서부터 환경 보호를 위한 생활 습관의 변화까지, 자연을 스스로 지킨다는 주인 의식은 선진국에 보편화되어 있다. 이런 자발적인 참여는 환경 정책의 빈틈을 메워주는 긍정적인 효과를 가져 온다.

공무원으로 대표되는 정부가 지역의 모든 상황을 알고 이에 맞는 정책을 구현하기는 매우 어렵다. 경쟁력 있는 자연 경관, 관리되지 않는 시설물, 풍광을 해치는 건축물, 방치되는 자연 훼손을 가장 잘 아는 사람은 바로 지역 주민이다. 이들의 참여를 적극 지원하고 도출되는 의견을 바탕으로 전문가를 투입시키는 방식으로 문제를 해결하여 지금의 깨끗한 자연을 보존할 수 있었던 것이다.

3. 지속가능한 관광산업을 위한 제안

섬진강과 서지리산 인근은 공업단지와 상업지구에서 멀리 떨어진 곳으로 지역 경제에서 관광산업이 중요한 역할을 맡고 있다. 그래서 지방정부는 새로운 관광단지의 개발과 시설의 설립에 적극적일 수밖에 없다. 그러나 이 지역에서의 개발은 필연적으로 섬진강과 지리산에 영향을 미치게 된다. 만약 무분별한 개발 계획이 승인된다면 이 지역의 원천적인 경쟁력인 자연을 훼손하는 결과를 낳게 되어 오히려 지역사회 발전을 저해할 수도 있는 것이다. 여기에서는 지속가능한 관광산업에 대해 다루고자 한다.

먼저 지리산과 섬진강의 생태계가 보호되어야 하고 자연 경관이 보전되어야 한다. 인위적인 시설물은 자연을 더욱 돋보이도록 해야 하며 최상의 상태가 유지되어야 한다. 이상의 목표를 달성하기 위해 다음과 같이 접근하려 한다. 논의 대상은 자연과 인간 활동이며, 방향은 보존과 개발이다. 보존은 보호와 관리를 근간으로 하며 개발은 조화와 지속성을 바탕으로 삼고자 한다. 상충되는 개념과 지향을 양립 가능하게 만드는 방법을 고민하는 과정이 섬진강과 서지리산을 아끼는 길이 될 것이다.

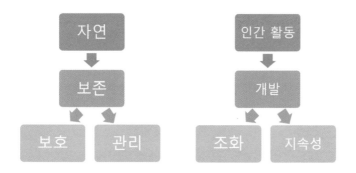

통합적인 관리 체계 수립

전라남도, 전라북도, 경상남도, 남원시, 곡성군, 구례군, 광양시, 하동군에 걸쳐 있는 섬진강과 서지리산은 기본적으로 '영산강·섬진강수계 물관리 및 주민지원 등에 관한 법률'과 '자연공원법' 등 상위 법령에 따라 관리되고 있으나 일반적인 내용만이 언급되고 있다. 관련 지역 조례에서도, 예를 들면 온천 관광지사업, 기차마을, 섬진강 천문대처럼 개별 시설물에 대해 다룰 뿐 전체를 아우르는 접근은 없는 실정이다. 다만, 하동군의 경관 조례에서 섬진강과 화개천변 등을 중점관리 구역으로 지정하고 경관 심의 대상 지역으로 삼고 있지만, 특정 지역과 그곳 건축물만을 대상으로 한다는 점에서 섬진강과 서지리산 전체를 포괄하지는 못한다. 그러나 이들 지역이 산과 강을 기반으로 하는 산악관광의 중심이 되는 동시에 자연을 보존하기 위해서는 현재 각 지역마다 개별적으로 진행되는 사업을 포괄적으로 관리할 수 있는 체계가 필수적이다.

섬진강과 서지리산은 지리적, 생태학적으로도 밀접하게 연결되어 있기 때문에 하나의 통합된 개체로 접근해야 한다. 우선 절대적으로 보존해야 할 곳을 명확히 지정해야 한다. 생태적 가치가 있는 곳, 자연 경관이 뛰어난 곳에 대한 체계적인 목록을 만들고 관리해야 한다. 그리고 자연을 따라 발달한 문화재와 생활양식 등도 함께 보존해야 한다. 동시에 허용되는 개발의 범위와 지역을 지정하고 주변 경관과의 조화를 담보하며 친환경성을 담아내도록 유도하는 내용이 필요하다. 이러한 내용은 이미 자연 경관 심의 지침이나 문화재 보호법률 등으로 상위 법률에서 다루고 있다. 상위 규제를 반영하여 섬진강과 서지리산을 대상으로 한 지침을 마련한다면, 지자체의 경쟁적인 개발을 예방하고, 행정 경계를 넘어서는 통합성을 담보할 수 있을 것이다.

친환경적인 관광 인프라 구축

법을 통해 보존과 개발의 원칙과 방향을 설정하는 것은 매우 중요한 일이다. 난개발로부터 자연을 지키는 가장 확실한 방법이기 때문이다. 이와 동시에 어떤 방식으로 친환경적으로 개발할지는 구체적인 실천 방식이므로 이 또한 중요하며 창의성을 필요로 하기 때문에 쉬운 일은 아니다. 그러나 이미 세계 여러 나라의 사례들이 있으므로 그들의 경험에서 영감을 얻고 우리가 당면한 문제가 무엇인지를 잘 파악한다면 충분히 훌륭한 실천 방안들을 찾아낼 수 있을 것이다. 여기에서는 섬진강과 서지리산 지역이 도입할 수 있는 친환경적인 여행 인프라에 대해 생각해 보고자 한다.

(1) 사계절 사용 가능한 주차장

섬진강과 서지리산이 생태관광으로 성공하기 위해서는 차량 운행을 제한할 필요가 있다. 이 지역에 많은 관광객이 한꺼번에 모이는 때는 봄과 가을이다. 매화축제, 산수유축제, 벚꽃축제, 단풍축제 등이 열릴 때면 곳곳에서 몰려든 관광객들로 모든 길이 막힌다. 관광버스와 자가용이 엉키면서 사람들은 차에서 내려 아슬아슬하게 걷는다.

매년 반복되는 풍경이지만 일시적으로 증가된 교통량을 수용하기 위해 도로를 넓히는 것 또한 비효율적이며 경관을 해치는 요소로 작용하기 때문에 적합하지 않다. 실제로 하동군의 국도 19호선 일부 구간이 왕복 4차선으로 확장 개통됨에 따라 강 옆에 놓인 고속도로 같은 이질적인 모습으로 바뀌게 되었다. 그러므로 일시적인 대규모 교통 수요를 수용하면서도 동시에 관광 형태를 차량에서 대중교통, 자전거, 도보 등으로 전환할 수 있도록 사계절 이용 가능한 주차장을 확보하는 것이 하나의 방안이다.

지역 대중교통의 중심이거나 기존 관광지로의 접근성이 좋은 곳에 대규모로 차량을 수용할 수 있는 거점 주차장을 몇 군데 설치하여 이곳을 찾는 관광객들이 차를 두고 다닐 수 있도록 해야 한다. 주차장을 중심으로 친환경 대중교통 수단을 도입하여 각 관광지에 쉽게 접근할 수 있어야 한다. 이렇게 된다면, 벚꽃축제 때 차로 붐비던 길은 사람들이 여유롭게 걸어 다니는 길로 변모하게 될 것이며 장기적으로는 이 지역 관광 형태를 친환경적으로 바꾸는 초석이 될 것이다.

(2) 친환경 이동 수단: 전기자전거, 전기카트

이 지역은 친환경 교통수단을 도입하기에 알맞은 지형적인 특성을 지니고 있다. 섬진강으로 흘러드는 지천이나 계곡을 따라 마을이 형성되어 있다. 예를 들어, 하동 악양면은 악양천을, 화개마을은 화개천을, 피아골은 내서천을, 산동마을은 서시천을 따라 형성되어 있다. 모두 산골짜기라는 지형적 특성을 지니고 있기 때문에 섬진강과 접하는 곳이 마을로 들어가는 입구가 된다. 내륙의 섬 같은 단절된 마을이므로 각각을 특별 구역으로 지정하여 스위스 체르마트처럼 친환경 마을로 지정할 수 있다. 각 마을을 리조트로 생각하고 이곳에 출입하는 개인 차량 진입을 금지하며 전기자전거나 전기카트로만 이동할 수 있게 한다면 자연을 보호하면서 관광객들에게 새로운 경험을 제공할 수 있다.

스위스의 전기자전거 시스템도 고려할 만하다. 기차 여행을 즐기는 젊은 대학생을 우선 대상으로 하여 기차역과 버스 터미널에 전기자전거 대여점을 설치하는 것이다. 충전에 불편함이 없도록 주요 관광지마다 배터리 교환소를 마련하고 반납 지역도 자유롭게 선택할 수 있도록 한다. 이 방법은 기존 자전거 도로를 활용할 수 있기 때문에 현실적이기도 하다. 전기자전거는 빠르게 산길과 강을 달리며 경관을 즐기는 새롭고도 쉬운 수단으로 자리 잡을 수 있을 것이다.

스위스의 농촌 풍경. 스위스 여행에서 깨끗한 느낌을 받는 이유는 관광지뿐 아니라 생활 영역까지 정돈되어 있기 때문이다. 이런 사소한 부분까지 모두 더해져 관광지에 대한 이미지가 형성된다. 생활 영역의 관리는 시민들의 자발적인 참여가 바탕이 되어야 한다.

주민 참여를 위한 노력

법과 실천 방안을 통해서 기본적인 체계를 갖추었더라도 최상의 상태를 유지하도록 관리하는 것은 무척 어려운 일이다. 관리는 끊임없는 관심과 유지 비용을 필요로 하지만 가시적인 성과를 얻기 힘들기에 소홀하게 취급되곤 한다. 산책로와 강변이 쓰레기로 오염되지 않도록 주기적인 청소가 필요하며, 비가 내린 후 쌓인 부유 물질들은 제거되어야 한다. 이는 생태계를 위해서도 중요한 일이다.

관광지의 건축물과 시설들은 낡더라도 말끔함을 잃지 않아야 하고 생활 터전도 관리되어야 한다. 길가나 개천에 버려진 생활 쓰레기가 없어야 하고, 논과 밭에도 폐비닐과 농업 활동의 부산물들이 방치되어서는 안 된다. 모든 영역이 세심하게 다뤄 질 때 섬진강과 서지리산의 아름다움이 돋보이게 되는 것이다. 여행객들이 스위스나 일본에서 깨끗한 느낌을 받는 이유는 자연뿐 아니라 드러나지 않는 생활 영역까지도 정돈되어 있기 때문이다.

이런 모든 일을 지방정부가 할 수는 없다. 모든 지역을 매일 감시할 수 없으며 개인의 행동에 일일이 간섭할 수 없기 때문이다. 그러므로 지역 주민의 참여는 필수적이다. 이는 시민사회의 자발성이 우선되어야 하지만, 아직 우리 사회에서는 선진국에 비해 이런 움직임이 보편화되어 있지 않으므로 지속적인 캠페인을 시작하거나 기존에 설립된 지역 단체와 협력할 필요가 있다. 산악회의 도움을 받아 등산로를 청소하고 정비하는 방법도 있을 것이다. 또한 정기적으로 지역 주민의 의견을 청취하는 자리를 마련하여 새로운 문제를 확인하고 해결해 나가야 한다. 시민사회의 적극적인 참여는 자연을 보호하는 것에서 더 나아가 시민의식을 고양한다. 결국 지역에 자부심을 갖도록 하여 스스로 자연과 마을을 아낄 수 있도록 하는 선순환을 불러올 것이다.

흔히 관광산업이라고 하면 개발만을 떠올리기 쉽다. 새로운 휴양지를 만들고, 놀이시설과 유원지를 건설하고, 인기 있는 축제를 개최하여 관광객을 늘리고 신규 투자를 끌어들이는 데 힘을 쏟는 것이 바로 개발 중심의 관광이다. 그러나 도시 관광이든 역사문화 관광이든 자연생태 관광이든, 모든 형태의 관광산업은 경쟁력의 원천을 잘 보존하려는 노력에서부터 시작해야 한다. 쓰레기로 몸살을 앓는 히말라야와 심각한 해양오염으로 폐쇄 조치를 취한 보라카이의 사례를 보면, 아름다운 자연을 자원으로 하는 관광지일수록 보존을 위한 더욱 치열한 고민이 필요함을 알 수 있다.

섬진강과 서지리산도 이제 개발과 함께 보존에 대한 고민을 시작해야 한다. 선진국의 사례와 전문가 및 지역 주민의 의견을 모아 지속가능한 관광산업의 밑그림을 그려나가야 한다. 이것만이 걸음마를 새로 시작한 이곳의 관광산업이 성공할 수 있는 길이며, 해외로 향하는 국내 관광객의 발길을 되돌릴 수 있는 방법이라고 믿는다.

미래로 떠나는 여행

마지막 답사를 위해 지리산을 찾은 날은 유난히 미세먼지가 심했다. 서울에서부터 자욱한 미세먼지를 보면서 사진은 일찌감치 포기한 터였다. 그러나 노고단 정상에 가까워지자 거대한 미세먼지 구름이 발아래로 내려앉으며 청명한 하늘이 드러났다. 미세먼지에 가려 보이지 않았을 뿐, 하늘은 그렇게 본래의 파란 빛깔을 뽐내고 있었다. 하얗게 눈이 쌓인 지리산 풍경과 대조를 이뤄 하늘이 더욱 시원하게 느껴졌다. 눈 쌓인 돌계단을 오르느라 흘린 땀을 한 번에 날려주던 상쾌한 바람이 아직도 잊히지 않는다.

눈 덮인 노고단에서 지리산 자락을 내려다보노라니, 책을 쓴다고 이곳저곳을 기웃거리던 시간들이 떠올랐다. 둘레길은 제대로 운영되고 있는지, 어떻게 발전시키면 더 좋을지 고민하며 뙤약볕 아래 걷던 기억. 사고를 당했을 때 필요한 응급의료체계는 잘 갖추어져 있는지 궁금해 여기저기 여쭤보러 다녔던 기억. 관광 상품으로 개발할 만한 것이 없을까 고민하며 코스모스 축제 현장을 누비던 기억. 무엇보다도 내 기억 속의 지리산은 어머니 품처럼 포근하고 다시 찾고 싶은 곳으로 여전히 남아 있었다.

더 좋은 지역사회를 만들기 위한 노력을 목격할 때면 설레기도 하였다. 친절하게 길을 알려주신 동네 할머니부터 버스정류장 앞 오래된 가게를 지키시던 아저씨까지 지리산에 터 잡고 더불어 살아가는 모습에 안도감이 들었다. 특히, 지리산에서 조난을 당하거나 응급 상황이 발생했을 때 어떻게 구조 활동을 하는지 궁금해 찾아간 지리산 둘레길 구례센터와 구례119안전센터는 깊은 인상을 남겼다. 갑작스러운 방문과 질문에도 친절하게 설명해주신 데다가, 맡은 임무에 최선을 다하는 모습에 감사한 마음이 들었다.

우리의 전공 분야가 보건정책과 응급의료다 보니 우려 반 기대 반으로 찾은 터였는데, 나름 잘 갖춰진 응급의료체계를 보고 책에서는 따로 다루지 않기로 결정했다. 지리산을 찾는 관광객 수와 한 해 동안 처리한 사고 건수를 볼 때, 딱히 보완할 부분을 찾지 못했기 때문이다. 실족 등 큰 사고가 발생해도 헬기 등을 통하여 인근 광역응급의료센터에 몇 시간이면 도착할 수 있는 시스템을 갖추고 있다는 설명에 안심이 되었다.

그렇게 답사를 마무리하고 각자의 일상으로 돌아갔다. 프리랜서로 일하던 나는 서울에서 다시 취업하여 바쁜 도시 생활에 익숙해졌다. 그러다 업무 차 7년만에 다시 스위스를 방문할 기회를 맞았다. 제네바의 한 호텔에 체크인했더니, 머무는 동안 사용하라고 무료승차권을 건네주었다. 시내와 인근 지역의 대중교통을 모두 이용할 수 있는 승차권이었다. 방문객도 대중교통을 이용하도록 유도함으로써 환경도 보호하고 교통 체증도 줄일 수 있는 일석이조의 정책이라 여겨졌다.

며칠 뒤 베른을 방문했을 때도 역시 유사한 카드를 내어주었다. 호텔방에는 휴대용 물통이 비치되어 있었다. 밖에서 1회용 플라스틱 용기에 담긴 생수를 사지 말고 호텔에서 물을 담아 다니라는 설명이 붙어 있었다. 천혜의 자연 환경을 보존하려는 스위스의 노력은 더욱 진화하고 있었다.

지리산 답사를 마치고 나서 우리나라 다른 곳을 여행할 때마다 자꾸 비교

하는 버릇이 생겼다. 초여름 어머니와 함께 경주를 찾았을 때는 경주불국사역이 없어진다는 소식에 마음이 아팠다. 앞으로는 부산 해운대에서 경주에 가는 가장 좋은 방법은 자가용이 되어버릴 전망이다.

'십년수목 백년수인'이라는 말이 있다. '10년을 내다보며 나무를 심고, 100년을 내다보며 사람을 기른다'는 뜻으로 인재 양성의 중요성을 강조한 말이다. 관광정책이나 교통정책도 다르지 않다는 생각이다. 지금 당장은 쓸모없어 보일지 몰라도 언젠가는 친환경적인 교통 인프라로 쓰일지 모르는 것이다. 길게 내다보고 제대로 된 정책을 세워야 100년 후 우리도 스위스만큼 경쟁력을 갖게 될 것이라 믿는다.

지역관광의 경쟁력을 높이고 살기 좋고 방문하고 싶은 곳으로 만드는 것은 비단 지역민과 관광업에 종사하는 사람들만의 일은 아니다. 그곳을 아끼고 사랑하는 모든 이들이 함께 힘을 모을 때 비로소 다시 찾고 싶은 관광지로 거듭날 것이라 믿기 때문이다. 섬진강과 서지리산의 구석구석을 누비는 동안 우리는 상상의 나래를 펴고 먼 미래로 여행을 다녀온 것만 같다. 우리의 상상이 현실이 되는 그날이 앞당겨지는 데 이 책이 조금이나마 도움이 되기를 기대해 본다.

저자를 대표하여
김은미

〈 참고문헌 〉

1장 지리산의 보물, 곳곳에 깃든 사찰

불교신문, 「지리산은 선교율 갖춘 총림이었네」, 2019.7.2.
  http://www.ibulgyo.com/news/articleView.html?idxno=200533
천은사 공식 홈페이지 . http://www.choneunsa.org/chun_jungak_suhong.html
오마이뉴스, 「"다시 지으려면 천년도 부족" 문화재 지키고자 명령을 거부하다.」
  2019.6.17. http://omn.kr/1jqgs

2장 지리산과 섬진강 하이킹

등산상식사전, 「하이킹」, https://terms.naver.com/
Myswitzerland, https://www.myswitzerland.com/
SwitzerlandMobility, https://www.schweizmobil.ch/en,
  https://www.myswitzerland.com/ko/
생명평화 지리산둘레길, http://jirisantrail.kr/
경남일보, 「섬진강 100리 테마로드 완전개통」, 2015.3.8. http://www.gnnews.co.kr/

3장 섬진강 유람선 여행

서울대학교 규장각한국학연구원, 지리지 종합정보, 읍지 속의 지도 모음,
  대동여지도 18첩 4면. http://kyujanggak.snu.ac.kr/
하동, 섬진강 100리 테마로드 화개나루터, 안내 표지판
오마이뉴스, 「섬진강 '줄배'를 아시나요」, 2002.06328. http://www.ohmynews.com/
Amsterdam for visitors, Canals of Amsterdam,
  https://www.amsterdamforvisitors.com/canals-of-amsterdam/
Amsteram.org, facts and figures,
  https://amsterdam.org/en/facts-and-figures.php
Wikipedia, Airboat, https://en.wikipedia.org/wiki/Airboat
Geneva.info, Geneva Mouettes, http://www.geneva.info/lake-boats/

4장 평일에도 북적이는 구례 5일장

ferney-voltaire, https://www.ferney-voltaire.fr/vivre-a-ferney-voltaire /economie
　-locale/marche-hebdomadaire/

Narcity, Toronto's St. Lawrence Market Ranked #1 "Food Market" In The World,
　2018.3.7. https://www.narcity.com/ca/on/toronto/news /torontos-st-lawrence
　-market-ranked-1-food-market-in-the-world

6장 대중교통으로 떠나는 섬진강 여행

The Federal Commision for a Swiss Integral Concept of Transport,
　Swiss integral concept of transport, April 1979

UPC Universitat Politècnica de Catalunya-Barcelona Tech, Learning
　From Swiss Transport Policy. http://www.jungfrau.co.kr/

Jungfraubahn holding AG, Annual report 2018, https://www.jungfrau.ch/

Jungfraubahn holding AG, Anticipation 2018

Jungfraubahn holding AG, Annual report 2018

National park service, https://www.nps.gov/

권영인, 박준석, 김대관, 「관광교통계획의 수립 방안」, 교통개발연구원

하동군, 2012 하동군 방문 관광객 통계 보고서

구례군, 2018년 통계연보, 「교통, 관광 및 정보통신」

문화체육관광부, 2017 국민여행 실태조사, https://kto.visitkorea.or.kr/

한국문화관광연구원, 대중교통을 이용한 국민 국내관광 활성화 방안,
　https://know.tour.go.kr/

Wikipedia. https://en.wikipedia.org/wiki/Tram-train#Technology

7장 지리산 온천마을의 미래

나의 감성라이브러리 일본, https://www.welcometojapan.or.kr/ jroute/front/
　location/20/s1/album/1#

KOTRA 해외시장뉴스, 「잡아라 한국인 관광객의 마음! 일본 시장에서 활약하는
　한국 기업들」, 2018.6.29. https://news.kotra.or.kr/

한국문화관광연구원, KCTI 가치와 전망, 「일본의 인바운드 관광시장 분석」

행정안전부, 온천타운 개념 설정 및 평가 방안, 2008.12

세계도시정보, 강현수, 「주민이 주도하여 만든 소박한 관광도시 유후인」,

　　https://ubin.krihs.re.kr/ubin/wurban/city_info_intro.php?no=854

경북매일, 「일본 유후인온천마을 성공비결」, 2013.7.17.

　　http://www.kbmaeil.com/news/articleView.html?idxno=292888

한국경제, 「가족과 함께 가기 좋은 '일본온천여행지'는?」, 2019.1.7.

　　https://www.hankyung.com/news/article/2019010798010

Japan airlines, 「하코네 소개」, https://www.kr.jal.co.jp/krl/ko/

　　guidetojapan/jalstaff/detail/cityguidebylocals_kanagawa.htm

About the history of Hakone, its natural beauty, hot springs and

　　tourist attractions. http://enjoyhakone.com/

Wikipeida, Hakone Tozan Line.

　　https://en.wikipedia.org/wiki/Hakone_Tozan_Line

Wikipedia, Odakyu electric railway.

　　https://en.wikipedia.org/wiki/Odakyu_Electric_Railway

위키백과, 「도겐다이 역」. https://ko.wikipedia.org/wiki/도겐다이_역/

Japan hoppers, Hakone sightseeing cruise.

　　https://www.japanhoppers.com/en/kanto/hakone/kanko/718/

구례 통계연보, 2018

중앙일보, 「구례군 관광특구 개발계획」, 1997.2.18.

　　https://news.joins.com/article/3404564

(주)할리스파랜드(가칭), 지리산온천종합레저타운 리모델링계획안, 2005.

　　https://www.slideshare.net/leejongyik/0511-8420442

통계청, 「지정(법정)관광지 현황 및 방문객수, 2004~2017」.

　　http://kosis.kr/statHtml/statHtml.do?orgId=215&tblId=DT_215N_J055

김천중·임화순, 우리나라 온천관광지의 발달궤적과 그 성격의 유형화에 관한 연구.

　　http://www.riss.or.kr/

조헌영, 화순온천 관광지 활성화 방안 연구, http://www.prism.go.kr/

전남일보, 「식어버린 전남 대표온천 열기 되찾을까」, 2019.1.3.

　　https://jnilbo.com/2019/01/03/2018121916401231886/

조선일보, 「지리산온천스파랜드 3년반 만에 재개장」, 2011.4.18.

　　http://boomup.chosun.com/

9장 지역 특산품과 기념품 개발

조선일보, 「일 관광 붐 추락하던 시세이도 살렸다」, 2018.10.16.

　　http://news.chosun.com/

All About Japan, A History of Japanese 'Omiyage' Culture.

　　https://allabout-japan.com/en/article/2505/

시사저널, 일본, 「특산품 없으면 만든다」, 1997.01.16.

　　http://www.sisajournal.com/

Takuji Sakai, Japan External Trade Organization(JETRO), From JETRO's

　　experience of contributing to OTOP policy of Thailand

Hita City's Official Sightseeing Information Site.

　　https://www.oidehita.com/archives/541

CNN business, Nestlé is building a factory just for flavored KitKats, 2017.7.26.

　　https://money.cnn.com/

Guardian, Nestle Japan strikes gold KitKat in single-fingered salute to itself,

　　2015.2.20. https://www.theguardian.com/

Wikipedia, Kit Kats in Japan. https://en.wikipedia.org/

Beppu project, http://www.beppuproject.com/

Oitamade, https://oitamade.jp/

Kobe beef Marketing & Distribution promotion Association, All about

　　Kobe beef. http://www.kobe-niku.jp/en

제주신보, 「고베비프 명품 소고기 등극하기까지」, 2012.11.12.

　　http://www.jejunews.com/

가와무라 고베비프, https://www.bifteck.co.jp/ko

11장 섬진강과 서지리산의 브랜딩 전략

"Place branding in tourism: a review of theoretical approaches and management

　　practices", Tourism & Management Studies, 13(4), 2017, 10-19, DOI: 10.18089

　　/tms.2017.13402

Intermedia japan, http://intermediajapan.com/portfolio-posts/regional-

　　branding-toyama/

Tateyama Kurobe Alpine Route, https://www.alpen-route.com/kr/about/

introduction.html

Good Design Award, http://www.g-mark.org/award/describe/38098?locale=en

France-voyage.com, https://www.france-voyage.com/travel-guide /provence-
territoire.htm

Provence-Alpes-Cotedazur, https://provence-alpes-cotedazur.com/en/

12장 공공디자인과 지역 이미지

XOGO, https://www.xogo.io/digitalsignageblog/smart-city-digital-signage

13장 보존과 개발 사이에서

한국경제, 「스위스 산악케이블카 2470대… 산지 더 많은 한국엔 115대뿐」, 2015.8.29.
    https://www.hankyung.com/

국가산업융합지원센터, 「마테호른을 지키는 전기차」, 2014.10.17(105호).
    https://www.knicc.re.kr/

Zermatt, What you have always wanted to know about our electric buses.
    https://www.zermatt.ch/

한국관광신문, 「지속 가능한 스위스 친환경 관광…나무가 아닌 숲을 보다」, 2016.8.16.
    http://www.ktnbm.co.kr/

스위스 관광청, 몬테 로사 산장. https://www.myswitzerland.com/

스위스 관광청, 자전거 여행 안내. https://www.myswitzerland.com/

Federal Act on the Protection of Nature and Cultural Heritage(NCHA).
    https://www.admin.ch/opc/en/

Swiss rangers. https://www.swiss-rangers.ch

CIPRA, Good practice, alpine bus. https://www.cipra.org/

SMARTA, Rural shared mobility, Alpine bus. http://ruralsharedmobility.eu/

cyclingabout.com, Everything To Know About Bicycle Touring With Electric
    Bicycles. https://www.cyclingabout.com/

Pro natura. https://www.pronatura.ch

Alliance for the Chesapeake Bay. https://www.allianceforthebay.org/